1964 東京ブラックホール

TOKYO BLACKHOLE

貴志謙介
KISHI KENSUKE

NHK出版

1964
東京ブラックホール

目次

第六章　五輪をめぐる幻想

プロローグ　漂白された記憶

バブル崩壊後、未来へのビジョンを失った日本人は、活気にあふれた六〇年代を顧みることが増えた。「昭和三〇年代ブーム」が起き、メディアがこぞって、ノスタルジーをあおった。そのせいか、いまも五輪が開催された一九六四年（昭和三九）を、「夢と希望にあふれていた年」と懐かしむひとが多い。

だがほんとうに、そんなに明るい年だったのか。

もしも時を超えて五六年前の東京へ迷い込んだとすれば、ノスタルジーで漂白された記憶や、幸福な思い込みは、おそらく瞬時に吹き飛んでしまうだろう。そして、その代わりに、ひりひりした現実の手触り、不安と葛藤《かっとう》、暴力と矛盾に満ちた世界が立ち現れ、戦慄を覚えるに違いない。

いつの時代もひとは、夢と希望にすがって生きていこうとする生き物だが、そのことは、現実がバラ色に染まっていることを意味しない。むしろ押し寄せる生活との闘いをいやおうなく強いられていたからこそ、夢や希望にすがろうとしたひとが増えていたのではないか。そして、その修羅場を生き抜いていくことは、誰にとっても試練の連続だったはずだ。

しかし、いつのころからか、一九六四年の東京の記憶からは、そうした多彩多様な記憶が剝落《はくらく》していった。とりわけオリンピックがふたたび東京で開催されることが決まってからは、この年をめぐる神話がふたたび強化され、誰もが夢と希望を抱いた黄金時代だったかのように語られるようになった。

巧みなPRにのせられて、そんなユートピアがほんとうに存在したかのように信じ込む若者さえいる。オリンピックの開催は延期されたが、これからも一九六四年は同じように語られていくのだろう。

時が過ぎゆくにつれ、国民の記憶というものが、紋切り型の記号のようなものに変化し、のっぺりとしていくのは避けられないのかもしれない。過去をノスタルジーの包装紙に包んでどこかに飾っておくだけならそれもいい。しかしそれは、ある意味で、「過去の死」であり、宝の持ちぐされではないだろうか。

この本の出発点となったのは、NHKスペシャル『東京ブラックホールII　破壊と創造の1964年』というドキュメンタリー・ドラマである。わたしは、フリーランスの映像ディレクターとして参加し、リサーチ、構成、脚本、ドラマ演出、画コンテ、VFX映像の監督を担当した。しかし、いかに興味深いエピソードであろうとも、おそろしく込み入った話のすべてを一時間の映像のなかに押し込むことはできない。そこで、収集した映像や文書の内容をさらに発展させて、本にしたいと考えた。

失われた記憶をよみがえらせるための強力な手がかりは、国内外に残された一万本を超える記録映像である。フィルムに刻印された映像から得られるものは多い。さまざまな光景が時を超えて、思いがけない意味を獲得し、一九六四年のリアルが「忘却の海」から姿を現しはじめる。

たとえば、東京では水洗便所はまだ普及しておらず、列車のトイレから汚物が線路にまき散らされていた。一〇〇〇万人の糞尿《ふんにょう》は東京湾の沖合に流された。川という川は工場廃液でどす黒く汚染され、大量の魚の死骸が浮き、発がん性物質が発見された。

東京は世界最大級の汚染都市だった。有毒ガス、塵埃《じんあい》、都民一〇〇〇万のゴミが街にあふれた。ハエ、蚊、ネズミが増殖。赤痢《せきり》、チフス、コレラが流行する疫病都市でもあった。生活環境の破壊は信じがたいほど放置されていた。

交通事故の死亡率は世界一。不慮の事故で命を落とす確率も世界の大都市で最悪だった。人命軽視の風潮がエスカレートしていた。東京を底辺で支える出稼ぎ労働者が毎日一〇人も建設現場で転落。だが補償はない。

貧困と格差が拡大していた。ベビーブーマーが集団就職で東京に殺到。かれらは低賃金・長時間・非正規労働で搾取された。出稼ぎで農村は崩壊し、女性は重労働で次々と倒れた。東京の繁栄は、地方の犠牲によって支えられていた。

労働者たちは、苦しい家計をやりくりするため血を売った。だが輸血の二割は、肝炎のウイルスに侵されていた。一方、血液の売買で稼いだ戦犯容疑者の人脈が、日本の医学界に復権した。

住宅難は最悪で、木造アパートの四畳半に家族が暮らすのはめずらしくない。赤ん坊が生まれると追い出される。団地入居の当選率は三パーセントに過ぎない。

腐敗していたのは、川や空ばかりではない。東京は空前の汚職天国だった。一兆円の五輪マネーを食い物にし、新幹線工事、五輪道路工事で汚職が続発。東京都庁は日本最悪の腐敗官庁だった。

自由民主党の総裁選では三〇億円がばらまかれ、ひとり一〇〇〇万円で議員が公然と買収された。

右翼の大物が自民党のパトロンとなった。ヤクザは一八万人、史上空前の規模に膨れ上がり、資金源を拡大して政界に介入した。

少年犯罪の発生件数が戦後のピークを記録。衝動的な殺人やテロが増えた。中流家庭の少年が猟奇事件を起こす。

夏には、ベトナム戦争がはじまり、東京は米軍の出撃基地となった。この年、米軍機が一七機も墜落。多くの市民が犠牲になった。

五輪は冷戦の現実に振り回された。工作員が舞台裏で暗躍、北朝鮮とインドネシアがボイコット、閉会式はアラブ諸国とイスラエルの確執で破綻《はたん》寸前だった。五輪のさなか、中国が核実験に踏み切り、政府は密《ひそ》かに原発推進を検討した。

〝宴《うたげ》〟が終わると、日本は戦後最悪の深刻な不況に見舞われた。不況から脱出できたのは、ベトナム戦争でばらまかれた莫大《ばくだい》なドルのおかげだった。

埋もれていた映像からよみがえるのは、繁栄の陰でさまざまな矛盾に苦しめられ、不安と焦燥に苛《さいな》まれる無数の人生だった。一九六四年の記憶の大半は、「忘却の海」に沈められていた。わたしたちは紋切り型のイメージを除けば、この年の劇的な出来事をほとんど何も知らないのである。

「多くの社会に、葬り去られた社会的記憶がある」とカズオ・イシグロは指摘する。

イシグロは人間の記憶のありように深い関心を抱く、ノーベル賞作家である。代表作のひとつ『忘れられた巨人』は記憶をめぐる物語でもある。二〇一五年六月に来日し、読者を前に講演を行っている。その際、イシグロは、個人と社会の記憶について、奥深い考察を披露した。

「そもそも、人間の記憶はゆがめられている。ひとは『信頼できない語り手』である。大切なことであっても、本心を明かさず、飾って話す。自分に嘘をつく才能は、ひとの特徴でもある」

ひとは、与えられた人生の記憶から自分なりの物語をつくり出し、たえず反芻《はんすう》している。そこでは、自分の人生の物語にそぐわない事実は、ときに役に立たぬガラクタとみなされ、いつしか忘却される。ときには、記憶が改ざんされることもある。

個人の記憶も社会的記憶も、その忘却の仕組みは同じだと、イシグロは考えている。

「読者は、そこから真実を『読み取るスキル』を学ばなくてはならない」

もし一九六四年の東京をめぐる「忘却の海」があれば、そこには膨大な記憶が沈められているだろう。しかし、事実そのものが消え去ったわけではない。過去の出来事は、なんらかのかたちで現在に波紋を及ぼす。

いまのわたしたちが直面する難問は、過去の出来事が源泉になっており、それを明るみに出さなくては理解できない。イシグロはいう。

重要なのは、「いつ、勇気を持って、暗い記憶を明るい場所に引き出すのか」であると。

それはいまかもしれない。

一九六四年をめぐる記憶がステレオタイプな神話になり、そこからもう何も汲《く》むことができないと見えるようになるまで、十分な時間が過ぎた。わたしたちは、埋もれた事実を「忘却の海」から引き揚げてみなくてはならない。

人生におけるさまざまな経験が教えるように、たとえ暗い記憶、痛恨の失敗であっても、それを脳裏によみがえらせることで多くを学ぶことができる。

五六年前の記憶の遺跡のなかから、埋もれた事実を発掘するときが来ている。埋蔵品から泥をぬぐい、陽光にかざし、過去の感触を取り戻す。そして、一九六四年の記憶にまとわりつく神話の包装紙をはがす。

人びとは、どのような試練に直面し、苦悩し、心を震わせたのか。

失われた記憶には、いまの日本を理解する重要なカギとなるものが含まれている。埋もれた事実のなかに、わたしたちの行く末を照らす力を持つ光源を探すべきではないだろうか。

ひとまずは封印された記憶を解き放ち、一九六四年のリアルな時空へ身を置いてみたい。

凡例

一、文献・文書などからの引用にあたっては、読みやすさを考慮して、漢字は原則として旧字体は新字体に、歴史的仮名遣いは現代仮名遣いに改めた。また、句読点・読み仮名を適宜補った。

二、本文中の筆者もしくは編集部による注は（　）で示し、引用箇所の注は［　］で示した。

三、引用した新聞・週刊誌・月刊誌の出典は（　）で示した。西暦が記されていないものは、一九六四年に印刷・刊行されたものである。

四、本書には、現代の人権意識に照らせば、不適切と思われる表現があるが、当時の時代背景を考慮して、そのまま用いることとした。

第一章
東京地獄めぐり

1　戦慄都市

春のうららの　隅田川
のぼりくだりの　船人が
櫂《かい》のしずくも　花と散る
眺めを何に　たとうべき

——唱歌「花」、一九〇〇年

成長のひずみ、あらわに

二〇一九年、東京・神保町シアターで、『東京湾』という映画がリバイバル上映された。「五輪開催前の東京を見事に活写」との宣伝文句にひかれて、小さな劇場へ足を運んだ。

ドラマは復員兵の犯罪に焦点をあて、時代に置き去りにされた戦中派の悲劇を鮮烈に浮き彫りにする。当時の東京には、戦争で傷ついた人びとがまだ大勢いた。

公開は、一九六二年（昭和三七）。『砂の器』で知られる巨匠・野村芳太郎《よしたろう》の監督作品で、街頭でのロケがふんだんに取り込まれている。オリンピックを二年後にひかえ、空前の巨大工事が佳境に差しかかった東京の、騒然とした風景を垣間《かいま》見ることができる。

息の長い空中撮影から物語がはじまる。観客を五輪工事たけなわの東京に一気に引きずり込む、すばらしい実写である。よどんだ煤煙《ばいえん》の海のなかへ、カメラは深々と潜行していく。

建設また建設。破壊また破壊。収拾のつかない大混乱がフィルムに刻まれる。古い建物を、ブルドーザーや鉄球が、容赦なく叩《たた》き壊す。都市全体が呻《うめ》き、痙攣《けいれん》し、瀕死《ひんし》の怪獣のように断末魔の叫び声をあげる。

東京はすでに一〇〇〇万の人口を抱える、世界最大級の都市だった。ちなみに国連の統計によれば、一九六四年のデータで、世界一の大都市ニューヨークの人口は一一二六万人。それに対し、東京は一〇四二万八〇〇〇人である（国連「Demographic Yearbook」一九六四年版、一九六五年版）。

敗戦後、焼け跡に再建したビルは、惜しげもなく壊される。

戦争の記憶を覆い隠すかのように、セメントと土砂が注がれる。やがて建設資材とゴミに埋もれた大地から、昆虫が震えながら脱皮するように、未知の風景が現れる。だが、それがいったい何をもたらすのか、まだ誰にもわからない。奇妙なことに、建設の風景であるにもかかわらず、すべてが空襲で破壊されたあとの残骸《ざんがい》のように見え、ふと見分けがつかなくなる。

都市の輝かしい創世記であるはずが、むしろ黙示録を思わせる。何かのはじまりというよりも、何かの終わりを暗示しているように感じられる。

当時の日本がなりふりかまわず推進していた国策は、何においても工業生産の拡大である。東京オリンピックの二年前には全国一五地域が「新産業都市」に指定された。日本中の大都市を工場で埋めつくそうという計画である。

工場が誘致されれば、道路がつくられ、大量の労働者が動員されて、人口が膨張する。その先頭を切っていたのは、むろん、東京を中心とする首都圏だ。一九五五年（昭和三〇）の国民所得は、六兆九七三三億円。それが一九六四年には二四兆五一四億円に達した。わずか一〇年で、三倍以上に伸びたことになる。

世界銀行のデータベースで見る限り、それでも一九六四年の時点で、一人当たりGDPは八三五・七ドルと、世界二四位に過ぎない。二五位以下は、トリニダード・トバゴ、ギリシャ、ウルグアイと続く。トップは、アメリカの三五七三・九ドル。日本の四倍である。いわゆる欧米先進国の大半は一〇〇〇ドルを超える。

日本の場合、単に所得が低いばかりでなく、貧困、格差、貧弱なインフラ、公害の野放し、劣悪な住宅事情などさまざまな問題を抱え、生活の質も低かった。

国家の生産力は目覚ましく向上していたが、国民の多くが豊かさを実感し、いわゆる中流意識が広くいきわたるのは、もう少し先のことである。それどころか、経済成長にともなう大きなひずみが急速にあらわになりはじめていた。

所得倍増を掲げた池田内閣は、早くからヨーロッパ型の福祉国家に追いつく道を捨て去り、ひたすら経済成長によってパイを拡大する路線に転換していた。

敗戦後、日本と同じように驚異的なスピードで復興を実現したドイツと比較すれば、六〇年代を通じて、社会保障への財源の移転は半分以下である。一九七〇年（昭和四五）の数字を見ると、対GDP比で西ドイツの社会保障移転は一二・二パーセントだったのに対し、日本は四・七パーセントにとどまっている（宮本憲一『公共政策のすすめ』）。企業の利潤は生産拡大に向けて投資されるばかりで、国民の生活環境の改善や福祉には使われなかった。

国栄えて、民貧し。それを象徴するのが、オリンピックを口実として、一九六四年までの四年間にわたって一兆円を巨大公共工事につぎ込んだ東京大改造だった。

一九六四年、東京の光は、二〇二〇年よりも強烈だったかもしれない。しかし、影もまた、はるかに濃厚だった。光と影が激しくせめぎ合い、そのコントラストの強さに目がくらむ。東京のなかに地獄が生まれていた。というより、地獄のなかから、いまの東京が孵化《ふか》しつつあったといったほうがいい。それくらい、当時の東京の生活破壊はすさまじかった。

一九六四年の東京を知るには、まず当時の人びとの暮らす環境の劣悪さを実感することからはじめるべきだろう。

いたるところに死の落とし穴が

世界を放浪し、『何でも見てやろう』というベストセラーを著した小田実《まこと》は、一九六四年、「何でも見てやろう」の精神で東京をくまなく歩きまわった。

「まわってみてはっきりしたことは、オリンピックに関係するところ、しないところのあまりにも明瞭な差異であった。前者に金をかけ、超近代的な建物、道路をつくり、後者はゴロタ石のゴロゴロ道のまま」と書いている（共同通信　一〇・一七、「わしがよんだわけじゃない」。底本・石井正己編『1964年の東京オリンピック』）。

突貫工事のおかげで、都心の表通りは見違えるほど立派になっていた。だが通りをひとつ入ると、ごみごみした路地に安っぽい木造住宅が密集し、風呂も水洗便所もない六畳一間に家族が押し込められていた。

フランスの雑誌『レクスプレス（L'Express）』の特派員は、東京をめぐるルポのなかでこう活写している。

「何百万という農民が、大都市の工業地帯へやってきて、みじめなあばら家に密集し、わずかな賃金でやっと食べている」「住宅は、そらおそろしいほど劣悪」「たとえ給料が上がっても、異常な物価上昇でたちまち帳消しになる」（レクスプレス　一一・二二）

水溜《た》まりだらけ。泥だらけ。高速道路はできたが、一般の生活道路はそのまま。バスが通る道も、信じがたいほどデコボコである。バスのなかで撮影された当時のニュース映像を見ると、すわ地震が起きたかと錯覚するほど画面が揺れている。

経済成長の目覚ましさを池田勇人《はやと》首相はことあるごとに吹聴していたが、工場ばかり増えて、日常生活はひたすらガマンの連続だった。

「交通地獄」ということばが一般に浸透したのもこのころだが、「地獄」という表現は、決して大げさではない。子どもの遊ぶ路地にダンプカーが押し寄せる。道路を横断することさえ命がけ。

死亡事故のない日はほとんどない。この年、都内だけで毎日平均三人が死亡し、一五〇人が負傷している。ニュース映像を見れば、警視庁には都心の地図があって、事故の発生地点にピンを刺している。ところがそのピンが増えすぎて、黒々と密生する樹林のようになってしまった。

警察庁の調べでは、全国の交通事故による死者は、年間一万三〇〇〇人を超えた。交通事故死亡率は世界ワースト一位である（朝日　四・二四）。一九六四年、自動車一〇〇〇〇台当たりの死亡数は、アメリカは〇・六人、イギリスは〇・八人、フランスは一・〇人、先進国は、ほぼ一・〇人を下回っているが、日本は三・二人である。アメリカの五倍、不名誉な〝金メダル〟というほかない（「交通安全白書　昭和46年版」）。

この年の警察庁の発表によれば、交通事件四四四万件の一六・四パーセントは少年によるものだ（データは一九六二年度のもの）。一日二〇〇〇件、年間七〇万件に上る。目立つのはバイクの事故。スピード違反、無免許運転は日常茶飯事だ（週刊朝日　一・三二、「危い！　少年ドライバーの車が…」）。

というと、カミナリ族（暴走族のルーツ）が増えているように見えるが、実は事故の八二パーセントは、働く少年が起こしていた。雇い主や監督者がスピード違反を助長していたのである。

ある雇い主は弁明する。

「わたしら零細企業は、よわいもんですよ」「このごろの発注主はエゲツないですな。電話で同じ部品を三軒の部品業者に注文するんです。いちばん先にかけつけた業者のを買うんですわ。こっちは、違反覚悟で店員に、『全速力でバイクをブッとばせ』といわざるをえんのですよ」（同前）

商売のためには、少年の命を危険にさらすのもやむをえないといい張る。

交通事故ばかりでなく、列車事故も続発していた。二月、国鉄労働組合は「安全白書」を発表した（朝日　二・一二）。頻発する事故を、労組が独自に分析したという。「輸送力の増強が、新線によらず過密ダイヤ一本で行われている」

なぜ、「輸送力の増強」にカネが回らないのか。それは、東海道新幹線の開通（一九六四年一〇月一日）を五輪開会式に間に合わせるため、当局が「安全施設などに回すべき金を極端に切りつめ、東海道新幹線に回している」からだ（同前）。

「オリンピックまでに」のかけ声のせいで、どう考えても無茶なスケジュール。仕事量は増える一方。「［運転士の］睡眠時間も四時間を割る場合が多い」。これで事故が起こらなければ、かえって不思議だろう。

狂気の航海・東京湾の砂利船

一〇月に行われるオリンピックの準備を急ぐ突貫工事が、いかなる現実を生み出していたか。それを如実に物語る映像を見た。ＮＨＫ現代の映像『乾舷《かんげん》ゼロ　砂利船と日本人』。東京湾へ向かう砂利船の実態を密着取材したドキュメンタリーである。

何よりも衝撃を受けるのは、航行中の貨物船の甲板が押し寄せる海水に満たされ、沈没寸前になっている様子だ。静岡から大量の砂利を首都圏の工事現場に運ぼうというのだが、あまりに欲張って積んだため、その重みで船が深々と沈み込んでいる。

砂利は、道路やビルの工事には欠かせないセメントの原料である。運搬業者はオリンピックの建設工事という好機をとらえて、文字どおり命がけで砂利の運搬量を増やしていた。

愚かなロシアン・ルーレットを思わせる。リボルバーの銃に一発だけ実弾を仕込み、弾倉を回して、運を天に任せる。繰り返し引き金を引けば、いつかは命を失う。

この年、大型貨物船三隻が沈没し、乗組員一六人が海の藻屑《もくず》と化した。会社の利益拡大のために、なぜ命まで捧げなくてはならないのか。運搬業者は語る。
「怖い怖いと思いながらもやっぱり砂利船同士じゃ、負けたくないという気持ちが勝っとるもんで、二〇トンでも三〇トンでも余計積むことによってね、一銭でも早く余計稼ごう、余計航海しようというね」「知らず知らずのうちに砂利船はそうなってしまったと思う」（『乾舷ゼロ』）

一九六四年、不慮の事故による死者は、世界一多い。人口一〇万人当たり九・四人で、アメリカと比べて三倍も高い（朝日　四・一四）。激増しているのは、まず交通事故、ガス中毒である。あとでふれるが、建設現場からの転落も驚くほど多い。工場や鉱山の爆発もめずらしくない。通り魔などの凶悪犯も多かった。

東京は〝戦場〟だった。どこで命を失うことになるかわからない。しかも、これほど事故が増えていても、補償は雀《すずめ》の涙。交通事故の場合、**「多くて二百万円、悪くすると五十万円〔現在の貨幣価値で、およそ二〇〇〇万円〕。これは自動車損害賠償保険の最高額が五十万円だからで、ひいた方はこれだけですませようとする」**（文藝春秋　一月号）。

ひとの命は安くて、軽かった。

一〇〇〇万人の糞尿はどこへ

子どもたちは、線路には近づいてはいけないと注意された。鉄道事故に巻き込まれるかもしれないという心配のほかに、思いがけない〝トバッチリ〟を受けるおそれもあった。

実は当時、列車内のトイレに溜まったし尿は、線路に垂れ流しされていたのである。線路の近くで遊んでいると、列車が通過する際、時折、霧雨《きりさめ》のような水滴の洗礼を受けることになる。線路の周辺の住宅にも〝トバッチリ〟が及び、洗濯物が黄色く汚れることもある。

路地や街角にそこはかとなく立ちこめるにおい。バキュームカーがそこらを走っている。いまや記憶が失われているが、そのにおいは、たしかに一九六四年の日本の都会に、日夜、漂っていたのである。

人口一〇〇〇万を数える、華やかな大都会であるはずの東京のライフラインは信じがたいほど貧弱だった。当時、水洗便所の普及率はわずか四パーセント。都心でもせいぜい二〇パーセントである。ちなみに同じ時期のイギリスでは九〇パーセント、オランダで八〇パーセント、西ドイツで七〇パーセントである。文明の尺度を生活に快適さをもたらすライフラインに置くなら、日本は先進国にはほど遠かった。

東京にひしめく一〇〇〇万人のし尿。その後始末には、四二億円の予算がかかった。二二六二人の職員が動員され、交通渋滞が深刻化するなか、毎日八五〇台ものバキュームカーを走らせてし尿を収集し、それを船で東京湾の沖合に運び、捨ててしまうのである。一日五〇〇〇トン、およそ五〇〇万人分のし尿が、海に垂れ流された（三浦運一「し尿処理の現状と将来」『公衆衛生』二八巻五号所収）。

当時のニュース映像に、し尿の行方を追いかけた記録がある。海にホースを垂らして、ナイアガラの大瀑布《ばくふ》を思わせるようないきおいで、し尿が放出される。映像から、黄色いにおいが伝わってくるようだ。

人間というもの、文明というものがいかなる存在であるのか、それを突きつめたとき、かくのごとき光景にたどり着くのかもしれない。これほど大量のし尿で海洋を汚染しても、問題はなかったのだろうか。このし尿が、はるかアメリカ西海岸にまで流れていき、カリフォルニアの沖合にプランクトンを大発生させたという説さえある。

たしかなことは、し尿を垂れ流していたのが海だけではない、ということだ。ひどいのは多摩川である。上流の三多摩地区の人口が急激に増えたため、市町村が処理に困り、大量に川に流した。東京都水道局の発表によれば、**「浄化に使う薬品が十年前の五倍から七倍」**となっており、**「これ以上アンモニアがふえたらお手上げだ」**ったという（朝日　八・二五）。

魚が大量に浮かぶ川

この年の隅田川の記録映像を見ていると、小さな渡し船が頻繁に登場するのに気づく。佃島と対岸の明石町を結ぶ、「佃の渡し」。徳川家康の命令で隅田川に佃島が築かれた江戸時代からの伝統を持つ、いわば東京の文化遺産である。

だが一九六四年、東京大改造の一環として佃大橋が建設されることになり、三二〇年の歴史を閉じることになった。数多くの映像が残されているのは、そのためだ。佃の渡しを愛惜《あいせき》する市民が撮影したフィルムもたくさん残されている。

名優・花柳章太郎《はなやぎしょうたろう》も、**「東京が片っぱしから壊されてゆく」**と嘆いた（文藝春秋　一〇月号、「『佃の渡し』の終曲」）。佃島の住民も、東京の変貌に不安を隠せない。

最後の日、大勢の都民が駆けつけ、静かに別れを惜しむ様子は物悲しい。しかし、佃の渡しを利用する人びとは、隅田川から立ち上る悪臭に耐えなければならなかった。船のなかで、懸命に鼻をつまんでガマンしている子どもの映像が、においのすさまじさを雄弁に物語っている。

水の都・東京には、多くの水上生活者がいた。東京都民生局（現・福祉保健局）の調査では、一九六三年時点で一二二五隻、一六七〇人が川に船を浮かべて暮らしていた（毎日　五・一八）。しかし、川の汚染がひどくなり、水上生活者は喉をやられ、喘息《ぜんそく》をわずらい、トラコーマ（伝染性の結膜炎）にかかった。水上生活者は子どもの健康を心配し、次第に姿を消していく。

そのころから下町に工場が林立しはじめ、隅田川は〝死の病〟にとりつかれた。環境省の資料によれば、すでに一九六二年には、隅田川には魚もシジミも棲《す》めなくなっていた。

隅田川を流れる水には、大量の発がん性物質も含まれていた（朝日　八・一四）。工場から川に排出されていた主な毒液は、青酸化合物（シアン化合物）、ヒ素化合物、有機リン製剤、有機塩素剤、水銀化合物などとされた（日経　一・六）。

この年、工場廃液が原因で、多摩川の下流ではナマズ、フナ、ハヤなど魚一〇〇〇匹が浮かんだという（日経　四・二五）。調布にあった日本庭園・京王百花苑のコイも大量に死滅した（毎日六・二）。死んだ魚がぷかぷか浮かぶ不気味な光景を目にした者は、人間社会への影響を思い、不吉な予感に襲われたに違いない。

事実、同じころ、水俣病やイタイイタイ病はじめ、悲惨な公害病が各地で進行し、急速に人体を蝕《むしば》んでいた。だが政府は見て見ぬふりをしていた。

黄色いマスク

川ばかりではない。空からも〝妖気〟が舞い降りてくる。

一九六四年のニュース映像や記録映像を見はじめて、最初に衝撃を受けたのは、スモッグに覆われて何も見えない東京のパノラマだ。地上の修羅場を隠す天の雲海もまた、ひとを窒息させる有毒のガスだった。

スモッグの海からかろうじて顔をのぞかせるのは、東京タワー。国会議事堂のてっぺん。それだけである。東京は世界最大の汚染都市だった。この年、新聞紙上では、東京の大気汚染がいかにひどくなっているかを示す調査機関のデータが頻繁に掲載されている。

たとえば、東京都の首都整備局都市公害部の調べによれば、**「目に見えない白い灰分や有毒の亜硫酸ガスがシリ上がりにふえ」**、浮遊ばいじんの量は、**「アメリカの百九十都市での最高」**よりも多く、世界最悪のレベルになっていた（朝日　一二・三）。

それでも、産業の成長のためには、生活の破壊はやむをえないと考える政治家や役人、経営者や学者が多かった。一九六三年に放送されたＮＨＫのドキュメンタリー・日本の素顔『公害都市』には、三重・四日市の工場の責任者のこんな声が残されている。

「工場地帯で仕事をしていて、煙を出しちゃいかん、音を出しちゃいかんと、それが公害だということは非常に誤った問題だとわたしは思います。公害、公害という問題で工業を、工場地帯を圧迫してくるならば、これは明らかに日本の産業の破壊に向かっていると思います」

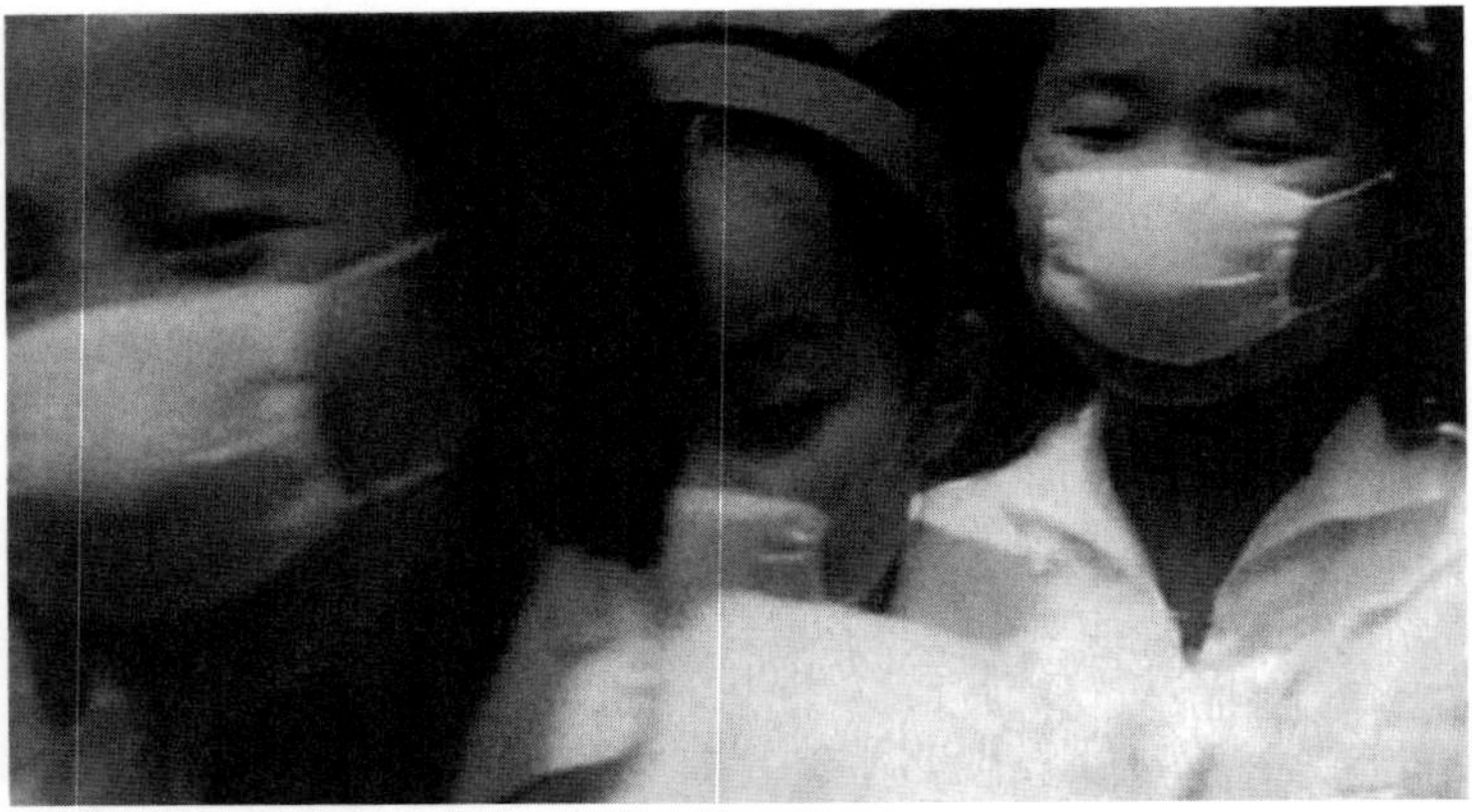
空気は汚染され、小学校の体育の授業も、マスクをつけたまま行われた（NHK）

思い起こさなければいけないのは、所得倍増計画の池田首相が一九五九年（昭和三四）に通産大臣を務めていたころ、水俣の工場廃液規制に反対し、チッソ（当時、日本窒素肥料）を擁護した人物であるということだ。

産業の繁栄、企業の利潤のためなら、人命を軽んじてもかまわないという論理がまかりとおっていた。下町の工場地帯では、子どもたちの通う学校の教頭がPTAと一緒に工場を訪ね善処を求めたが、まるで相手にされなかった。

小学校では、やむなく自衛手段を講じ、喘息で苦しむ四日市の住民が開発した特殊な黄色い公害対策用マスクを採用した。それが、二四時間、子どもたちの必需品となった。当時のドキュメンタリーの映像に、黄色いマスクを着用して朝礼に臨む子どもたちの姿が記録されている（NHK現代の映像『黄色いマスク』）。路地で遊ぶときもマスクを着用したままだ。マスクをした人びとであふれた、二〇二〇年の日本を想起させる。

江東区立第五大島小学校の周辺は、当時、亜硫酸ガスの濃度が東京都内で最も高いとされていた。一九六五年二月、第五大島小学校で九八人の児童について検診を行ったところ、そのうちの八一人、およそ八三パーセントの子どもに鼻炎や扁桃腺《へんとう》肥大などの症状が見られ、肺の機能にも異常があることが認められた。

スモッグでどんよりした工場地帯の映像に、子どもの声が重ねられる。

「あのね、喉がね、痛くなっちゃってね、煙なんて出さないほうがね、いいと思うんだよね、声がね、かすれちゃってね、イヤになっちゃうからってね、ウチのなかに入ってね、本でも見ている」

もうひとりの子**「ぼくもね、喉が、喉に扁桃腺があるでしょ、あれが赤くはれてね、熱が出てさ、病気になったりする」**

車の排気ガスも深刻だった。関東屈指の桜の名所のひとつとして知られる、小金井桜一〇〇〇本のうち、一五〇本が排気ガスの影響で完全に枯れてしまった。苗木を植えつけても、車の地響きで育たなかったという（朝日　四・四）。

騒音から生まれた完全犯罪

騒音のすさまじさも半端ではない。クラクションの高音から、米軍ジェット機のうなり、突貫工事で杭を打ち込む轟音《ごうおん》、ブルドーザーの重低音、オートバイの炸裂《さくれつ》音まで、ありとあらゆる騒音が混じり合い、街中を荒れくるった。

騒音の暴力に対して、当時の日本人は鈍感だったのだろうか。

東京の生活は「ニューヨークの二倍めまいがする、シカゴの三倍騒がしい」。

一九六四年の東京を取材したアメリカの有力誌『タイム（TIME）』の記者はそう断言する。だがアメリカ人の記者がもっと驚いたのは、建設現場のスローガンだった。

「工事現場には、『オリンピックのため、ガマンしてください』と大書されたサインがある」（タイム　七・一〇）

いかに工事の騒音がすさまじかったかを物語る事件も起きている。騒音にまぎれて金庫破りをする強盗事件が四五件も発生していたというのである。

驚くべきは、その手口である。犯人は、**「オリンピック道路工事など、建設工事がうるさいのを利用し、工事現場で拾った石のみ、ハンマー、ドライバーを工事の音に合わせて打ちこみ、ガラス戸を破って侵入口をつくったり、金庫をメチャメチャにこわしていた」**（朝日　八・三〇）。いかにも荒っぽいが、ここまで盛大に破壊を繰り返しても、近所の住人は誰も犯行に気づかなかったという。

この年、国民生活研究所（現・国民生活センター）がまとめた報告書によれば、東京では**「道路の狭さ、住宅の密集、騒音、ばいじんなどの増加」**で、**「対隣関係が悪く」**なった（朝日　一二・二二）。いまから想像もできないほど劣悪な生活環境のなかでも、なんとか日々を生き抜いていこうとする庶民の姿が思い浮かぶ。ノイローゼ、自律神経失調症、心の病に苦しむひとも激増していた。

やむをえず東京都を相手どり、訴えを起こす住民もいた。東京地裁で台東区の住民の主張が認められ、**「事業者はその騒音について補償しなければならない」**という判決が出て、住民が勝訴した（日経　六・二二）。工事騒音にも限度があることを明確に示した、賢明な判断だった。ところが、東京都は控訴する。

当時、副知事だった鈴木俊一（のちの都知事）は、判決の内容について、こうコメントした。

「一審で敗れたからといって東京都はすぐ損害賠償を払わない」「［騒音は］すべての公共事業についていえることだ」「公共事業について都民はある程度やむをえないものとしてがまんしていただきたい」（同前）

耐えがたきを耐え、忍びがたきを忍び――。戦争が終わったら、次は経済の総力戦。庶民は、いつの時代も忍耐を強いられる。抜き差しならないほど事態が深刻化しているにもかかわらず、企業は産業擁護を譲らず、役所は公共事業優先を盾にとり、住民の訴えを踏みにじる。

ふと連想することがある。二〇〇八年の北京オリンピックのことだ。あのとき、日本のメディアは中国の大気汚染や公害の蔓延《まんえん》、産業優先の国策、庶民が暮らす町並みの破壊を非難した。

しかしながら一九六四年、東京オリンピックの年、日本の政府がまったく同じことをしていたこと、東京がいかにすさまじい汚染都市だったかということ、しかもそれに対してまったく無策だったことを覚えていたなら、隣国の混沌をこき下ろす資格などないことに気づいたはずだ。

五輪の開催があやぶまれた

敗戦から一九年たち、その間、東京の人口は七〇〇万人も増えた。高速道路や競技場はできても、人口増加に応えるライフラインの整備が極端に遅れている。

そこへ突然の水飢饉《ききん》が起き、東京はパニックになった。

六〇年代、東京では慢性的な水不足が続いていたが、とりわけ一九六四年の夏は四〇日間の日照りに見舞われ、水源の水量は極端に落ち込んだ。当時の新聞には、「東京の水ガメ、小河内、村山、山口三貯水池の貯水はいよいよ底をつき、六日午前七時現在、六百五十六万トンと満水時のわずか三%になった」とある（朝日　八・六）。

ニュース映像のなかに、カラカラに乾いた水源地の様子が残されている。大地に亀裂が走り、まるで火星かどこか、ほかの惑星のように見える。庶民の生活は深刻な影響を受け、社会が麻痺《まひ》した。

アメリカの『タイム』誌は、〝東京砂漠〟をめぐるパニックを次のように報じている。

「先週、東京の超モダンなオリンピック村で、一斉に掘削作業が行われた。棒高跳びのポール用の穴？　いや、実は緊急の井戸だった。オリンピックまであと八週間」「水源地にはもはや四八〇万トン、わずか二日分の水しか残っていない」「そこで、政府は水を違法とした。蕎麦《そ》屋《ば》は休業を余儀なくされ、銭湯の営業時間が制限され、プールは閉鎖された」「銀座のナイトクラブでは、ホステスからこんな声がかかった。『ウィスキーはストレートでお願いね。東京を救うためよ』」（タイム　八・二一）

オリンピックが開催できなくなるかもしれない――。

当局は、「人工降雨」の実験をはじめた。自衛隊の航空機が埼玉・入間基地を出発。「積乱雲に突っこんだ飛行機がドラムカンのコックをまわすと、胴体下のパイプ口からだいだい色の水がふき出す」。水には「雲に強い刺激を与える塩化カルシウム」などが含まれているという（朝日八・一三）。果敢な挑戦だったが、残念ながら効果はなかった。

科学もダメなら、神頼みになる。ニュース映像には、多摩川上流の小河内貯水池で行われた雨乞いの儀式が記録されている。儀式を行った宮司によれば、雨を降らす龍神サマが聞き入れるまで、少なくとも二日はかかるのだという。しかし、この祈禱も残念ながら天には届かなかった。

七月末、ついに自衛隊五〇〇〇人が動員され、給水車一二七台が出動。給水車のサイレンが聞こえるやいなや、大人も子どもも一斉にバケツを持って駆け出す。

若い母親が怒りをぶちまける。

「朝からおっぱいが出なくて本当に困るんです。赤ん坊のおっぱいのミルクやる水もなくて、本当に水道局、何してるのかしらと思っているんですよ！」（NHKニュース）

都民の怒りが爆発し、水道料金の不払いは三万戸に達した。目の敵《かたき》にされた集金人は、魚屋や寿司屋の前で、二の足を踏んだ。包丁でブスリとやられるのではないか——。「刃物を使う所は寄らないことにしました」（週刊現代　九・三、「水道料金集金人も命がけ」）。そのくらい、社会の空気は剣呑《けんのん》になっていた。

八月二〇日になって、恵みの雨が降った。政府は他県の川から一三五万トンの水を引くために、ふたつの用水路の突貫工事に着手した。さいわい、最悪の事態は回避されたが、そもそもは異常な人口爆発に対して、しかるべきライフラインの整備を怠った都政が招いた危機だった。

ハエと闘う自衛隊

生活環境を破壊する脅威として、し尿、工場廃液、大気汚染、騒音に匹敵《ひってき》するものがある。ゴミである。

一九六四年、東京二三区の家庭、会社、学校などから出るゴミの量は一日平均七二三〇トン。当時のニュース映像を見ると、ゴミを街路や川に捨てることが日常茶飯事になっていたことがわかる。大量のゴミを集め、運ぶために作業員約六〇〇〇人、車一八一〇台、それに運搬船一五六隻が使われていた。

読売新聞の記者がゴミ運搬船を追跡取材した記事によれば、「神田川、隅田川、東京湾沿いに、こうした運搬船の港が二〇箇所近くもあって、都内から出るゴミの七割以上がこの港に集まって」くる。そして、そこから「船は進路を東南にとって、東京湾を約二キロ、夢の島に着岸」した（読売　二・一五）。

夢の島のゴミの埋め立ては一九五七年（昭和三二）に開始されたが、七年もたたないうちに早くも満杯となり、東京のゴミ処理はパンク寸前、深刻な危機に陥っていた。

一九六四年、七月はじめから夢の島にハエが大発生した。ハエの大群は、夢の島から江東区にかけて、文字どおり真っ黒になるほど増加した。映像にも、世の終わりを思わせる、ぞっとする光景が残されている。自衛隊員三〇〇名が動員され、火炎放射器でハエの大群を〝攻撃〟したが効果はなく、かえってハエの繁殖を広げたと非難された（東京都『東京百年史　第6巻』）。

コレラ流行の兆し

し尿やゴミがコントロールできなくなるほど都市にあふれたら、どうなるか。最大のリスクは、疫病の誘発である。ゴミが放置され、し尿が垂れ流され、衛生状態が悪化する。ネズミが繁殖し、下水道のないところでハエや蚊が大発生するなどして、感染症の温床となる。病原体を媒介して、赤痢やチフスなどが流行する。

事実、一九六四年の東京は、感染症のオンパレードのごとき様相を呈した。新聞には、連日のように感染症についてのニュースが見つかる。**「町田の腸チフス29人に」**（朝日　二・二四）、**「また43人集団赤痢」**（読売　六・一〇）、**「都でまた五人死ぬ　日本脳炎」**（朝日　八・二二）

赤痢や腸チフスは、集団で罹患《りかん》するケースが多い。一九六四年の数字では、赤痢の患者は五万二四二〇人、死者は四七一人に及ぶ。もはや忘れられているが、日本は国際的に「赤痢の国・ニッポン」という汚名を受けるほどだった。腸チフスは赤痢と並んで流行しており、一九六四年、患者は八九〇人、死者は二〇人である。

蚊が媒介するウイルス性疾患では、日本脳炎という、日本独特の感染症が猛威をふるっていた。日本脳炎は一九四六年（昭和二一）から六〇年代前半までの間に、毎年二〇〇〇人から四〇〇〇人の患者が出た（岡部信彦「3．日本脳炎ワクチン問題　その背景」、日本ウイルス学会編『ウイルス』第五五巻第二号所収）。

対策も遅れていた。この当時のニュース映像を見ると、医療機関が路地やドブ川にむやみにD

DTという殺虫剤を大量に吹きかけているが、これは占領時代、アメリカが進駐軍の兵士を守るために日本中にDDTを散布したやりかたをそのまま踏襲したものである。いくらDDTをまいても、非衛生的な生活環境を改善しない限り、感染症の蔓延《まんえん》を防ぐことはできないだろう。ちなみに、この原稿を書いている二〇二〇年三月現在、新型コロナウイルスによる肺炎が世界的に大流行し、WHOが緊急事態宣言を発表、二度目の東京オリンピックは延期された。

実は一九六四年の東京でも、感染症による騒動が持ち上がっていた。オリンピック開催直前に、千葉でコレラの感染者が発見されたのだ。八月二六日、各紙は一斉にこのニュースを報じ、政府や東京都、厚生省（のち厚生労働省）、オリンピック関係者は、一様にパニックに陥った。

「五輪を目前にコレラの恐怖　感染源追って懸命の防疫」。センセーショナルな見出しが紙面に躍る。「東京オリンピックを前に、突然ふってわいたようなコレラ騒ぎ。外国旅行者とは無関係な配管工の発病、死亡という想像もできなかったケースだけに、厚生省当局者も、最初は、『信じられない』といったおももちだったが〝真性〟とわかると、沈痛な表情に変わった。感染経路が不明なだけにコレラの不安はよけいに大きい」（読売　八・二六）

感染防止の緊急体制が敷かれ、早朝から保健所に行列ができた。ワクチンの緊急接種を受けるためである。亡くなった患者が利用したと思われる国鉄や私鉄の駅などでは、徹底的な消毒が行われた。

その後、葛飾区でもコレラ患者が出たが、感染源は依然として不明だった。だがオリンピックが近づくにつれ、報道はまれになっていく。

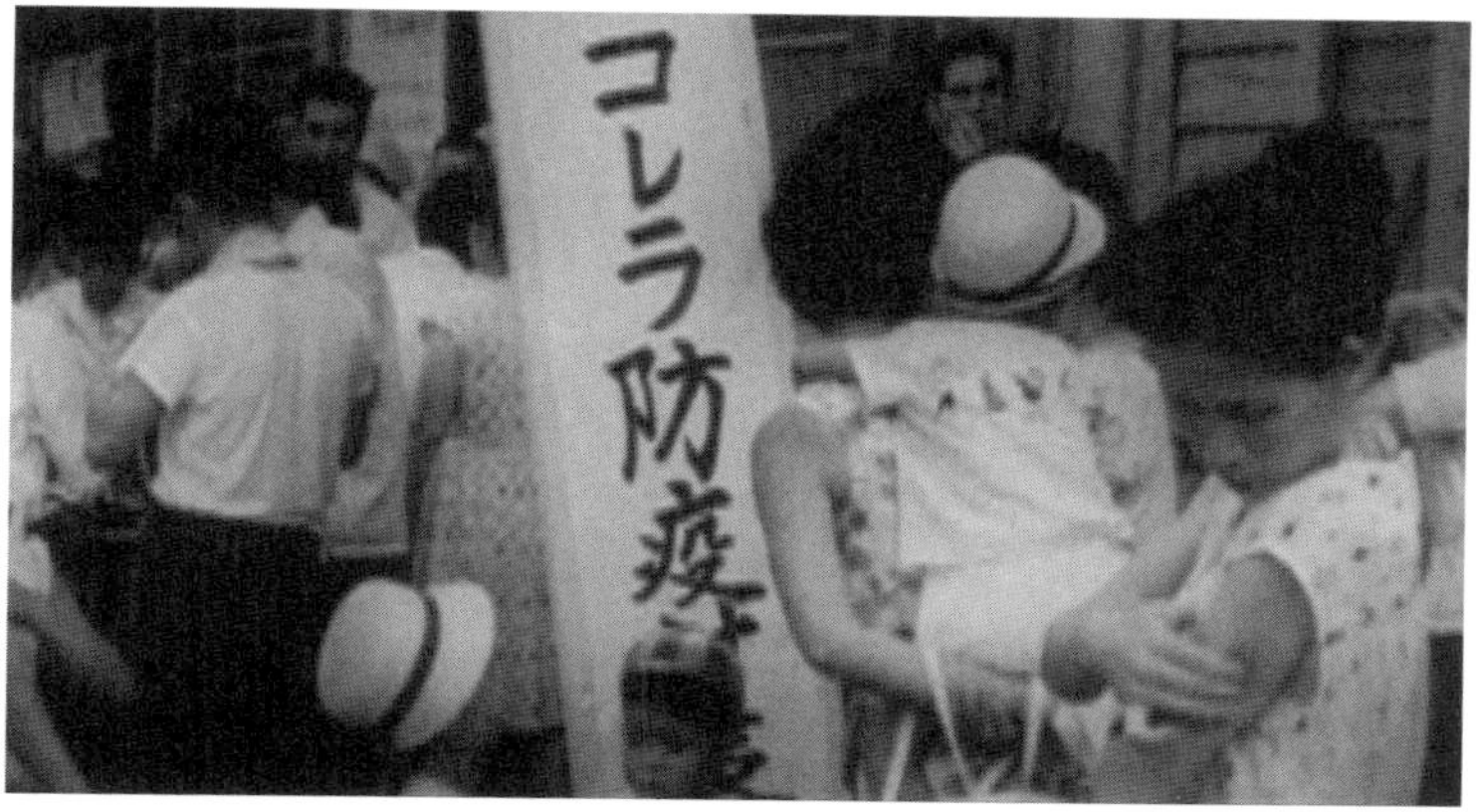

コレラが流行、ワクチン接種のため保健所の前には行列ができた（毎日映画社）

「厚生省がコレラ終結宣言、感染経路もつきとめずに。オリンピックの前なので急いだようだ」（小和田次郎『デスク日記』）

もしコレラが大流行していれば、オリンピックへの出場を取りやめる国も増えていただろう。

一九六四年の東京。道路や競技場は突貫工事で間に合わせ、〝よそいきの貌《かお》〟を美しく磨いていたが、都市のインフラという〝基礎体力〟においては、きわめて脆弱《ぜいじゃく》だった。いくら先進国をとりつくろっても、内実はお粗末だったのである。

水飢饉といい、疫病といい、環境汚染といい、治安の悪さといい、産業の傲慢《ごうまん》といい、都や政府の無策といい、いまにして思えば、よくぞ五輪の開会にこぎつけたものだ。

しかし、その陰でどれほどの犠牲が払われたのか、思い返されることはない。

2 人命軽視

女の夢にまっさかさまに
高い鉄骨から夫が落ちてくる
乱雑なあたりのながめを天へ押しあげ
風の日の熟柿《じゅくし》のようにみごとにつぶれる
——草野比佐男「遠い京浜」

一九六四年は大いなる不安とともに幕を開けた

試みに、一九六四年年頭の新聞や雑誌をのぞいてみよう。もちろん、五輪をめぐるご祝儀記事も目につく。しかし全体としてのトーンは明るくない。後世のメディアが「夢と希望にあふれていた年」と喧伝《けんでん》するような浮かれた気分は見当たらない。それどころか、新しい年を迎えるにあたっての悲観の空気は驚くほど濃く、得体の知れない不安が滲《にじ》んでいる。

前年に続発した、暗い事件の印象を引きずっているのかもしれない。『文藝春秋』の新年号では、世界に衝撃を与えたケネディ大統領の暗殺が特集されている。核戦争をめぐる恐怖は、相変わらず世界中の人びとの心に沈殿していた。日本はこれからどうなるのだろう——。新聞の社説は、冷戦下の代理戦争に巻き込まれることを懸念している。

国内に目を向けても、庶民の暮らしに暗雲が漂っている。物価高はいよいよ猛威をふるう。中小企業の倒産が目立つ。「経済成長さえ実現すれば、誰もが豊かになれる」という池田首相のご託宣の信憑《しんぴょう》性も疑わしかった。

殺伐《さつばつ》とした凶悪犯罪の大半が未解決のまま、年を越していた。

吉展《よしのぶ》ちゃん誘拐事件。殺人鬼・西口彰《あきら》（映画『復讐するは我にあり』のモデルとなった凶悪犯）の潜伏。バラバラ殺人。地下鉄の無差別爆弾テロで都民を震撼《しんかん》させた草加次郎事件。右翼のテロ。前年の暮れに、国民的英雄・力道山がヤクザに刺殺された衝撃的な事件も記憶に生々しい。

何より国民がおびえていたのは、毎年のように繰り返される大惨事である。一九六三年の三井三池炭塵《たんじん》爆発は四五八人の犠牲者、八三九人の一酸化炭素中毒者を出した戦後最大の炭鉱事故であり、鶴見事故は一六一名の死者を出した戦後最悪の列車多重衝突事故である。工事現場の爆発事故は、五五年から九年間で六〇〇件を超えていた。

新年の『文藝春秋』に掲載された随筆家・福島慶子の年頭所感には、誰の心にもわだかまっていた不安が率直に書かれている。

「オリンピックの準備で、日本中が気が狂ったようにそこらじゅう掘りくり返し、突貫工事にいきり立っているので、日本人の気持ちまで荒々しくなった」「万一この状態の東京に今、関東大震災程度の災難が襲ったらどんな事態になるか想像もつかない」「どうかそんなことのないように！　と新年に際しこの年にかける願いはその無事だけである」（文藝春秋　一月号、「ひたすら平穏を祈ること」）

今年は、大きな事故のない平穏な年であってほしい――。誰もがそう願っていたに違いない。

しかし、安全を希求する願いもむなしく、一九六四年もおそるべき事故が多発する年になった。

犠牲者の大半は「出稼ぎ」

六月一一日、昭和電工川崎工場内の化学薬品製造工場で大きな爆発が起きた。タンクは二〇メートルも先に吹っ飛ばされた。そのあおりで、あたり半径一〇〇メートル以内の建物、資材倉庫、下請け作業員詰め所など四棟が壊滅した。

五〇メートルの真っ赤な火柱が黒煙とともに吹き上がり、天を衝いて燃え上がった。ニュース映像を見ると、爆発の連鎖反応が一帯の工場に広がり、炎の山脈とでもいうような巨大な壁を形成している。消防や救助にあたる人びとを呑《の》み込みそうな、まさに地獄絵図だ。一八人が死亡、重軽傷者は一〇〇名を超える。

爆発事故は終わらない。七月一三日、同じ川崎の化学工場で新たな爆発事故が起き、二名の死者を出した。同じ日、墨田区の石けん工場でもメタンガスが爆発し、四人が重軽傷を負っている。翌七月一四日、またしても悲惨な爆発火災が起きた。品川区の倉庫会社・寶組《たからぐみ》の危険物倉庫が爆発、火災が広がり、消防士一九名が死亡、一一七名が重軽傷を負った大事故である。

事故を起こした工場の多くが、違法な操業を行っていた。とりわけ爆発が多発していたのは、LPG（液化石油ガス）などを扱う石油化学コンビナートである。この年、高圧ガスを扱う工場の数は、一九五五年の二〇倍の八〇〇〇に達し、それにともない大事故も増えていた（朝日 六・一二）。

一九六四年、作業中に事故に遭い、被害を受けた労働者は一年間で約七〇万人。うち死者は四一三五人に上った（朝日　一二・二八）。どこの工場でも、生産の拡大を急ぐあまり、安全管理は後回しにされ、人命を軽視する風潮が蔓延していた。

犠牲者の大半が、地方の農村などから出稼ぎに来た非正規の労働者だった。慣れない危険な作業を任され、事故を誘発する要因にもなっていた。

新幹線工事も、五輪開会式に間に合わせよという至上命令に従い、無謀な突貫作業を続けたせいで、事故が頻発していた。ここでも犠牲になっていたのは、出稼ぎ労働者である。給料は出来高払いゆえ、みな無理に無理を重ねていた。仕事を完了させなければ、賃金がもらえない。

一〇月一二日午前一〇時、川崎市上丸子の下り線路で、ひかり六号にはね飛ばされて亡くなった労働者は、青森県黒石市から来た出稼ぎ農民だった。一一月二三日午前七時、こだま二〇七号が、静岡県磐田市に差しかかったとき、作業中の下請け労働者がはね飛ばされた。亡くなった六人は、鹿児島と山口から来た出稼ぎ農民だった。

すでに多くの出稼ぎ労働者が、新幹線工事の落盤事故で生き埋めになっていた。一九六四年、推定一〇〇万を超えるとされる出稼ぎ労働者は、経済成長を支えていたにもかかわらず、報われぬ人生を強いられた。

新聞記事には、犠牲となったひとたちの名前さえ載っていない。私が瞥見《べっけん》した範囲では、この年、出稼ぎ労働者の人生に寄り添い、読者の共感を喚起するような記事は多くない。ジャーナリストの柳田邦男《やなぎだくにお》は、当時、ＮＨＫ社会部の記者として、首都高速道路の突貫工事を取材していた。

「私は開通式の取材に行っています。その時、関係者の雑談の中で、『工事現場では、建設費

一億円ごとに一人死ぬんです』と言った。たとえば三百億円かかった工事であれば、三百人死ぬ」「たとえ死者が一人であっても、その父ちゃんを送り出した東北の家にしてみれば大変なことなのです。それが建設業界では、十人とか百人という単なる数字で括《くく》られてしまう」「当時、工事現場とは出稼ぎ労働者が必ず死ぬところでした」（『心の貌』）

開通式で胸を張り、犠牲者を数字で片づける建設会社幹部の感覚は、戦場で大量の兵士を死なせて平然としていた大本営の参謀と変わらないように思える。

「開通当初は明治神宮の裏手にあった料金所の脇に、建設中の事故で亡くなった人たちの慰霊碑が建っていましたが、いつの間にか料金所と共に慰霊碑もなくなってしまいました」（同前）

毎日一〇人が転落した

突貫工事に狂奔した当時の建設現場が、いかに危険でずさんだったか。その実態がうかがえる映像が残されていた。五輪工事の現場を労働基準局の監督官が見回るというニュース映像である。

「オリンピック開幕に間に合わせるため、関係現場は、夜を日に継ぐ突貫工事の明け暮れです」

冒頭のナレーションとともに、突貫工事の現場を点検する当局の職員による視察が紹介される。

「渋谷［労働基準］監督署でも、大きなオリンピック工事が四五、監督官はわずか五名、手が回り切れぬようです、そこを見越してか、ずさんな工事も横行」

監督官のかたわらで、労働者が目もくらむような高所作業を続けている。

「高さ五五メートルの鉄塔の上は、二〇メートルの突風」「こうした危険な作業の手当が一回三六円なり。オリンピックの陰の命の細るような話です」

一九六四年一月一五日、ビルの高層化が解禁された。この年の建設現場では、一日に一〇人以上の割合で転落事故が起き、死者が出ていた（中央労働災害防止協会『産業安全年鑑　昭和40年版』）。たとえ助かっても、重傷を負う者が一万八〇〇〇人もいる。

工事の見積もりには、安全に配慮するための経費が計上されていたが、元請けの予算には組み込まれていても、下請けへ、そして孫請けへ仕事が流れるうちに消えていく。理不尽きわまる「ピンハネ構造」が幅を利かせていた。

ある労災病院の光景

労働者の受難は、映像にも残されている。とりわけ見る者の心を震わせるのは、労災病院の記録映像だろう（NHK日本の素顔『野丁場《のちょうば》トビ』）。病院は転落事故のせいで歩けなくなった患者であふれた。

ある労災病院。首都圏の工事現場で転落した患者が次々と搬送される。整形外科の病室には、脊髄を損傷した患者六〇人が入院している。大半が建設労働者で、下半身が麻痺しているひとも多い。ひとりでは何もできなくなっている。

器具を使って、風呂に入れてもらうひとがいる。両足義足のひとがいる。寝たきりのひとがいる。一切の希望を断ち切られ、押し黙り、ただ天井を見つめる。ナレーションが、冷厳な現実を告げる。

「もしこのひとたちが、半身不随で生涯を送るようになると、労働保険は賃金日額の二四〇日分を年金として補償してくれます。日額一〇〇〇円のひとで月二万円ですが、身の回りの世話をするひとが必ずひとりは必要だというこの病気では、この金額も看護人に支払う給料だけに飛んでしまうのです」

当時、資本金五〇〇〇万円以上の大企業は全体の一パーセント。全国で八万といわれた建設業界の大部分は中小企業である。そのほとんどが下請けの下請けの、そのまた下請けといったかたちで階層化されている。

事故で手足を失っても、大企業の工場で働いている本工（正規の労働者）と中小零細の町工場で働いているひとでは、そもそも補償の額が違う。

手配師に雇われ、出稼ぎで上京した非正規労働者であれば、補償そのものが危うくなる。「出稼ぎ労働者を雇う、下請け会社」といっても実態は単なるブローカー、もしくはヤクザだったりするため、そもそも会社として保険に加入していないことさえある。けがをしようが事故死しようが、見舞金程度でごまかされてしまう。理不尽な差別というほかない。

病人でもこきつかう暴力飯場

「毎朝七時から同じ仕事をしています。残業、残業で夜の十一時頃まで働いております。それから風呂に入り、洗たく」という、出稼ぎ労働者の証言がある（美土路達雄《みどろたつお》『出稼ぎ』）。一日一六時間労働。労働基準法も出稼ぎ労働者にはハナから無縁だ。

突貫工事の現場では、長時間の重労働はあたりまえで、その結果、過労による心臓麻痺と脳貧血で、労働者がバタバタと倒れた。先にふれたように、一九六四年の夏は水飢饉が発生し、蛇口から水が出るのは一日九時間だけだったため、脱水症状で倒れた労働者も数知れない。

一日八〇〇円程度の安い賃金から、さらに飯代、布団代などが差し引かれる。酒も市価の二倍の値段で売りつけられる。

いわゆる「タコ部屋」、あるいは「暴力飯場《はんば》」も野放しになっていた。タコ部屋も飯場も、土木工事の現場などに設けられた作業員向けの宿舎である。

手配師が出稼ぎ労働者に声をかけ、相場よりも高い報酬が得られるなどと甘言を弄《ろう》して暴力飯場に連れていく。いったんタコ部屋に入れられれば、簡単には足抜けができない。四六時中監視され、自由を奪われ、危険きわまりない労働に駆り出された。

暴力飯場に入り込み、取材を行った毎日新聞の記者は、病人でさえ酷使される実態を目撃した。**「最初の一日だけは休養させ、二日目から地下鉄の穴掘りやコンクリートの打ち込み、荷役などの重労働につかせた」**という(毎日　五・二)。

過酷な労働に耐え切れず、多くの労働者がヒロポンを打った。覚せい剤である。だが中毒になれば、稼ぎがヒロポン代に消える。やがて健康を失い、廃人となる。

そして誰もいなくなった

出稼ぎ労働者は、前述のとおり、東北や九州など、地方から来た農民が多い。このころ、東京と地方の所得格差が広がっていた。たとえば、一九六四年、東北で一人当たりの所得がもっとも低かった岩手県に対し、東京はその二・四倍ほどである（内閣府「県民経済計算　昭和30年度-49年度」）。

経済成長を実現するために、都市は、低賃金の労働者を大量に求めた。政府は農村の人口を大量に都市に移動させ、産業労働者に変えようと考えた。そもそも「所得倍増」という政策には、農村のありかたを根底から変えてしまう「離農の推進」が含まれていた。

そのために農業の機械化が進められた。耕運機やトラクターを購入しなくてはならない。テレビ、洗濯機、冷蔵庫なども農村に入ってくる。耐久消費材もほしい。先立つものは現金である。まずは現金収入を増やさなくては、豊かな生活ができない。

そうなれば、大都市へ出稼ぎにいくほかない。結局、農業を捨てて、工場の労働者になるというケースが激増していた。伝統的な出稼ぎといえば、季節労働者を意味したが、高度成長下の出稼ぎは、むしろ「民族大移動」ともいうべき現象だった。

出稼ぎ農民や離農者が増えるにつれ、農村社会そのものが音を立てて崩れはじめた。五輪がらみの建設ブームが一段落した九月、朝日新聞にこんな記事が載った。

「空前の『農民大移動』〝五輪出かせぎ〟総決算」（朝日　九・二）。記事から、長期にわたる過酷な労働に心身をすり減らしたにもかかわらず、業者にだまされて賃金をもらえなかった労働者が多かったことがわかる。不払いを訴えたケースは確認できただけで、その年一月から半年の間に、秋田県で一五一件、山形県で一一七件あったという。

松葉杖《づえ》を壁に立てかけ、目を宙に泳がせる中年の男性がいる。将来への不安に駆られて役所に相談に訪れた出稼ぎ帰りの村人である。ＮＨＫのドキュメンタリー・現代の映像『出かせぎの村』のワンシーン。ナレーションが重なる。

「この地方［秋田県仙北郡］**から出稼ぎに出る者の大半は、東京地方の建設現場で働いている。にわか労務者には事故も多い。このひとも足に切断寸前の重傷を負った。その結果、労災の補償金はおろか見舞金ももらえずに、這《は》って帰ってきたという」**

この年、東京で行方不明になる出稼ぎ農民が激増した。警察庁の調べでは、この年、届け出のあった全国の行方不明者の総数は八万人（「昭和三九年行方不明者届受理状況」）。届け出がない事例も考えられ、たしかな総数はわからない。

東北の村役場は相談者であふれた。工事現場で事故に遭ったり、悪徳業者にだまされたりしたケースが多い。東京まで出かけて人捜しをしたい気持ちがあっても、農作業が忙しく、旅費もままならない。たとえ東京まで出たとしても手がかりをつかむことは難しいだろう。一九六四年の前半に、日本全国で発見された身元不明者の死体は五〇〇を超えるという。

どん底に落とされた農村の女たち

農村に残された女たちの疲弊も深刻だった。先に引いた記事によれば、**「『五輪出かせぎ』では、これまで村外へ出なかったような農家の主人や長男までかり出された」**という。**「男手のなくなった村ではイモチ病**［イネに発生する病害］**が続発」**（朝日　九・二一）。すべて女性と老人だけで対処しなくてはならなかった。

父親は出稼ぎで不在、母親も出ていった。東北のある村にて(NHK)

消防団を主婦だけで組織した村もある。村人が長きにわたって支えてきた農村共同体は、あっけなく崩壊に向かった。新潟のある村では、主婦の労働時間が一日平均一四時間に及び、「農婦病」が深刻になった(朝日 九・一七)。重労働による神経痛である。心の病も増えた。仕送りが途絶え、自殺が増えた。リウマチで歩けないおばあさんを家族がリヤカーで田んぼに運び、稲を刈らせている農家がある。全国の農家から悲鳴が聞こえてくる。

「こどものお守りをする人がいないため、幼児が池に落ちて死んだ(静岡県)。息子が農家をきらって家出したため、父親が自殺した(長野県)。離婚が多くなった(福島県)。母親の農作業中に火事が起こり、こどもが焼け死んだ(岩手県)などの犠牲者も出ている」(同前)

衝撃的な映像が残されている。東北のある村、子どもたちだけで暮らす家族の記録である(NHK現代の映像『凍った村　崩れゆく出稼家庭』)。ナレーションによれば、**「父親は出稼ぎに行ったまま帰らないうえ、**

母親も子どもたちを捨てて逃げてしまった」。

この家では、中学二年生の男の子、そして小学校六年生と三年生の兄弟が、子どもだけで暮らしている。かれらは自分たちで食事をつくり洗濯をし、明るくなれば起きて学校へ行き、暗くなればボロをまとって寝るという生活を送っている。公開調査の結果、この子どもたちの父親は静岡県のある工事現場で見つかった。だが父親は来年の春まで帰ってこないという。

夜、子どもたちはマンガを読みふける。壁には、『スーパージェッター』や『鉄人28号』のマンガの落書き。どちらも、そのころ人気のあったテレビのアニメである。貧しい暮らしにもテレビは普及していた。

テレビには、華やかな東京の消費生活が映る。東京へ行けば、現金を手にすることができるかもしれない。現金さえあれば、貧しい暮らしから抜け出すことができるかもしれない——。テレビから、出稼ぎを後押しする富の香りが漂っていたのではないか。

繁栄を支える「犠牲のシステム」

東京の繁栄は、数え切れないほどの労働者の犠牲のうえに成り立っていた。だが多くの出稼ぎ労働者は東京で搾取され、使い捨てにされた。社会を支えているにもかかわらず、立場の弱い労働者や農民には繁栄の恩恵が回ってこない。

一九六九年から七二年まで駐日アメリカ大使を務めたアーミン・H・マイヤーは、日本特有の「二重経済」のギャップが、社会を不安定にし、長期的には経済発展を阻害する、と予見した。

「日本には、高賃金と低賃金、ふたつの部門を隔てる巨大な格差が存在し、その仕組みは『二重経済』と呼ばれている」「一九六五年のデータによれば、日本の総世帯のうち五二・七パーセントは、国民総所得のたかだか二五パーセントにあたる収入を得ているに過ぎない。その一方で、三・九パーセントの富裕層が総所得の一六・五パーセントにあたる高収入を得ているのだ」「しかも、この『二重経済』の格差は、急激な経済成長によって、さらに拡大してしまった」（*Assignment: TOKYO An Ambassador's Journal*）

「二重経済」の構造を温存していたからこそ、急速な成長が可能になったという見方もあるだろう。しかし、不安定で脆弱なシステムは長続きしない。

「日本の経済が不安定かつ脆弱な仕組みを抱えていることは、日本人もよくわきまえている」「いずれこの仕組みが日本経済の発展にとって大きな障害になるのではと懸念される」（同前）

戦後最大の国民運動だった六〇年安保闘争が挫折し、政治に幻滅した大衆は、今度は「所得倍増」のかけ声に敏感に反応し、向日性の微生物のように、モノとカネのあふれる世界を目指して一斉に移動した。われ先に蜜のしたたる花園を目指し、咲きみだれる花の香りをかごうとする。

夢とか希望とかいうことばが示すのは、もはや敗戦直後の焼け跡でつかのま夢見られたような民主主義のユートピアではなくて、経済成長のパイに少しでもありつこうと突進する、切迫した欲望なのだ。しかし、それは誰かを踏み台にし、犠牲にしなければ成り立たないシステムだった。

もちろん、そうした「犠牲のシステム」は、出稼ぎに限らない。一九六四年の繁栄を支えた「東京のからくり」について、さらに探っていく。

第二章

忘れられた人生

1 青春流転

全学連嫌いだ
全学連ぼっちゃん育ちだ
全学連消えろ！
全学連うせろ！
——永山則夫「三才のテロリストの戯言」

HとM——ふたつの青春

そのひとの名を、仮にHとしておこう。

かれは、東京の山の手、閑静な住宅街・白金の、裕福な家庭で生まれた。一九六四年、ミッション系の高校へ進学。一七歳のHは、アメリカのポップ・ミュージックに熱中していた。母は洋楽を愛好するモダンな女性で、Hが幼いころからピアノを習わせた。実家にはピアノばかりでなく高価なレコードプレイヤーがあり、Hは音楽の洪水に溺《おぼ》れ、その魅力にのめり込んでいく。恵まれた少年時代といっていいだろう。

やがてHは、ミッション系の大学に進学、青春を謳歌《おうか》した。車、ファッション、欧米から届く最新の音楽を貪欲に吸収しながら、パーティー漬けの日々を送る。バンドの一員として演奏することに喜びを見出したHはやがて、プロのミュージシャンとして頭角を現した。

欧米の新しい音楽から学び、東京の山の手で育まれた洗練された感覚を加味して、斬新な日本語の歌が生まれる。Ｈの音楽は次第に海外にもリスナーを得て、国境を越えていった。

もうひとり、Ｈと同い年の若者Ｍも、東京の空の下にいた。

一九六三年、Ｍは中学を卒業し、鹿児島から大阪へ集団就職。同じように鹿児島を旅立った仲間は、九五四四人もいた。みな「都会へ出て一旗揚げ、親を楽にしてやりたい」と決意していた。最初にＭが就職したのは、大阪の寿司屋だった。住み込みで、掃除、出前、お茶汲み、飯炊きの毎日。労働条件が、学校で聞いていた話とまるで違う。働く時間は八時間といわれていたのに、深夜、早朝、はてしなく酷使される。先輩のしごきも半端ではない。給料も約束より少なく、仕送りもままならない。一か月で辞めた。

それからは、さまざまな職業を転々とする人生がはじまった。仕送りのために、少しでも給料の高いところを探す。鉄工所、バーテン、キャバレーのバンドボーイ。世の中の荒波にもまれ、孤独と不安のなかで格闘する日々が続く。

東京へ出た。ラーメン屋、食堂、看板塗装、お茶漬け屋。大阪へ戻る。フランス料理店、運送業、バー。ふたたび東京へ。家具店、米軍基地近くの特飲街（特殊飲食店街の略。赤線）のバー、食堂。転職はなんと一七回を超えた。長くて五か月。最短は一日しかもたなかった。

「**日曜日にね、集団就職の仲間に会うんです**」

Ｍは回想する。

「励《はげ》ましたり慰《なぐさ》めたり？　とんでもない、情報交換ですよ。〝どうだ、給料はいいか？〟〝仕事、きつくないか？〟で、よし、となったら、タクシーにフトンのっけて、サッとずらかって、ちがう店へいっちまうんです。みんな、そうなんですよ」

Mの人生を一変させたのは、歌である。

「中華料理店などで働くうちに、私が歌好きだということを知っていた親類がテレビののど自慢番組に応募し、私は勧められるままに出場した番組で勝ち抜いたのでした」

音楽プロデューサーのチャーリー石黒の楽団に雇われ、バンドボーイになったMは、固定給なし、安い食堂を探しては飢えをしのぎ、必死で歌を勉強する。一九六六年のデビュー曲は「女のためいき」。集団就職で故郷を後にしてから、三年の歳月が過ぎていた。

ご想像のとおり、Hとは細野晴臣《はるおみ》、Mは森進一である（右の引用はそれぞれ、女性自身　一九六八・六・一七、「ナベプロが書かなかった　人気歌手森進一君の履歴書」、文藝春秋　二〇一四・四月号、森進一「『金の卵』と持て囃《はや》されて」）。

一九四七年、同い年のふたりは、かけ離れた境遇で生を享《う》けた。だがふたりとも音楽の才能に恵まれ、懸命に努力を重ね、レジェンドとして祭り上げられるほどの存在になった。もし、音楽の神様が微笑《ほほえ》まなければ、かれらにどんな人生が待ち受けていただろうか。

細野は、その気になれば大学を出て大企業に職を得て、ホワイトカラーとして高い収入を得ることもできただろう。一九六四年、大学進学率は一割程度。大学生が就職に困ることはなかった。

もっとも、音楽を通じてアメリカのカウンター・カルチャーにふれていた細野なら、企業社会の一員となることを拒み、ヒッピーになっていたかもしれない。

一方、森は、もし歌と出会わなかったら、どんな人生を歩んだだろう。さらに転職を重ねていただろうか。それとも何かのきっかけをつかんで、流転の人生に終止符を打っただろうか。

地方の農村から上京して大都会の片隅で働き、思うに任せぬ人生に耐えてきたひとの多くは、みずからの青春を声高には語らない。それゆえ、無数のMたちの人生は、ホワイトカラーのそれほどあからさまに語られないまま、国民的記憶からこぼれ落ちてしまっているように思える。だが、決してMが少数派だったわけではない。むしろ多数派だった。

HもMも、いわゆる団塊の世代であり、どの世代よりも、同世代の仲間は多い。団塊の世代というと、すぐ「全共闘」というイメージに短絡してしまうが、それは事実と異なる。

同じ一九四七年生まれ、団塊の世代のライター・山口文憲《ふみのり》は、次のように述べる。

「団塊といえば全共闘、全共闘といえば団塊の世代というステロタイプがますます流布すると、関係のない団塊の世代までがとばっちりで迷惑する」(『団塊ひとりぼっち』)

先にふれたように、当時は大学生そのものがまだ少なかった。「その当時の大学進学率はどうだったかというと、短大・四年制をあわせても約一六パーセント（一九六六年）にすぎなかった」

山口はこう指摘する。

「同じ世代が十人いても、八人以上には無関係だった話を、果たして世代の体験といえるかどうか」「そのうえ、たまたまその一六パーセントのうちの一人になったとしても、その誰もが全共

闘に参加する機会を得られたわけでもない」

とすれば、全共闘体験を熱く語る人びとは団塊の世代のなかで、むしろ少数派なのではないか。山口によれば、**「団塊の世代が、じつは『集団就職の世代』でもあるという事実は、ともすれば見落とされがち」**だという。

なぜ全共闘は、いまも繰り返しメディアで取り上げられ、集団就職は忘れられてしまったのだろう。

若者を食い物にする東京

オリンピックがらみの東京大改造が、日本中に富の匂いを振りまいていた。東京一極集中が加速し、地方から東京へ向かう働き手が激増したのもこのころである。

折しも一九六三年からの五年間、集団就職はピークを迎えた。戦後のベビーブーマー、すなわち団塊の世代の若者が中学・高校を卒業する年齢に達し、毎年七〇万人前後、仕事を求めて大量に東京に〝移住〟したのである（東京都「人口の動き　平成26年版」）。

安価な労働力を求める政府は、日本交通公社と連携して毎年地方から大都市に向けて、〝金の卵〟たちを大量輸送した。上野駅へ向かう集団就職列車がしきりにテレビや新聞のニュースに登場する。一九六四年、中卒以上の農家子弟のうち、農業に就業したのは、戦後最低、わずか五パーセントだった（朝日　七・二八）。史上空前の急激な「民族大移動」の時代。一九六四年はそのまっただなかにあった。

若者たちの夢を食いながら、太りつづける東京。その巨大な胃袋の入り口は、上野駅だった。東北からの出稼ぎ、集団就職の若者はまずこの駅へやってくる。当時、秋田の農村から東京まで、およそ二〇時間かかった。東京に呑み込まれていく若者のどれだけが夢をつかめただろうか。

上野は〝狼〟の待ちかまえる鬼門でもあった。

「上野駅ではやくざなどが東北地方から家出してきた娘たちに親切に声をかけ」「そのうちに関係づけ、薬と両方で自分から逃げられないようにする」

東京都の婦人部で売春の実態を調査していた中野ツヤ（元東京都民生局婦人部長）は、そう証言する。一九六四年の上野駅に潜む闇を至近距離で目撃した。

「その頃は集団就職で地方から特別列車で出てきていましたが、引率者がついている場合はいいけれども、たまたま一人で出てくると、そういう悪い手が伸びてしまうのですね」（「婦人部長の憂うつ」、女たちの現在を問う会編『高度成長の時代　女たちは』所収）

ヤクザにさらわれた女性は麻薬漬けにされる。逃げられないように、むりやり麻薬中毒にするのである。女性のヒモになって、売春で稼がせて自分が食べていく。もちろん、たとえ上野でヤクザの魔手を逃れたとしても、東京へ足を踏み入れた地方の若者を目がけ、巧妙な罠《わな》や、想像もできない試練が、津波のように押し寄せてくることには変わりがない。

「幻の映像」は何を物語るか

『消えた言葉』（橋本治編著）という本には、六〇年代の例として「汲み取り屋」「傷痍《しょうい》軍人」のほか、「集団就職」が挙げられている。どうすれば「集団就職」という失われた記憶を復元できるだろうか。

いま、膨大な記録映像を収集・研究し、戦後復興から高度成長の時代にいたる歴史を再検証しようする試みがはじまっている。もっとも注目すべきは、記録映画保存センターが東京大学と協力して進めている大規模なリサーチだろう。膨大な高度成長期の記録映像を収集。コレクションは一万巻を超える。

一九六四年前後の東京の現実をとらえた映像の数々は、驚くほど雄弁で、時代の雰囲気やディテールが一目瞭然《りょうぜん》になる。後世に流布された神話や、あまりにも理想化されたイメージの大半は、当時の社会をリアルに記録した映像によって瞬時に粉砕される。

『日本発見シリーズ　東京都』（一九六二）。当時の東京の若者たちを密着取材した貴重な映像である。テレビ局の企画だったが、スポンサーから横やりが入ってお蔵入りになった。

そもそも、岩波映画製作所による「日本発見シリーズ」の東京編として、NET（日本教育テレビ、のちテレビ朝日）のために製作された作品で、監督は、のちに水俣病のドキュメンタリー映画で名を馳《は》せる土本典昭《つちもとのりあき》である。

土本がまず注視したのは、街にあふれる若者の群れ、とりわけ、地方から東京へ流入した一〇代の男女である。カメラは、新宿駅に近い大食堂のウェイトレスになった女性たちを追う。

ナレーションが語る。

「この食堂だけで約一〇〇人。その九割が最近地方から働きに来た若いひとたちです」

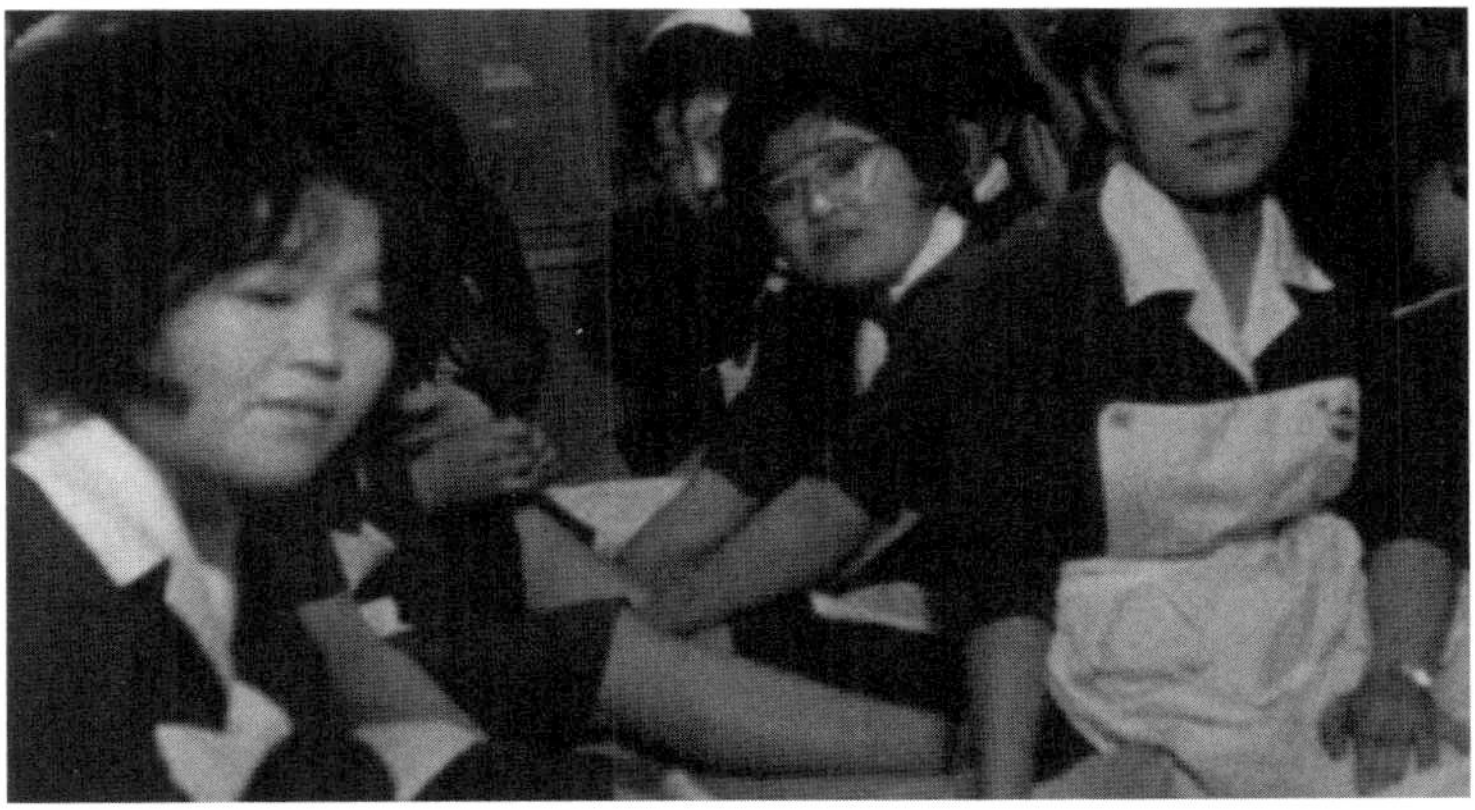

狭い休憩室で、つかのま息をつくウェイトレスたち。東京への幻想はとうに失った（製作・岩波映画製作所、写真提供協力・岩波映像）

ドキュメンタリーのなかでつぶさに描かれるのは、過酷な長時間労働の実態である。朝から晩まで立ち通し。休憩時間には狭い部屋に押し込められ、疲れ切った足をさする。

低賃金で、自由になる時間はほとんどない。東京へのあこがれは、現実の厳しさに直面し、次第に色褪《あ》せていく。「**帰れば、寝るのとお風呂に行くのが精一杯**」と落胆《らくたん》するウェイトレス。その表情には、希望の色などとうに失せている。

夢を抱いて東京へやってきた中卒の若者たちは、すぐに自分の苦い運命に気づき、愕然《がくぜん》としたことだろう。労働条件も報酬も、そのほか何もかも、自分が聞かされていた話とは違っている。といって、つのる不満を持っていくところも見当たらない。

都心で働くウェイトレスに限らない。当時、集団就職で上京した中卒の女性の多くは、繊維工場の工員、家事手伝い、零細商店の売り子として住み込みで雇われ、はてしなく続く単純労働に押しつぶされた。

一方、カメラは、経済成長に沸《わ》く東京で、夜遊びに耽《ふけ》る裕福な若者たちもとらえている。外車を乗り回す者がいる。大通りを闊歩《かっぽ》するカップルがいる。雑誌のグラビアから出てきたようなファッションに身を包み、会話に夢中になっている連中がいる。

かれらの様子を、ひとりの若者が建物の二階の窓から凝視している。中学を卒業して上京し、住み込みで雇われ、安い賃金で深夜まで酷使されているコックの見習いである。東京にあふれる、きらきらした消費文化の洪水とも縁がなく、パーティーだ、サーフィンだと遊び暮らす山の手の若者を横目に見て、疎外感を味わうばかりだ。遠くから身を隠して、恵まれた青春をじっと見つめるまなざしが切ない。

社会学者、橋本健二の著作『「格差」の戦後史』によれば、一九六四年ごろ、ブルーカラーとホワイトカラーの賃金格差は、依然として大きかった。六五年を例にとれば、労働者階級と資本家階級の格差は三・一九倍。ホワイトカラーとの格差は一・四七倍である。

「若者たちの間には深刻な格差があった」と橋本は分析する。

しかもその格差は、東京で、これまでとは異なる現れかたをしていたという。

「この時期に生み出されたのは、貧しい農村で暮らす若者たちと、華やかな都会で暮らす若者たちといった、無関係に生活する者どうしの格差ではなかった。同じ都会で暮らす若者たちの間の格差、つまり、一方では大学生やエリート社員、中上流階級のお嬢さまたち、他方では集団就職の工場労働者や下町の住人など、お互いの姿が目にみえる格差だったのである」

「お互いの姿が目にみえる格差」。土本が『日本発見シリーズ　東京都』で描こうとしていたのもそれではなかったか。

ヒト、モノ、カネを貪欲に呑み込む東京の混沌のなかで、若者たちは、お互いの姿を鏡に映すようにしてのぞき込み、格差、貧困、差別という現実をひとときも忘れることを許されなかったのである。

誰が「ほんとうの東京人」なのか

ところで、土本が描いた作品は、なぜお蔵入りしたのだろうか。土本は、映画研究者である石坂健治との対話において、その顚末《てんまつ》を回想している。

「人権もへったくれもない職場で、休み時間には雑魚寝をしながら深夜まで働いている」「東京はそうした地方の人たちによって作られている」「そういう人たちによって東京の活力があるという切り口にしたんです。そうしたらスポンサーが、『世界に冠たる大東京が、地方の人間の寄せ集めで成り立っているというのは、いくらなんでもひどすぎる』って」（『ドキュメンタリーの海へ』）

スポンサーは、東京人についていかなるイメージを持っていたのだろう。「東京が地方の人間の寄せ集めというのは、ひどすぎる」と発言したのはほんとうだろうか。もしそうなら、このスポンサーは、眼前で進行している事態を現実として見つめることを拒んでいたことになる。

一九六四年に書かれた東京への人口流入についての論文「東京居住者の社会移動」（倉沢進）を見れば、一九六〇年当時、六割の住民は地方から上京した、いわば「東京移民一世」であり、残りの住民のおよそ七割も、父親の代に東京へ移住した「東京移民二世」であることがわかる。すなわち、東京人といっても、その九割がいわば「移民一世」、ないしは「二世」なのである（盛山和夫編著『リーディングス 戦後日本の格差と不平等 第1巻』所収）。

三代続けて東京生まれとなれば格段に珍しく、まして先祖代々の江戸っ子など、実際には、まずお目にかかれない。文字どおり、「地方の人間の寄せ集め」といって間違いはない。お蔵入りを決めたスポンサーのことばがほんとうだとすれば、集団就職で上京した中卒の若者や、工事現場で働く出稼ぎ労働者に対する露骨な蔑視《べっし》があったといえる。

かれは、本音では、東京は自分のような「ほんとうの東京人」が動かしているのであって、決して田舎者の集団ではない、といいたかったのだろうか。

だが、そもそも東京へ吸い込まれた「田舎者の集団」がなければ、高度成長も東京の繁栄もありえなかったのである。

「住み込み」という名の監視システム

集団就職者の親睦団体である、「若い根っこの会」を長年にわたり主宰した加藤日出男《ひでお》は、若者にとってもっとも耐えがたい体験は、「住み込み」という雇用形態がもたらす悩みだったという。特に商店街では、従業員の九〇パーセントが住み込みで雇われていた。

「住み込みの場合は、実際にはお店が夜の九時、一〇時に終わっても、それから風呂に入るのも何もすべて管理される。たとえばの話、自分の部屋にはテレビがない」「主人の部屋におりていくと、そこの家族は別の番組を見て」いる（「集団就職」、エコノミスト編集部編『高度成長期への証言』下巻所収）。

「親代わり」と恩を着せつつ、その実、住み込みの若者を、家内奴隷のごとく酷使する雇い主さえいる。四六時中監視され、髪型から服装まで干渉され、ひとことでも不満をもらせば、「いまどきの若い者は」と説教される。

といって、田舎には帰れない。田舎では、現金収入を得るあてはない。第一、長男以外は家業を継ぐこともできず、土地を与えられることもない。田舎にいては、自分の力で人生を切り拓くことはままならないのだ。東京に賭けるほかない。

一九六四年、新聞には、転職を繰り返す集団就職の若者たちを取り上げた記事が頻出している。記事を読むまでもなく、見出しだけで、集団就職者のたどった受難の人生を感じ取ることができそうである。

「腰が落ち着かない　上京の中卒就職者」「花やかな都会の誘惑　多い風俗営業に走る者」（朝日　一・二八）、**「なぜ逃げ出す？　集団就職の少年〝約束と違う〟と幻滅」**（朝日　五・三）、**「働く若人たちの生活と意識　激しい知識欲・孤独感」**（朝日　一〇・三〇）

一九六七年の労働省（のち厚生労働省）の調査によれば、集団就職で上京した中卒の若者のうち、過半数の五二パーセントが三年以内に転職している。高卒者の場合も同様で、転職率は五四パーセントに上る（「新規学校卒業就職者の職業離職状況調査」）。その半数近くが、勤めてから一年以内に転職している。転職が日常茶飯事だったことがわかる。

社会学者の見田宗介《みたむねすけ》はその著書『まなざしの地獄』のなかで、集団就職者の離職の理由を分析し、給料ではなく、休日の少なさとの間に高い相関があることを見出した。要するに、離職のほんとうの理由は、カネよりも、「自由がないこと」だった。

「上京に託した夢とは、自己解放の夢である」「一方現代日本の都市は、このような青少年を要求し、歓迎するという。けれどもこれはうそである」「都市が要求し、歓迎するのは、ほんとうは青少年でなく、『新鮮な労働力』にすぎない」

結局、故郷の農村にも東京にも、自分たちが夢見たような居場所はなかった。

「彼らはいまや家郷から、そして都市から、二重にしめ出された人間として」「二つの社会の裂け目に生きることを強いられる」

一九六三年ごろから、若者たちは、資格をとって独立を目指すようになる。景気循環の影響が大きい中小零細企業では、会社の仕事が縮小したり、倒産したりすることはめずらしくない。たとえ転職せずにガマンしていても、いつ失業するかわからない。

いじわるされ差別され、身体を壊せばたちまち借金という現実のなかで、理容師、美容師、バーテンダー、看護師、大工、左官など、手に職をつけようとする若者が増えた。

勤め先が破綻しても、なんとか食べていけるはずだ――。だが、それもまた海図なき航海だろう。東京の荒波に呑み込まれ、漂流しはじめた若者はどこへ行けばいいのか。

貸本マンガが最大の息抜き

つかのまの温もりを求めて集まる場所を探す。うたごえ喫茶。集団就職の仲間が集まる親睦会。穴場を見つけた。仕事の合間にぶらりと立ち寄る貸本屋だ。

お目当てはハイティーン、あるいは大人向けのマンガ、すなわち「劇画」である。時代劇もあれば青春ドラマもあればハードボイルドもあればミステリーもある。一冊二〇円で読める。お金をかけずに、時を忘れ楽しめる。

当時、子どもたちはテレビのアニメや少年マンガ雑誌に夢中だった。しかし貸本マンガは、子ども向けの夢物語ではない。リアルで、蠱惑《こわく》的で、血が噴き出すような描写がある。そこには、世の中の底辺でもがく人びとの赤裸々な人生が描かれていた。

残酷な運命。苦い現実。差別、暴力、貧困、反逆、挫折。ストーリーは過激で、容赦がない。登場人物は、多かれ少なかれ、癒やしようのない〝傷〟を負っている。作者も、自分たちと同じような境遇で、同じように孤立無援で、同じような鬱屈《うっくつ》を抱えているのではないか。劇画が読者の心の琴線にふれ、強い共感を呼び起こす。貸本マンガの世界は、下積みの若者の心をわしづかみにした。

戦後を代表する思想家・鶴見俊輔は、暴力的な描写が多いとして世間やＰＴＡから非難されていた貸本マンガを、いち早く高く評価した。

地方から上京した貧しい若者にとって、「貸本屋の漫画本が最大の息ぬきの場であり、自分の生命の再創造の場だった」と鶴見はいう（『鶴見俊輔全漫画論1』）。

「昭和三十年代の資本主義的繁栄の下では、詩よりも小説よりも、劇画という様式が、虚無感をもつ青年をひきつけた」「小市民の安定したくらしを演出することにつきている一九六〇年代に、この安定したくらしからはじきだされた、都会の若者たちの怒りが、劇画にそのはけ口を見出した。読者が劇画をつくっていった」

読者は、自分のなかにある「はみだしたものの心情」を、劇画表現のなかに見出した。あるいは荒野ではじめて仲間と出会ったような気持ちになったのかもしれない。

大島渚をノックアウトした傑作

一九六〇年代、若者から熱狂的に支持され、戦後マンガ史に巨大な足跡を残した白土三平《しらとさんぺい》。貸本マンガ最大の巨匠である。

傑作『忍者武芸帳 影丸伝』は、貸本マンガブームに火を点《つ》けた最大のヒット作といっていい。強大な支配者を相手に、敗北を繰り返しながらも、不屈の抵抗を試みる忍者・影丸の壮大なロマン。その志、その構想力、そのストーリーテリング、その博識、その独創性、すべてにおいて、圧倒的な才能を見せつけ、疎外感を味わい生きる人びとの心をとらえた。

「はじめて全巻を読みとおしたあと、半月ばかりの間、私は影一族という理念を思いだすと、からだがふるえだして困った。影一族は、それほど私にとって感動的なものであった。疎外された民衆の生活、その生活の戦いの中で、いつしか身につけた奇妙な生活の武器」（「独創的な、影一族のキャ

『忍者武芸帳　影丸伝』のひとコマ。白土三平は、差別される者、虐げられる者の側から、社会の矛盾を描いた（©白土三平、岡本鉄二／小学館）

ラクター——白土三平」『大島渚《なぎさ》著作集　第四巻』所収）

この大作への思いをそんなふうに語ったのは、映画監督・大島渚である。

「このように明確に被抑圧階級の生活と戦いの関係がとらえられたことが、かつてあっただろうか」「この作品が私たちをうちのめすのは、全巻の中にこめられた彼［白土］の怒り、悲しみ、悶《もだ》え、喜び、そして愛である」「何よりも、この白土氏の熱い血と高貴なる魂を、読みとってほしいと思う」「彼こそは、影丸である」

ちなみに大島は一九六七年、マンガそのものを撮影するという大胆《だいたん》な手法で『忍者武芸帳　影丸伝』の映画化に取り組んでいる。白土作品の迫力を伝えるには、それしかなかった。

『ガロ』創刊という事件

一九六四年七月、前衛的なマンガ雑誌『ガロ』が創刊された。白土を筆頭に、貸本劇画の才能が集まって、マンガの世界に革命を起こしたのである。

ちなみに一九六四年以後、二〇〇〇年代にいたるまで、この雑誌には、綺羅《きら》星のような才能が続々と登場し、表現の可能性を驚くほど広げて、サブカルチャーの牙城のような存在になった。試みに『ガロ』で活躍した個性的なマンガ家やクリエイターをあげてみよう。

白土三平、水木しげる、つげ義春《よしはる》、永島慎二、林静一《せいいち》、滝田《たきた》ゆう、佐々木マキ、辰巳ヨシヒロ、赤瀬川原平《あかせがわげんぺい》、つげ忠男、近藤よう子、湯村輝彦、糸井重里、南伸坊《しんぼう》、安西水丸《みずまる》、杉浦日向子《ひなこ》、内田春菊《しゅんぎく》、矢口高雄《たかお》……。

六〇年代後半には、『ガロ』の読者層は大学生やサラリーマンに広がった。その後、マンガは日本の現代文化の代名詞に成長していくが、その原動力となったのは手塚治虫以上に、貸本マンガにルーツを持つ作家たちだったのである。

一九六四年一二月、白土は『ガロ』誌上に『カムイ伝』を発表する。封建社会の底辺で理不尽な差別に苦しむ農民の姿を、戦後社会の現実と重ね合わせて描いた。単行本にして四〇巻を超える、日本マンガ史に不滅の光を放つ傑作である。

読者は『カムイ伝』に描かれた農民の宿命を、深い共感をもって受け止めた。理不尽な差別に苦しむ江戸時代の農民が、圧政に立ち向かう姿。若者たちは自分たちの置かれた境遇と通底するものを見出し、自分たちに公然と注がれる差別のまなざしに思いを馳せたのである。

その後、半世紀にわたって描きつがれた『カムイ伝』は、とりわけ団塊の世代の若者の世界観に大きな影響を与え、「全共闘世代のバイブル」と呼ばれた。学生運動のさなか、バリケードのなかではマルクスよりも、白土三平が読まれていた。

巨匠・白土三平が一九六四年を語った

私事ながら、私は子どものころ白土マンガのファンであり、一〇歳のとき、ファンレターを送ったことがある。驚いたことにすぐ返事をもらった。ハガキには、「近く『少年マガジン』に、『ワタリ』という作品を連載します」と書いてあった。うれしくて、有頂天になった。

それから半世紀。取材を受けることはめったにないといわれていた伝説の巨匠についに話を伺うことになり、私の胸は震えた。

白土の話は、時空を自在に超える。大半は、生き物の生態、動物の話だった。『シートン動物記』を愛し、生き物の話となれば、倦《う》むことなく、はてしない語りが続く。

『カムイ伝』は、左翼の唯物史観を絵解きしたかのように評されることが多かったが、それには違和感がある。白土が世界をとらえる独特のまなざしは、何かの理論とか、色眼鏡を通してではなく、生き物のありのままの姿を見つめようとすることから生まれてくる。白土は、人間もほかの生き物と同様に、ひとつの種としてとらえているに違いない。

ただ、人間がつくりだす社会は、生き物のそれとは違い、自然の法則からかけ離れてしまった。文明は、さまざまな仕組みをつくって、ひとから自由を奪い、差別する。

白土はいう。

一九六四年、ベトナム戦争が激化するなかで考えた。江戸時代の身分制度とは異なるが、高度成長の時代にも、封建社会と変わらぬ理不尽な差別の構造はあるのではないか。ひとは自由になれたとはいえないのではないか――。

「封建社会と同じ。底辺で働く者に自由がない」

『カムイ伝』では、そのことを描きたかったと白土は語る。

「歴史っていうと、いろんな差別があったと思うんだよね。それでひとつの差別を暴いていけば、ほかの差別の原理は同じですから。ひとつの差別を指摘することで、ほかのものも指摘することができる」

この考えは、『カムイ伝』を描きはじめた一九六四年から、五六年たったいまも変わらないという。いまもなお、日本社会には、それがある。

「差別ってものはやはり存在していると、わたしは考えています」

世界が注目する貸本マンガの水脈

一九六四年、もっともパワフルな文化の発信地として、時代の前面に出てきたのは新宿である。巨大なターミナル駅を中心とする大消費地であるにもかかわらず、ここには、アンダーグラウンド文化の回路があった。ニューヨークと似て、上京してきた〝貧しい移民〟に対して、開けているようなところがある。ニューヨークで移民の文化が衝突し、溶け合って新しいものを生むように、新宿には、地方から東京へやってきた才能が〝異種格闘技戦〟を演じる、ヤミ市のような伝統が残っていた。

『ガロ』をはじめとしたサブカルチャーのなじむ土壌があるとすれば、銀座でも六本木でもなく、新宿に違いない。たとえば、六〇年代後半に一世を風靡《ふうび》した、寺山修司のアングラ演劇、ギター一本をかき鳴らして絶叫する三上寛《かん》のフォークがある。ふたりとも青森から上京し、みずからのルーツにこだわる表現者になった。

三上は田原総一朗が東京12チャンネル（現・テレビ東京）在籍時に作ったテレビドキュメンタリー『ドギつく生きよう宣言　もう一人の永山則夫《のりお》・三上寛』（一九七〇）で、永山則夫を題材とした「ピストル魔の少年」を歌った。三上にとっては、全共闘など他人事で、集団就職で東京へ来て連続射殺事件を起こした永山則夫によほど切実な関心があった。

そこに、貸本マンガや『ガロ』から生まれた表現との親和性を見つけ出すのは難しくない。新宿に漂う、ヤミ市の名残り、小便臭い路地のにおい、出稼ぎ労働者が肩を寄せ合う寄せ場のような、血と暴力と病の蔓延は、貸本劇画の世界にすでに描かれている。

新宿の表現者の感性は、白土、水木しげる、つげ義春のそれと共振する。若き坂本龍一や山下洋輔ら東京育ちの音楽家もいれば、寺山修司や唐十郎《からじゅうろう》といった演劇人、フォーク歌手の群れ、大陸からの引揚者、地方から上京した農村の次男三男、日本のマンガやアングラ演劇に魅せられた外国の若者らもいた。若い才能が入り乱れ、核融合のように高熱を放ち、東京は六〇年代ならではの輝きを放つようになる。

いま海外の日本文化研究者は、六〇年代の劇画文化と『ガロ』を、日本の現代文化の独創的な源泉であると見て、注目している。かつて日陰の存在だった貸本マンガの作家は生き残り、次々に翻訳され、欧米やアジアに紹介されている。

日本のもっとも先鋭的なマンガ家を最初に翻訳・紹介したとされる、一九七一年の英文演劇雑誌『Concerned Theatre Japan Vol.2』（デヴィッド・グッドマン編）。そこでは、『カムイ伝』の白土三平、『ねじ式』のつげ義春、『櫻画報』の赤瀬川原平の三人の作家が選ばれている。三人とも『ガロ』の看板作家である。

底辺を生きる人びとの鬱屈と哀《かな》しみを描いた、辰巳ヨシヒロの作品は世界八か国で翻訳され、「マンガ界のカンヌ」と呼ばれるヨーロッパ最大のマンガ・フェスティバル、アングレーム国際漫画祭で特別賞（二〇〇五）に輝いた。辰巳の生涯はシンガポールの映画監督エリック・クーによって映画化され（『TATSUMI』）、カンヌ国際映画祭「ある視点」部門に選出された（二〇一一）。

二〇〇七年には、水木しげるが『のんのんばあとオレ』でアングレームの最高賞である最優秀作品賞を受賞。アングレーム国際漫画祭では、さらに二〇二〇年、つげ義春が特別栄誉賞を受賞、回顧展も行われた。世界のマンガ文化、たとえば英語圏のグラフィックノベルやフランスのバンド・デシネにも大きな影響を与えた、つげ義春の全集は、アメリカ、カナダ、フランスで出版された。

一九六四年に『ガロ』が創刊されてから、半世紀。いま海外から、その独創的表現を高く評価されている巨匠の多くが貸本マンガ出身であることは、何を意味しているのか。

理不尽な現実と、いやおうなく苦闘するなかで編み出されたかれらの独創的かつ切実な表現に、時を超える普遍性と摩耗することのない強度を、世界が読み取ったのではないだろうか。

一九六四年、貸本屋の暗がりにたむろする若者の存在も、作家に大きな力を与えていたに違いない。白土三平や水木しげる、つげ義春のマンガに熱中した集団就職の若者は、つらい下積みの仕事を続けながら、作者と、想像の共同体をつくっていたのかもしれない。逆境のなかで、現実を見つめるまなざしと感性を共有していた多くの若者たちがいなければ、革新的な文化の、世界への発信はなかったかもしれない。

フランスの映画監督を驚かせた巨大聖堂

東京には、得体の知れないエネルギーが渦巻《うずま》いている——。

オリンピックの年、東京へやってきて、変貌する東京をつぶさに記録した人物がいた。フランスを代表するドキュメンタリー映画の巨匠、クリス・マルケル。ゴダールやトリュフォーにも影響を与えた映像作家である。

街頭を自由に歩き回り、ヌーベルバーグの映画を思わせる即興的なドキュメンタリー『不思議なクミコ』(一九六五)を撮影した。街頭テレビに群がる大衆、ピンク映画の流行、デパートに並ぶ西洋風のマネキン人形、街にあふれる若者たち、世界のニュースに無関心な日本人……。

だが、マルケルがカメラのレンズを通して凝視したさまざまな東京の風景のなかで、ひときわ強烈な印象を残すのは、なんといっても、この年に建設されたある宗教団体の巨大聖堂だろう。巨大なデコレーションケーキを思わせる円型ビル。ロシアの宮殿とも中東のモスクともモダンな現代建築ともつかない、奇抜なデザインが目を引く。当時、破竹のいきおいで会員を増やしていた、立正佼成会の本拠である。

五月一五日、東京・杉並に大聖堂が完成。政財界の面々が、お祝いに駆けつけた。**「工費、その他を合わせて五十億円をかけた」**（東京　五・一五）。地上七階。延床面積二万三〇〇〇平方メートル。五〇〇〇人が収容可能。外見はイスラム風の八本の塔を持つ円形の威容を誇り、内部はピカピカの劇場のようである。建材の大理石はイタリアから、メノウはメキシコから、花崗岩《かこう》はスウェーデンから運んだという（太陽　九月号、「現代の新興宗教」）。

立正佼成会は、宗教団体・霊友会から派生して、一九三八年（昭和一三）に創立された教団で、当時、公称で二三〇万人の会員がいた（同前）。よほどの資金力がなければ、これほどの巨大建築は実現できない。なぜ急激に会員が増えたのか。

立正佼成会が急成長したのは、集団就職の若者が東京に殺到した時代と重なる。宗教学者の島田裕巳《ひろみ》は、立正佼成会の**「会員となったのは、その時代の波に乗って都会に出てきたばかりの人間たちであった」**と指摘している（『戦後日本の宗教史』）。

創価学会が静岡・大石寺《たいせき》に白亜の大客殿を建設したのも、この年である。総工費一五億円。重さ一万一〇〇〇トンの巨大な屋根は鉄筋コンクリート。床面積一万四五五五平方メートル。参拝者五〇〇〇人を一度に収容できる、吹き抜けの五階建て（毎日　四・一）。

創価学会は日本最大の新宗教団体となった。それはなぜか。

社会学者の鈴木広は、一九六二年に福岡市の創価学会会員二万人から**「無作為に」**抽出された対象への面接調査などを行い、その組織のありようを分析した。

「福岡市における創価学会会員の階層的帰属は、零細商業・サービス業の業主・従業員と、零細工場・建設業の工員・単純労働者などが、その中心である」(『都市的世界』)

そして、「創価学会がたんに『都市的』ではなく、『都市下層』の宗教集団である」とした。

さらに、鈴木は、会員の生まれた家の職業と、出生地および現在の居住地の相関から、「当初においては主に農家(ないしは商家)に生まれ育った者で、戦時、戦後の混乱期に階層的地域的に急激な移動を経験した人々」が多いと指摘している。

海外の研究者も、創価学会の驚異的な成長に関心をかきたてられた。

スタンフォード大学の社会学者ジェームス・W・ホワイトは、この時期、創価学会について集中的な調査を行って、一九七〇年に浩瀚《こうかん》な研究書『ホワイト調査班の創価学会レポート』を著した。ホワイトもまた、創価学会を実証的に検証するなかで、日本の大衆社会の劇的な変化を指摘している。

「学会員は職業的には相対的に移動性を持っている」「そして移動性は不安、規範の混乱、ならびに学会のような組織の教えに対する受容性を助長する」

左派の論客・杉森康二《こうじ》も、この時期、「創価学会の構成員は、明らかに、戦後の高度成長を通じて地方から大都市へと流入した人々によってその大半が占められていた」と述べている(『研究・創価学会』)。特に「中等教育終了後、大都市に就職のため移動するグループ」が中心だという。

「高度経済成長過程における農村部から大都市への急激な人口移動によって、肥大化した都市人口こそ、学会員の最大の組織母体となり、学会はこの新しい都市人口を自己組織に吸収すること

によって今日の成長をなしとげた」(同前)

島田裕巳は、鈴木の先行研究を援用しながら、こう分析する。

「都市では、農村にいては得られない現金収入を得ることはできたものの、都市へ出てきたばかりの元農民たちには、学歴も技術もなく」「不安定な地位のまま、いつ収入の道を断たれるかわからない状態にあった」(『創価学会』)

伝統的な農村共同体のしがらみのなかにいた若者たち。束縛から解放されたいと願って上京したにもかかわらず、東京へ来れば、あらゆる絆を失ってばらばらとなり、冷たい孤独のなかで生きることを強いられる。

いままで味わったことのない疎外感と不安が嵩《こう》じてくる。「その際、都市に出てきたばかりの人間たちの受け皿となったのが創価学会だった」

「戦後社会の大きな変化が、巨大教団を生み出したことになる」(同前)と島田はいう。

東京に定着し、先祖への供養がままならぬ身となった〝移民〟は、新しい宗教を必要としていたのだろうか。いずれの研究も農村から来た集団就職の若者を含む、大都市への流入人口が、新しい宗教を巨大化させる原動力になっていることを強調する。

一九五五年(昭和三〇)には、三〇万世帯だった創価学会の会員が(『研究・創価学会』)、六四年には五二四万世帯になっていた(田原総一朗『創価学会』)。一〇年もたたないうちに、一七倍以上に膨れ上がったことになる。一一月一七日、東京・両国の日大講堂に一万五〇〇〇人の党員が集まり、創価学会を母体とする組織政党・公明党の結成大会が開かれた(同前)。

田原総一朗は、この年、テレビディレクターとして創価学会を取材、それ以来、創価学会ウォッチャーを続けている。田原によれば、自民党は大企業の利害を代表しており、社会党はその企業などに働く組織労働者を基盤としていた。このふたつの政党の間で置き去りにされ、政治の恩恵に与《あずか》ることのない未組織労働者にアプローチしたのが公明党だったという。多くは、「中小、零細企業、商店主や日雇い労働者など大手の労働組合に入れない人間たち」であり（同前）、そのなかには、上京組の若者も多い。

オリンピックを超えた「驚異のマスゲーム」

当時の創価学会は、若者たちの力が支えていた。

一九六四年の秋には、創価学会青年部の熱気とパワーがいかに強力だったかを示す巨大イベントが、国立競技場を舞台に開催された。雑誌や新聞はグラビア写真を掲載し、その驚倒すべきスケールの大きさ、度肝《どぎも》を抜く演出の華々しさを一斉に報じた。

創価学会の秋の祭典「文化祭」である。オリンピックが終わった、翌一一月の八日午前九時半から開催された。スタンドを埋めつくす一〇万人の大群衆、しかもかれらは、ただの見物人ではない。社会主義国が得意とするマスゲームを思わせる「人文字」の参加者なのである。

「十一月八日、国立競技場にくりひろげられた創価学会文化祭の人文字」「ダイナミックな人文字演出は同会の原動力といわれる青年部の手によったという」

これは、『週刊朝日』の特集記事の出だしである（週刊朝日　一一・一一、「創価学会〝人文字〟の秘密」)。記事には、「人文字」の驚異が、こんなふうに紹介されている。

「開会直前、フィールドの中に用意された一万二千個の赤い風船で『文化祭』の文字が描かれる。とバックスタンドにパッと『祝』の大人文字。それがファンファーレとともに、みるみる白地に青い『富士』に変わり、青空にさきほどの赤い風船が乱舞する」

一糸乱れぬ集団パフォーマンスは、その豪華さにおいて、そして、そのスピード感において、オリンピックの開会式をはるかに凌駕《りょうが》していた。

「一万二千人の大合唱にはじまって、二時間半つぎつぎに、フィールドでは男子部のマット体操、棒体操、女子部のリズムダンス、バレエ、婦人部の民謡踊りと多彩なマスゲームがくりひろげられた」「圧巻は、金地に青と赤の巨大な二頭の『若獅子』の絵。フィナーレの活字風の『団結』、池田［大作］会長の筆跡『勝利』をそのまま拡大した赤い大文字も場内を圧した」(同前)

この文化祭を見物した作家の安岡章太郎はこんな感想を述べている。

「とにかくびっくりしたなァ。パレードを見ても、創価学会をプロとすれば、オリンピックの開会式はアマチュア級だね」(同前)

一九六四年、東京で開催されたイベントのなかで、もっとも組織力の高さを見せつけたのは、オリンピックの開会式でなく、創価学会の文化祭だったのだ。

さらに一一月二九日には、「人文字」やマスゲームで主役を演じた創価学会青年部の総会が開かれた。

「全国から集った青年男女各二万人。壇上に飾られた男子一千百七十四本、女子一千三十六本の

オリンピック開会式と見まごう、創価学会の「文化祭」。1964年11月8日、国立競技場を10万の会員が埋めつくした（毎日新聞社）

『部隊旗』は総部員数男子百七十万人、女子百二十万人と称する青年部の巨大な力を物語っていた」（同前）

青年部、その中核は団塊の世代にほかならない。

先に述べたとおり、「団塊の世代＝全共闘世代」という連想は紋切り型であり、むしろ「団塊の世代＝集団就職世代」というほうが当たっている。

ところが、集団就職で上京し、社会の谷間で苦労を重ねた若者たちの体験は、あまり語られない。はっきりいって、忘れられている。ならば、かれらは、全共闘のデモをただ遠くから眺めていたサイレント・マジョリティだったのか。

そうではない。かれらは、世の中の現実、矛盾、暗部を、マルクスの理論を振りかざすエリート大学生などよりはるかに深く、耐えがたい日々の労働の痛みとともに、知りつくしていたはずである。当然、社会の理不尽な仕組みに対しても、強い不満と怒りを持っていた。

しかし結果として、そのマグマのようなエネルギーを呑み込んだのは、エリート学生が主導する全共闘でも、大企業に懐柔《かいじゅう》された労働組合でもなかったのだ。

賢者ケストラーの分析

一九六四年に東京を訪れた海外のジャーナリストの多くが、クリス・マルケル同様、異様というほかない巨大な宗教建築に眼を奪われ、新たな宗教組織へ強い関心を抱いた。ヨーロッパの言論界に大きな影響力を持っていた思想家アーサー・ケストラーもそのひとりである。

ケストラーは、アメリカの有力誌『ライフ（LIFE）』の日本特集に寄稿し、こう述べている。

「日本の政治体制の大きな変化は、いまの好景気が終わりを告げるときに来る。そして、それは、昔ながらの左翼でもなく右翼でもなく、新しい方向からやってくる。多くの思慮深い日本人は、創価学会の眼をみはるような成長が気になって仕方がないのである」（ライフ　九・一一）

さらに、日本の大衆社会に、急激な経済成長が生み出した巨大な不安が広がっていることを指摘した。

「創価学会はおそらく、日本の孤独な群衆のフラストレーションに対する心理的かつ効果的な答えを探しあてたのだろう」「いくつかの新たな宗教団体（創価学会はそのなかでもっとも力があり、政治色の濃い団体に過ぎない）が急成長しているのは、物質的な繁栄だけでは満たされない精神的な空虚さのしるしである」

敗戦直後（踊る宗教）、高度成長期（創価学会）、バブル崩壊前後（オウム真理教）。時代の曲がり角では、必ずといっていいほど、新しい宗教の存在感が増す。変化の激しい社会で、置き去りにされ、不安に駆られ、心のよりどころを求める大衆心理がその背景にある。

その伝でいえば、新たな宗教組織が戦後もっとも劇的に巨大化した一九六四年前後こそ、心に不安と孤独を抱え込む人びとが増えた時代だったのかもしれない。巷《ちまた》に恐竜のような巨大工事が荒れくるっていたとき、ひとの心のなかにも嵐が吹き荒れていたのだ。

2　吸血銀行

血は立ったまま眠っている
——寺山修司

ライシャワー大使の受難

一九六四年三月二四日正午。衝撃的な事件が起きた。東京・赤坂のアメリカ大使館の裏玄関で、駐日アメリカ大使エドウィン・O・ライシャワーが暴漢に襲われたのである。新聞の一報によれば、犯人は大使の至近距離まで近づき、やおら**「刃渡り十六センチぐらいの切出しナイフで右モモを刺した」**（朝日　三・二四）。**「傷は長さ四センチ、深さは骨に達する重傷」**だった（読売　三・二四）。

犯人は精神を病んだ一九歳の少年で、すぐに警備員に取り押さえられた。ライシャワーは、出血を抑える処置を急ぐよう、懸命に訴えた。大使館員がとっさにスカーフで太ももの付け根をしばった。

ライシャワーは、大量の出血にともなう最悪の事態を強く怖《おそ》れていた。実はかれの兄は、かつて戦場で傷つき、出血多量がもとで亡くなっていたのである。

公用車で、港区にある虎の門病院に運ばれたライシャワーは、急遽《きゅうきょ》一〇〇〇ccの輸血を受けた。血まみれになった公用車の後部座席の様子も映像に残されている。命にかかわる大量の出血。日本政府は狼狽《ろうばい》を隠せなかった。

日米関係に大きなヒビが入るかもしれない――。新聞紙面は、政財界の指導者による陳謝のことばで埋められた。さいわい、緊急手術が功を奏し、ライシャワーは、かろうじて一命をとりとめた。経過はよく、日本人の妻ハルと病室で談笑する様子も、ニュース映像で公開された。

ライシャワーは声明を発表した。

「わたしは日本に生まれたが、日本の血はなかった。だが、昨日一日でたくさん日本人の血を輸血してもらったので、こんどは混血になったような気がしている」（朝日　三・二五）

理不尽な暴力によって深く傷ついたにもかかわらず、日本人との絆を大切にしたいと語ったアメリカ大使の気高いことばは、日本人の胸を打った。

しかし、残念ながら、かれの受難はそれで終わりではなかった。実は、輸血されたのは肝炎のウイルスに汚染された不良血液、いわゆる「黄色い血」だったのである。そのせいで、ライシャワーは血清肝炎をわずらい、長く苦しみ続けることになる。

当時、数え切れないほど多くの人びとが、不良血液の輸血によって、深刻な後遺症に苦しんでいた。「わが国の肝炎ウイルス研究史」（西岡久壽彌《くすや》）という一九九三年に発表された論文には、六四年、**「実に輸血患者の50・9％が、輸血後肝炎［輸血によって発症する肝炎、血清肝炎］を発症**

していた」という記載がある。ぞっとするような高率である。命を救うはずの輸血によって、逆に命が危うくなる。

　このころ、手術に必要な輸血用の血液の大半は、貧しい労働者の売血によって得られていた。献血制度の整備が、先進諸国に比べて極端に遅れていた。

「厚生白書」（厚生省、一九六四）は戦慄すべき数字を挙げている。

「［昭和］38年においては、同年中に製造された約59万リットルの保存血液の約97％が売血者からの供血によるものであった」

　日本の医療への不信感が国際的に高まった。厚労省の資料によれば、国際血液学会では、日本における売血の慣行がきわめて非人道的であるとして各国の専門家から轟々《ごうごう》たる非難が相次ぎ、一刻も早く事態を改善すべきとの、強い勧告が採択された（厚生労働省発表、「薬害肝炎の検証及び再発防止に関する研究班　中間報告書」）。

　当然だろう。それまで日本の医学会で問題にされず、平気で放置されていたこと自体が、信じがたい「不作為の罪」なのだから。しかしそれでも、買血によって莫大な利益を上げていた民間の血液銀行が抵抗したため、献血制度の普及が遅れ、犠牲者はますます増えていた。ここでもまた、人びとの命や健康は消耗品のように扱われていたのである。

　九月一〇日、オーストラリアが、衝撃的な声明を発表した。

　東京オリンピックに参加するオーストラリア選手団は、日本人の血の輸血を拒否する方針だというのである（東京　九・一一）。

オーストラリア選手団の役員シドニー・グレインジが記者会見を開き、選手団のメンバーは、「ケガをしても日本人の輸血は受けない」と述べた。「東京からの報道が、日本の病院では血清肝炎ビールスを含んだ不良血液が使われていると伝えている」という。「われわれは、輸血で生命に危険を及ぼすようなことは望んでいない」(同前)

グレインジの発言が示唆しているように、日本の病院で肝炎ウイルスを含んだ不良血液が使われていることは、すでに世界に報じられていた。

暮らしに困れば血を売った

ライシャワー事件をきっかけとして、民間の血液銀行のずさんかつ悪質な実態が浮かび上がった。何より驚かされるのは、この時代には、売血がごくあたりまえのように行われていたことだ。命を削ってわずかな金に換えるひとがいくらでもいたのである。

しかも血液銀行は、採血の基準を無視して、利益を追求していた。売血の実態を詳細に伝えている当時の映像が、残されていた。NHKのドキュメンタリー・日本の素顔『血液市場』。映像を見ているうちに、それこそ血が凍る思いにとりつかれる。

カメラはまず、山手線の駅に近い下町の一角を映し出す。そして、乳飲み児を抱えた女性が、朝早く、人目を避けて都心の建物に出入りする様子を望遠レンズでとらえる。女性は血を売って生活費の足しにするため、民間の血液銀行を訪ねたのである。

借金を背負った失業者、仕事にあぶれた労働者、血液銀行の待合室では、若者から老人まで、

赤ん坊を抱えた主婦が、人目を避けるようにして血液銀行へと向かう（NHK）

すでに一〇人ほどの客が新聞を広げて順番を待っている。売血を繰り返す者の多くは、日雇い労働者とされるが、血液銀行の客はこの映像で見る限り、ブルーカラーばかりではない。

売血は、牛乳瓶二本で一〇〇〇円くらいになる。いまなら、四〇〇〇円ほどだろう。売血を常習的に行っていると、血液を正常な状態に戻すことができなくなり、身体を壊し、働けなくなる。そうなれば、もはやお金を得る手段は売血だけになってしまう。

看護師が客に話しかける。

「おたくはねえ、初めてでしょ。だからね、一度に二本もらうよりもね、あの、一本分のほうがいいの。あなたの体のためにね、いっぺんに二本抜くと体壊しちゃうからね」「一か月に一回ぐらいは来たっていいのよ」（『血液市場』）

猫なで声で、患者の身体をいたわるようなそぶりを装うが、実のところ、売血を巧妙に勧めている。血を売った男性が**「頭、くらくらする」**とつぶやいて、去っていく。足取りは、おそろしくふらついていて、いまにも倒れそうである。

ひとりの男性がインタビューに応じる。

「一日二本で一週間続いたんですよ」「すごく頭が、こう……くらくらと……してる。ええ、お風呂行って、一回倒れたことがありました」

採血の頻度の目安は、月に一度。血液比重（血液の濃さを表す数値）が一・〇五二以下の血液は採取してはならないと決められている。売血を続ければ、血液比重の数値は次第に下がる。しかし、この基準が、民間の血液銀行では無視されており、売血者は生活費を工面するため、ときに月五〇回も売血を繰り返す。

その結果、血液の成分が再生されなくなり、悪質化し黄色くなる。これを「黄色い血」と呼び、輸血されれば、人体に深刻な問題を起こす。

都内にある一一か所の血液銀行で、専門家でなく、運転手に採血をさせ、人件費を節約していたことも表沙《ざ》汰《た》になった。ある血液銀行は、「本社のほかに都内、近県に三か所の〝輸血センター〟を持っている」「三か所ともシモタ屋〔商店ではない一般の家〕で、台所か、フロ場に冷蔵庫を一つ置き、運転手を住まわせているだけ」だという（読売　五・二七）。

本来、病院から要請があった場合、輸血センターは、輸血を受ける患者の血液と、同型の保存血液とを混ぜ合わせる「交差試験」をしなくてはならない。ところが、「専門の衛生検査技師がやっても、一%の誤判定が避けられない」という精密な試験を、この血液銀行では、「門外漢の運転手が、片手間にやっつけ」ていたのである（同前）。

検査をいっさいしない業者も多かった。当時、貧しい貸本マンガ家だったつげ義春は、原稿料だけでは生活が成り立たず、下宿代を支払うためにやむをえず血を売ったが、利用したのは「即血式銀行ともいって、血液の検査もせずにその場でいきなり血をぬいてくれる」業者だった（つげ義春「犯罪・空腹・宗教」、青林堂編集部編『つげ義春の世界』所収）。工事現場の重労働に耐えるためにヒロポンの回し打ちをする日雇い労働者も、こうしたずさんな血液銀行で血を売っていた。なかには、病院の医師や看護師、経理担当者にリベートを渡し、汚染血液を売りつける悪質な血液銀行もあった（読売　五・二七）。

人工心肺に使われた血液や、三週間以上血液銀行に保存された血液は輸血に使うことができなくなる。使えなくなった血液を「廃血」という。先の映像のなかにも、あたかも廃品を回収するかのように、廃血を引き取るために業者が病院へ日参する様子が記録されていた。

病院に血液を売りつけた血液銀行は、今度は期限切れの廃血を安く買い取り、いわば二重に儲《もう》けようと企てたのである。こうした血液は転売されて、たとえば化粧品の材料として使われ、マーケットを席捲《せっけん》した。しかし再利用のために買い取られた廃血には、不良血液が多く、なかには梅毒患者の血液も含まれていたという。

誰が血液銀行をつくったのか

民間の血液銀行、日本ブラッド・バンクが設立されたのは、一九五〇年（昭和二五）一一月。朝鮮戦争が勃発した五か月後のことである。

この会社をつくったのは、七三一部隊の残党だった。七三一部隊の正式名称は、関東軍防疫給水部。大戦中、中国人捕虜を使った生体解剖や人体実験などを日常的に行っていた「細菌部隊」である。七三一部隊のトップは、石井四郎陸軍軍医中将。そして、その右腕となって辣腕《らつわん》をふるったのが、ほかならぬ日本ブラッド・バンクの創立者・内藤良一だった。

役員は、七三一の軍医中佐・内藤良一、七三一の二代目部隊長・北野政次《まさじ》。七三一の軍医・大《おお》田黒猪一郎《たぐろいいちろう》。一九六四年にミドリ十字と商号を変更したのちは、会長が内藤、北野は顧問、大田黒は常務。まさに七三一部隊の復権である。日本ブラッド・バンクおよびミドリ十字は、かれらが日本の医学界に地位を取り戻す根城となった。

中国で人体実験を繰り返し、細菌爆弾を投下して民間人を殺傷した七三一部隊の科学者は、本来、戦犯として裁きを受けるべきだった。しかし、そうはならなかった。

「かれらの研究成果をアメリカが確保しなければ、ソ連の手にわたってしまう」というのが、GHQ（連合国軍総司令部）による免罪の理由である。ナチスの科学者を免罪してアメリカの研究所にスカウトした、「ペーパークリップ作戦」の日本版といっていい。

米軍サイドで、もっとも熱心に七三一部隊へのアプローチを推進したのは、GHQの諜報機関、GⅡ（参謀第二部）のチャールズ・A・ウィロビー陸軍少将である。

戦後まもなく、七三一部隊の戦犯容疑者の調査にあたった、細菌学者のマレー・サンダース陸軍軍医中佐が朝日新聞の取材に応じている。その証言によれば、サンダースの上官だったウィロビーは、調査を円滑に進めるために、GHQ最高司令官マッカーサーから免責の確約を取りつけたという（朝日　一九八三・八・一四）。

サンダースは、内藤への尋問について次のように述べている。

「［内藤は］あまり協力しないで逆に私をためそうとした。一カ月ほどしたころ、私は『これでは厳しい訊問《じんもん》をする人間に任せざるを得ない』と通告した。すると、その夜、彼は徹夜して報告書を書き、持って来た。それにより、私は初めて全体像をつかめ、リストにより次々と幹部を尋問することが可能となった。（——戦犯免責の取引は関知していたか）イエス。四五年の秋だった」（同前）

かれは、ウィロビーがマッカーサーに上申する様子も間近で目撃した。

「ウィロビー『七三一部隊の解明は、彼らを戦犯に問わないという保証をしてやらないとうまく進まない。サンダース中佐がその保証をしてやっていいですか』」

「マッカーサー『それでよろしい』」（同前）

ウィロビーは反共一筋の右翼軍人だったが、ファシストや軍国主義者にはシンパシーを抱き、日本の戦犯容疑者を片端から免罪して囲い込み、対ソ情報戦に役立てようとした。児玉誉士夫《よしお》（右翼の黒幕）や岸信介《のぶすけ》（東条内閣の閣僚）らA級戦犯容疑者を巣鴨拘置所から解放するために尽力したのもウィロビーなら、七三一部隊の残党を懐柔するために画策したのもウィロビーである。

アメリカ国立公文書館に保管されているSCAP文書（連合軍最高司令部関係行政文書）のなかに、ウィロビーが極東委員会参謀長あてに送った手紙がある（'C.A. Willoughby, Report on Bacteriological Warfare〈1947〉'）。

日付は一九四七年七月一七日。ウィロビーは、内藤ら七三一部隊の関係者から細菌兵器をめぐる機密情報を収集したノーバート・H・フェル博士のレポート（六月二〇日付）の内容を紹介し、その成果がいかに大きなものだったかを誇示している。

結論としてウィロビーは、細菌兵器の生産に関してはアメリカの方が日本よりも先を行っているものの、**「人体実験に関するデータは計り知れないほど貴重である」**ことを強調し、諜報活動の資金の削減に強く反対している。

おそらく、このころすでに、ウィロビーが、東京での反共工作に湯水のようにカネを使っていることが問題になっていたのだろう。のちに秘密工作をウィロビーから引き継いだCIA（アメリカ中央情報局）は、莫大なカネが無駄に使われていたことを指摘している。

七月一七日の手紙によれば、ウィロビーは、関係者から情報を引き出すために、金銭的報酬、食事代、ホテル代を支払い、贈り物を渡し、エンターテインメント（内容は不明だが、夜の接待だろう）を提供したという。**「総額一五万円から二〇万円に満たない」**とウィロビーは書いている。二〇年にわたる研究成果がわずか二〇万円で手に入るのだから、アメリカにとってはいい買い物ではないか、と主張する。

しかし、敗戦直後の二〇万円は大金である。いまの金額に換算すると、二〇〇〇万円を超えるだろう。残虐な人体実験を手がけた医学者に対し、免責を確約するばかりか、いたれりつくせりの接待まで行う。そこまでやるアメリカの秘密工作自体、常人には理解しがたい。

内藤が日本ブラッド・バンクを設立した背後にも、GHQの意向があった。一九四九年、朝鮮半島の情勢が緊迫。GHQから厚生省と東京都に対して、血液銀行を設けるよう指示があった。

「ミドリ十字に何度目かの取材に訪れたとき、専務取締役の須山忠和《ただかず》は、同社の設立について、

『日本ブラッド・バンクはですね、内藤会長が進駐軍に命令されてつくったんですよ』と、問わず語りに話した」

「一九五二（昭和27）年に開設された『血液銀行東海地区保存血液配給所』の所長になった野口医師は、次のように話してくれた。『内藤さんは、実は、ＧＨＱに言われて、ブラッドバンクをはじめたのですよ』」（毎日新聞大阪本社編集局遊軍編『偽装』）（青木冨貴子『７３１』）

米軍は朝鮮戦争に備え、大量の血液を必要としていた。ミドリ十字の社史には、日本ブラッド・バンク創設の経緯が記されている。

「当時は占領下であり、血液事業は厚生省の認可を必要としたが、それよりも設立の成否はＧＨＱの意向が大きく左右する時代であった。そのため内藤は、まず厚生省薬務局細菌製剤課で計画についての基本的な了解と賛意を得ると、ＧＨＱを再三再四訪問し、精力的な折衝を重ねた」（『ミドリ十字30年史』）

要するに、「ＧＨＱの意向」に沿って動いたということだろう。ＧＨＱの担当官は、ＰＨＷ（公衆衛生福祉局）所属のボーズマン博士（同前）。内藤は、ボーズマンのボスである、ＰＨＷ局長クロフォード・Ｆ・サムス陸軍軍医准将の医療福祉政策のなかでうまく立ち回り、戦後の日本社会において〝医療ビジネス〟という活路を見出した。

組織されたエリート医学者のネットワーク

内藤の経歴についてもふれておく。一九三一年（昭和六）、京都帝国大学医学部を卒業し、軍医学校防疫研究室では、細菌学の教官を務めた。この防疫研究室こそ、七三一部隊の頭脳であり、中枢である。

防疫研究室は旧帝国大学を中心とするエリート医学者のネットワークをつくり、細菌兵器の開発を組織的・計画的・大規模に進めた。いわば日本の医学界の総力を動員した一大プロジェクトだったのである。そして、その中心に内藤がいた。

軍医学校時代の教え子の証言が残されている。株式会社目黒研究所の代表取締役・目黒正彦。かつて中国東北部ハルビンの七三一部隊に配属されていた。

「七三一部隊の基礎固めを、石井閣下の右腕になってやり遂げたのが、内藤さんだったということだ」「あの人のいたのはもっと、七三一部隊の総元締めだったところだ」「石井中将はなんでも内藤さんに任していたんじゃないかな」（『偽装』）

目黒によれば、七三一部隊が実戦で投下した細菌爆弾には、内藤が開発した技術が使われているという。

「凍結真空乾燥機という、［中略］ミドリ十字なんかが使ってるやつね、そのもとになった機械を日本で最初につくったのが防研［防疫研究室］の内藤さんだ」「だけどあれ、細菌爆弾つくるためつくったんだよ、ほんとうは。つくって七三一へ持っていった。ばい菌を粉末にするのに使うの。長くばい菌をもたせるために。陶器の爆弾が壊れる、粉末の菌が飛び散る、これをネズミなんかのノミが食う。病原菌がこうやってばらまかれるわけだ。重慶でまいたペスト菌や脾脱疽《ひだつそ》(炭疽《たんそ》)菌なんか、みんなこうやってた」(同前)

爆弾は破裂する際に高熱を発し、細菌を格納していたとしても死滅してしまう。爆発しても細菌が死滅しない爆弾をどうつくるか。そのポイントになるのが、凍結と真空乾燥の技術なのだという。内藤は、各種の細菌を長く生かしておく技術を、細菌爆弾に応用する研究に従事していた。

免罪された七三一部隊の出身者は(防疫研究室の嘱託として研究に協力した旧帝大の医学者も含む)、日本の医学界の中枢を占める高い地位――たとえば、大学学長、各大学の医学部長、国立予防衛生研究所(現・国立感染症研究所)所長、製薬会社の経営者――を得て、戦後の厚生事業に大きな影響力を持った。

戦後も行われた人体実験

一九六四年三月のライシャワー事件以降、日本ブラッド・バンクは世論の総攻撃を浴びて経営不振に陥ったため、血液売買を縮小し、前述のとおり、同年八月、ミドリ十字に看板をすげ替えた。しかしその後も、利益優先を徹底する企業経営で大きく稼ぎ、暗黒事業に繰り返し手を染めている。

たとえば、「胎盤事件」がある。中絶手術で子宮から取り出された胎児の胎盤を利用して血液製剤をつくっていたことが、毎日新聞の調査報道によって、露見したのである。

「おおざっぱに考えて、［大阪］府下で民間業者が取り扱っている胎盤のうち五分の四がミドリ十字に、残り五分の一が目黒研究所に」収まっていた（『偽装』）。どちらも七三一部隊の関係者が創立した企業である。

驚くべきことに、内藤は戦後も人体実験に手を染めていた。

内藤が開発した人工血液でひと山あてようと企てたミドリ十字は、密かに老女に人工血液を注射した。関係者が秘密をもらし、ミドリ十字もこれを認めた。この事件は国会でも取り上げられ、ミドリ十字と癒着して役人を天下りさせていた厚生省も、責任を問われた。

しかしミドリ十字は、ふたたび非道な事件を起こす。薬害エイズ事件である。

エイズ感染が拡大していたアメリカで、輸血に使う非加熱の血液製剤にエイズウイルスが含まれていることが判明した。アメリカでは、ただちに加熱製剤に切り替えられたが、日本では、二年四か月も承認が遅れた。

なぜか。非加熱製剤を扱っていたミドリ十字が、短期間での切り替えによる自社の損失を怖れ、厚生省や専門家にはたらきかけて臨床試験を故意に遅らせたのである。そのせいで、血友病患者へのエイズ感染被害が約二〇〇〇人に拡大した。企業の利益のために、患者の人生を破壊した許しがたい犯罪である。

ミドリ十字には厚生省から、松下廉蔵《れんぞう》社長をはじめ三人の幹部が天下っていた。厚生省のエイズ研究班長・安部英《たけし》は、ミドリ十字から一〇〇〇万円の寄付を受け、ミドリ十字の内藤医学研究振興財団の理事に迎えられていた。

七三一部隊の免罪は、戦後の医学をゆがめ、多くの犠牲者を生んだ。

不良血液の売買に限らず、当時の日本の指導者は、経済成長という大義名分のために平気で環境を破壊し、国民の健康を犠牲にすることをいとわなかった。そして、ひとの命を商品として売買する科学者や企業を野放しにした。はたしていま、その負の遺産は払拭《ふっしょく》されたといい切れるだろうか。

ここで記憶しておくべきは、売血による弊害は過去のものではなく、なお尾を引いているということである。先に紹介した「わが国の肝炎ウイルス研究史」には、こう書かれている。

「当時の輸血後肝炎の多発が、約30年のタイムスリップを経て1970年代後半から現在［一九九三年］におけるわが国の肝癌死激増の遠因となって後を引いている」

かつて、企業の利益を優先し、生命を軽視する風潮が広まったことが、めぐりめぐって、いまわたしたちを苦しめている。

ひとり医療に限らない。一九六四年を知ることは、五六年前の因果がめぐり、取り返しのつかない痛みを再生産していることに気づくことなのである。

第三章
ブラック・ソサエティ

1 汚職天国

私に関係のない場所で
私に関係のある事が始まる
私は原因になれぬのに
私に結果ばかりがふりかかる
——谷川俊太郎「私の私」(週刊朝日 一一・二〇)

闇の世界へ

「忘却の海」に沈んでしまった一九六四年の記憶のなかで、とりわけ過去の暗部をめぐる事実を知ることには千金の価値がある。というのは、組織だろうと国家だろうと、停滞を破り、前へ進むためには、ともすれば隠蔽されてしまう事実、いわば「闇の記憶」を含めて全体を俯瞰《ふかん》することが、何よりも重要だからである。痛みをともなうかもしれないけれども、変化を生む力になる。

この年、もっとも巨大な闇を励起《れいき》させたのは、五輪マネーだった。

「競技以外のことに夢中になってしまっている」

正月の『文藝春秋』に、五輪をめぐる本末転倒を嘆くコラムが載った。青年たちの祭典であるべき五輪に誰よりも興奮しているのは、政財界に棲息《せいそく》する老人ばかりだというのである。

「青年たちはレース馬なみの扱いをされて厩舎《きゅうしゃ》にあずけられ、老人たちが先に立って、老人たち

だけで、まるでオリンピックは自分たちのものであるかのように大騒ぎをやってるのが現状である。話が逆ではないか」(文藝春秋　一月号)

その本末転倒は、カネの使い方にも現れる。そもそも五輪には、国家予算の三分の一に当たる一兆円がつぎ込まれたとされるが、その内訳はこうだ。

大会のためにつくられた施設の建設費用が一六六億円、JOCはじめ組織委員会の経費が九九億円、すなわちオリンピックそのもののために使われた直接経費は二六五億円にとどまっている(坂田和光「オリンピックと経済」)。一兆円に占める割合は小さい。

では、公共事業に使われた間接経費はどのくらいか。主体となったのは、道路や地下鉄、新幹線、モノレールなど、主にインフラ整備のための予算であるが、これが九六〇八億円(同前)。要するに、予算の九七パーセントは、競技とは直接関係のない公共事業に使われたのである。

なんのことはない、国や財界は、オリンピックを錦の御旗として公共事業の口実に利用したのだ。「オリンピックの主催国として、日本ほど膨大な予算をつぎ込んだ国はほかにないと断言できる」のである(フィナンシャル・タイムズ　四・一六)。

五輪を名目に国から予算を引き出すという企てに、都議会も諸手を挙げて賛成した。そして国政を預かる官僚や政治家も、喜んで東京都の提案に便乗した。五輪をめぐる公共事業が莫大な利権を生むことは、重々承知している。

オリンピックの威光は大きい。三月三日付の朝日新聞の「五輪道路　用地買収　ゴールイン」という見出しが目を引く。五輪道路一九路線について、契約が一〇〇パーセント完了したというのである。引っ越しせざるをえなくなったひとは、なんと二万人。「オリンピックのため」という大義名分がなくては、こうはいかない。

はじめは理不尽な強制収用に反対する住民も多かった。しかし、用地買収が進むと、反対の声もかき消されていく。一九六二年の『〝ゴネ得〟はいたしません　オリンピックの町』というニュース映像（中日ニュース）には、オリンピック推進派の住民が**「オリンピック工事促進　町ぐるみ協力」「ゴネ得は止めよ　オリンピック大賛成」**などと書かれたプラカードを掲げ、デモを行う様子が記録されている。

四年もの間、巨大工事の嵐が吹き荒れ、東京の風景はがらりと変わった。それは、関東大震災、東京大空襲を凌駕する劇的な変化だったかもしれない。

「六四年の東京五輪は、古い東京の街をまず徹底的に破壊したんだよ」「川に橋脚を打ち込み、日本橋の上に高速道路を通しちゃったんだから」

当時、市川崑《こん》監督の記録映画『東京オリンピック』（一九六五）の撮影に参加していた映画監督の山本晋也は、スクラップにされた東京への驚きと哀しみを、そう語っている（朝日　二〇一四・五・二〇）。五輪までに計画どおり、首都圏の高速道路を完成させるには、用地買収が間に合わない。それなら、と当局は、川の上に道路を通す奇策を採用した。そのせいで、一九四五年の東京大空襲を生き抜いた東京のシンボル・日本橋が、水辺に溶け込んだ景観を失い、空を奪われた。

もしセーヌ川に杭を打って高速道路を通すというプランが持ち上がったら、どうだろう。そもそもフランスに、そんな馬鹿げた計画を提案するプランナーがいるだろうか。

一九六四年、日本の権力者は口を開けば、「先進国に追いつけ」と絶叫していたが、もし先進国だというなら、数百年の歴史を持つ文化遺産に平気で暴力をふるうことなどできるだろうか。

五輪マネーに群がる亡者たち

建設省（のち国土交通省）の報告書によれば、建設業界の受注額は、一九六四年だけで一兆四〇〇〇億円を超えた。オリンピック関連工事の始まった四年間では、総額五兆円を超える（建設省計画局編「建設工事受注調査報告書　昭和39年度」）。

いまの金額に換算すれば、二〇兆円を上回る、めまいのするような金額である。オリンピックを名目とした東京への資本投下が、いかにすさまじかったかがわかる。

東京都の予算をオリンピックが圧迫した。一九六四年の東京の負担経費は二五六四億円に上った。これは同年度の東京都の予算の約六六パーセントに相当する（江夏あかね「2020年東京オリンピックに向けた東京都の資金調達への道」『野村資本市場クォータリー』二〇一三・秋号）。

これでは都民の生活改善には、とてもお金が回らない。

では、国の財源はといえば、八〇パーセントが起債を含む財政投融資であり、国庫支出金の割合はわずか一〇パーセント。そして、財政投融資の原資は何かといえば、大半は郵便貯金、国民年金、簡易保険といった国民のささやかな積立金である（佐藤のり子「オリンピックがやってきた」『高度成長の時代　女たちは』所収）。国民の貯金を断りもなくじゃぶじゃぶと使っていたというわけだ。

「現代のオリンピックを支配しているのは、ギリシャの神々ではなくて商業主義の神々である」

五輪マネーの本質をそう喝破《かっぱ》したのは、文芸評論家で、当時日本を代表する文化人のひとりだった亀井勝一郎《かついちろう》である(文藝春秋　三月号、意見広告「呪文」)。

「道路をつくるのも、ホテルをたてるのも、その他すべての宣伝も、すべてもうけたいからだ。それ以外の何ものでもない。実質的にほしいのは、金メダルでなくて、金そのものである。オリンピックの選手は、商業主義の神々の祭壇にささげられた『いけにえ』であっていいのだろうか。選手も見物人も、冷静にめざめていなければならない」

しかし、国も企業もメディアも手を携えて、五輪景気に便乗しようと宣伝に血道を上げている。「商業主義の神々の、宣伝というかたちの呪文はすでに充分ゆきわたっている。呪文にかかった人間が、続出している。『オリンピックまでは』、『今年はオリンピックの年で』、『オリンピックが来たら』——こうした言葉の大ハンランである。今年は『オリンピック馬鹿』の続出する年であるのか」

超のつく巨大ビジネスには、おさだまりの副産物がともなう。汚職と利権あさりである。汚染された隅田川よりも悪臭に満ち、スモッグよりも毒性の高い腐敗が、東京の権力空間を蝕んでいた。

新幹線汚職

法務省の作成する「犯罪白書」(昭和40年版)によれば、一九六四年の公務員犯罪の内訳は、職権濫用三七九人、収賄八四三人、窃盗三二一人、詐欺一一三人、横領二五六人、偽造一〇一人で、計二〇一三人。公務員の犯罪の増加は顕著で、**「とくに汚職は〔前年比で〕三五・二％増と刑法犯の中で最高の増加率をみせている」**という（読売　一二・二四）。

もっとも早く世間を騒がせたのは、新幹線の用地買収をめぐる汚職で、これは一九六二年（昭和三七）に発覚し、五輪の年まであとを引いた。

東海道新幹線は一九六一年から用地買収がはじまり、全線に要する買収費が一四六億円に上るが、路線決定で沿線の地価が数倍にはね上がり、土地ブローカーが暗躍した。

疑惑が浮上した日本開発は、路線が決まった同年一〇月よりも二か月も前に、路線コースに含まれる農地を約二三一万平方メートルにわたって買い占め（読売　一九六二・一〇・九）、買値の七倍から一〇倍の高値で売り渡し、数億円の利益を得た（朝日　一九六二・一一・二一）。

社長の中地新吾《なかちしんご》は、元大阪鉄道局の職員。路線用地は国鉄でもごく限られたエリートしか知らなかったはずである。いったい誰が、くわしい内部情報を日本開発にリークしたのか。そして、その人物にどのくらいのカネが渡ったのか。

ところが、疑惑の核心にいた中地社長は、逮捕を察して海外へ高飛びし、姿をくらましてしまう。捜査当局は**「買い占めの黒幕とみられている某有力者が背後で手を貸したのではないか」**と地団太《じだんだ》を踏んだが（読売　一九六三・一・二〇）、あとの祭り。結局、ウヤムヤのまま、捜査は幕引きとなった。

七月三日、石田礼助《れいすけ》国鉄総裁は新幹線汚職について、「弁解の余地なし」と謝罪しつつも「辞職はしない」と突っぱねた（ＮＨＫニュース）。

この事件は一九六四年のうちに映画になった。『黒の超特急』(監督・増村保造《やすぞう》、主演・田宮二郎)である。原作を書いたのは、ずば抜けた取材力を持つミステリー作家・梶山季之《としゆき》。膨大な取材のはてに、梶山は、国政に影響力を持つ大物政治家が糸を引いていたと確信した。

原作『夢の超特急』(『梶山季之自選作品集7』所収)のあとがきで梶山は、「**この小説の中に書かれている数字、そして人物構成は、たしかな筈《はず》です**」「**小説という形に仮託《かたく》して真実を世に知らせ**」ようとした、と述懐している。

五輪道路汚職

道路工事でも、新幹線汚職同様、強烈な〝腐敗臭〟が立ち込めていた。「**また五輪工事汚職　元都道路建設本部員取り調べ**」(読売　五・一三)といった見出しが繰り返し紙面に躍っている。

五輪道路をめぐる首都高速道路公団汚職事件である。六月には有罪の判決が出た。裁判長は「**オリンピックにつけこんで国民の信頼を裏切り、公団の信用を落した悪質な犯行**」と断罪した(朝日　六・二七)。

公団職員がカネをもらって建設会社に便宜を図る汚職が、悪しき慣わしになっていた。

五輪道路がらみのスキャンダルは多い。「**課長ら二人を取調べ　西松建設　五輪道路工事で**」(朝日　一一・二五)。こちらは、西松建設の業務上横領事件である。工事で余った鉄材一三〇〇トンを、市価の半値の二六〇〇万円で横流しした容疑である。

西松建設だけでなく、大成建設、飛鳥土木会社も手入れを受けた。ゼネコンと役人の、典型的なもたれ合いといっていい。記事によれば、建設会社は**「入札価格を事前に耳打ちしてもらったり、工事に必要以上の材料を支給してもらうなど、便宜をはかってもらい、その謝礼として多額の金品が［道路］公団の技師に贈られていた」**（東京　一二・八）。

五輪道路の工事では、熾烈《しれつ》な公団工作が行われ、すべての路線に汚職があった。利権をめぐって、醜悪なワイロ合戦が連日、エスカレートしていたのである。たとえば、**「［公団の担当技師の］見回りの日を事前に聞き出して、技師が来るとすぐさま料亭などに案内してもてなしをしたり、よろしく頼むといってワイロを贈ることはあたり前のようになっていた」**（同前）。

芋づる式にワイロ役人が浮上。一二月には、道路公団の部課長級四〇人が収賄の疑いで捜査された。しかし、道路公団の〝懲りない面々〟は、その後も、長く公共事業の利権に寄生しつづけ、ファミリー企業と癒着しつつ、日本の道路行政をゆがめていく。

国鉄、道路公団、ゼネコンなど、汚職天国の東京で五輪マネーに群がった巨大組織は多い。

だが悪徳の巣となった組織のなかでも、とりわけ貪欲に利権を飽食していた腐敗官庁の実態を、なによりもまず「忘却の海」から取り戻さなくてはならない。東京都庁である。

「汚職の巣窟」、東京都庁

「東京都をめぐる〝芳しくない話〟は山ほどある。都営団地の用地買収にからむ汚職事件や、都営住宅の入居をめぐる不正事件。さらに、東京昼夜信用組合の四億五千万円横領事件では、都の監査のズサンさが明らかにされ、自治省〔のち総務省〕から、全国でも珍しい〝不良自治体〟のレッテルを押された」

『週刊新潮』（八・一七）の記事「東京都政の壁」は、糾弾《きゅうだん》する。

「都民が拍手すべき〝名都政〟はどこにも見当たらない」「無気力ぶりは、都庁職員の上から下まで浸透している。都庁の午後四時過ぎ、退庁時間までまだ一時間もあるというのに、ほとんどの職員は、扇子をひろげて雑談にふけっている」

都庁がらみの〝汚職目録〟、一九六四年に裁判沙汰になった事件を新聞から拾ってみよう。氷山の一角に過ぎないとはいえ、東京の役所ではいかに汚職が日常茶飯事だったかがうかがえる。いくつかの事件のあらましを記す。

東京住宅局汚職事件

住宅難民の弱みにつけ込み、二〇〇世帯にワイロを強要した都住宅局の汚職事件（日経　五・七）。名簿を書き換える文書の改ざんで、応募者からひとり三〜一〇万円を受け取り、不正入居させていた。文書の捏造《ねつぞう》は、昔から役人の〝必殺技〟だった。

東京都交通局汚職

車両の修理や部品の納入をめぐり、都の職員二一人が業者から金品を受け取った（朝日　七・二七）。全員有罪。役所の権限をカサに着て、ワイロを強要。弱い立場の中小企業を恐喝。ヤクザ顔負けの犯行。

東京都の橋汚職

この事件は、奥が深い。橋の改修をめぐる都の汚職として捜査されていたが、業者の帳簿から多額の選挙資金が支出されている事実が発覚し、政界・官界に飛び火した。汚職マネーは、建設省官房長だった平井学《まなぶ》を通して、自民党の代議士・山本幸雄《さちお》らに流れていた。「建設利権」をめぐって、建設大臣・河野《こうの》一郎自身の関与も噂《うわさ》された。平井も山本も警察官僚出身で、警察庁に人脈を持つ河野の露骨な人事だったからだ。

「河野建設相になってから竹中工務店と鹿島組［現・鹿島建設］が独占的に重用され、冷めし組の業者の反ぱつと結んだ佐藤派が、汚職摘発に躍起《やっき》になっていると政治部の話」（小和田次郎『デスク日記』）

当時、池田首相の後継争いが激化しており、佐藤栄作と河野一郎の間で、お互いの強引な金集めをめぐって、リーク合戦が行われていた。要するに、自民党の実力者同士の醜悪な利権争いだったのだが、捜査によって真相が明らかになることはなかった。

都政汚職事件

「東京都庁は、かつて『伏魔殿』と呼ばれた時代があった。昭和三九年（一九六四年）に東京でオリンピックが開催された前後の時期である。高度経済成長期に、マンモス都市・東京都庁と議会をめぐって利権が横行したのである」

『戦後政治裁判史録　3』（田中二郎ほか編）に収載された「東京都庁・都議会汚職事件」の冒頭には、そう書かれている。東京都政と自民党議員の腐り切った実態が表沙汰になった重大事件である。きわめつきの悪徳政治家がからむ。東京地検は二回にわたって事件を摘発した。

一九六三年に摘発された都庁汚職。さらに二年後、今度は、「一年ごとにタライ回しにされる都議会議長のイスが、金で売買されていた」というもので、現職の議長ら自民都議が続々と逮捕された（同前）。

主犯級の被告は、都議会のドン、建部順《たてべじゅん》都議会議長。そして、都自民党の幹事長・荒木由太郎《よしたろう》。このふたりこそ、都政のトップにありながら、都政を食い物にした元凶である。建部都議会議長は、「都の外郭団体［東京都競馬株式会社］の弱身につけ込み」、荒木都自民党幹事長と組んで、「恐喝まがいのことをして」五〇〇〇万円を要求、山分けにした。

公営ギャンブルほどウマ味のある利権はなく、建部と荒木は、競馬の利権をねらい、競馬会社を脅迫した。五六年後のいま、カジノ利権をめぐる疑惑が浮かび上がっているが、利権政治家の考えることは、いつの世も変わらない。

一九六四年五月九日、東京地裁で裁判がはじまった。論告求刑公判における、検察側の第一声。「いま一千万都民は都議会議員の汚職などその腐敗堕落をいきどおり、都政刷新の声はみちみちている」（同前）

そして建部には、「都議会議長でありながらその地位を利用」「計一八五〇万円を収賄した行為は恐喝の疑いすらあるものもあり、悪質きわまりない」と述べた。続いて荒木には、「都議会自民党幹事長の地位を利用して建部と共謀、都庁の外郭団体である東京都競馬会社から二五〇万円を収賄」「さらに建部から都議会議長選挙で投票の報酬として三〇万円を収賄した」と述べた。

吉沢潤三裁判長は起訴事実のうち八件九人について、ほぼ求刑どおり、有罪を宣告。罪状は、贈収賄、業務上横領、公職選挙法違反など、まさに〝汚職のデパート〟である。現ナマが飛び交った都議会議長選汚職事件、食肉販売をめぐる恐喝事件、ボウリング場建設をめぐる贈収賄事件の判決も順次出て、一九人が有罪の判決を受けた。

この事件の判決が広く報道されると、都民の怒りが爆発した。翌年五月一九日には、都議会即時解散を要求する五〇〇〇人のデモ隊が、当時、千代田区丸の内にあった都議会を取り巻いた。すったもんだの挙句、六月一四日に都議会は解散、七月八日に立候補受付が開始された。

汚職と恐喝事件で起訴された一六人の自民党前議員のうち、なんと、ふたりが再選を目指して立候補した。厚顔無恥とは、こういうヤカラを指していうのだろう。ちなみに暴力団関係者六人も立候補したが、そのうち三人は元幹部だった。

自民党は「都政を赤色勢力に渡すな」というポスターを五万枚用意し、ビラをばらまいた（『東京百年史　第6巻』）。ビラには、「日本の中心東京が左翼に握られていたら、革命は一夜で達成され、同胞と同胞がいがみ合い、血なまぐさいことが起こりかねません」と書かれている（同前）。自民党が敗北すれば、民主主義が壊れ経済発展もできなくなるともいう。汚職まみれの自民党議員が都政をゆがめたことの反省は皆無である。

一九六五年七月二三日の選挙で、都自民党は五〇万票を失って惨敗した。これを機に革新都政が生まれ、革新知事が全国に誕生することとなった。

「忍者部隊」「一本釣り」「ニッカ」「サントリ」「オールドパー」

一九六四年に頻発した汚職の誘因は、公共事業をめぐる利権争いのほかにもある。七月に行われた自民党の総裁選である。本命は現職の総理総裁である池田勇人、対抗馬は佐藤栄作、ダークホースが藤山愛一郎《あいいちろう》。資金力を誇る総裁候補が激突、巨額の札束が乱れ飛んだ。

永田町では、「忍者部隊」「一本釣り」「ニッカ」「サントリ」「オールドパー」という奇怪な隠語が飛び交い、ジャーナリズムをにぎわせた。当時、自民党の実力者・大野伴睦《ばんぼく》の番記者を務めていた渡辺恒雄（のち読売新聞社長）に、解説をお願いしよう。

「『忍者部隊』とは、派閥の『親分』の意志や、派閥の決定に反して、ひそかにあるいは半ば公然と佐藤支持に走った人たちのことであり、『一本釣り』とは、反対派の中から一人ずつ票を買収したことをいい、ウイスキーの名をもじった『ニッカ』とは、二派からカネをとった人物、『サントリ』とは、三派から収賄した人物、『オールドパー』とは、こうして二派、三派からカネをとりながら、誰にも入れず、パーにした人物のこと」（渡辺恒雄『派閥と多党化時代』）

渡辺は、こういう感想も書いている。

「この時の公選ほど、国会議員の秘密会合のさかんだったことはない。各派とも、他派の動きや、忍者グループの活動を探知するため、あるいは料亭の玄関に立哨《りっしょう》を立て、あるいは、芸者や女中を手なづけ、情報の収集に血道をあげた。私たち政治記者は、まのあたりに、腐敗政治の実態を見せられた。それは、あまりに生ま生ましい出来ごとなので、この実相のすべてを筆にできぬのは残念である」

いったい、莫大な資金はどこから調達するのか。財界からの政治資金だけでは政敵には勝てない。派閥の参謀はみな同じことを考える。優位に立つには、危ない橋を渡っても〝実弾〟を仕込む必要がある――。

総裁選の前後、黒い噂が永田町界隈をかけめぐり、政敵のスキャンダルを告発する怪文書の応酬が混乱をエスカレートさせた。得体の知れない政治ゴロ、ヤミ金融のドン、右翼のフィクサーも動き出す。政治家のスキャンダルを握れば、カネになる。その黒い噂は、芥川賞作家・石川達三のサスペンス小説『金環蝕』（一九六六）の材料になった。

池田や佐藤など、自民党の実力者が総裁選でばらまいた莫大なブラックマネーに関する噂は、絶えなかった。その後も汚職事件が続発。池田のあと、政権をにぎった佐藤が一九六六年に解散に追い込まれたのも、「黒い霧事件」と呼ばれる一連の汚職事件への関与が疑われたためである。

金権政治家といえば、田中角栄が連想されるが、一九六四年の時点では「自民党＝金権政治家の金城湯池」だったといっていい。

「ひとり一〇〇〇万」の買収合戦

『週刊読売』に、総裁選の舞台裏をめぐるルポが出た。作家・安岡章太郎による記事である。政治部の記者にはとても書けない、と評された。大新聞の政治記者は「永田町の常識」に染まり切って政局を追うばかりで、政治家のカネの問題を具体的に指摘できないということだろう。

安岡はまず、赤坂周辺の料亭の実態を、庶民のまなざしで率直に観察する。

「料亭の勘定書きが天文学的数字だというのは、よほど以前からの常識である。そして目下、赤坂村近辺は満員であるという。これも、べつに珍しいことではなく、二年に一度の自民党総裁の選挙が近づくと、毎度、どの料亭の部屋もカンヅメにされた代議員で満員になる」（週刊読売六・二二、「総裁公選の舞台裏」）

安岡は政治のシロウトを代表して、政治部の記者に尋ねる。

「カンヅメって、代議士でもカンヅメになるの？」

「そうですよ。いま自民党各派は、おたがいに自分の派をふやそうと、ぶんどりに必死ですからね。自派へぶんどった代議士はよそへ取られないように、みんな自分たちの顔のきく料亭へカンヅメにしちまうんです」

「なるほど。それで、その費用は？」

「池田、佐藤の両派は、十億ずつは用意するでしょう」

藤山含めて総額三〇億円が動くという。終盤戦で飛び交う〝実弾〟の費用も含まれる。しかし、莫大な選挙費用が「どんなふうに使われるものか、具体的には何も知らない。私が知らないばかりでなく、国民の大多数がまったく知らない」。

「三十億を自民党所属の衆参両議院の頭数で割ってみると、一人当たり一千万円になる。選挙があるのは七月のはじめだ。ひと月余りで、一人当たり一千万円のこづかいが使えたら、たしかに豪遊はできる」「この国には、ひと月一千万円ほども遊びに使って、すこしも自分のフトコロはいたまない人が、すくなくとも三百人はいることになる」「立候補する三人は、それぞれ十億円ほどの金をバラまいて、一人でも多くの氏子を集め、ワッショイ、ワッショイとはやしたてながら、いちばんたくさん氏子をよび寄せた人が親ダマに祭り上げられる」「政治力とは、つまり金を集めてはバラまく能力であるらしい」

安岡は金権選挙の元凶のひとり、佐藤栄作を訪ねる。「金を集めてはバラまく」という意味では、一九六四年の政界で抜群の実力を誇っていたのは、佐藤だろう。日本の支配層に閨閥《けいばつ》をはりめぐらし、池田首相と集金能力を競い合う。実兄の岸信介もカネをめぐる黒い噂の多い政治家で、兄弟ともども、ずば抜けた集金能力の持ち主とみなされていた。

佐藤は戦後疑獄史に特筆される、造船疑獄(一九五四)で、逮捕寸前まで追い詰められたが、犬養健《たける》法相の一声、いわゆる「指揮権発動」で助かったという汚点がある。このときは、佐藤に続いて、「池田勇人政調会長[当時]を始め、なお何人かの国会議員の逮捕が予定されて」いた(伊藤栄樹《しげき》『秋霜烈日』)。

ちなみに、近年、アメリカの機密資料が公開され、佐藤がアメリカ大使に秘密の資金援助を求めた事実も明らかになっている。大使は同僚に次のようにこぼしている。

「岸の弟である佐藤栄作が、共産主義と闘うために米国に財政支援をせびろうと願い出ている(Eisaku Sato, Kishi's brother, has tried to put the bite on us for financial help in fighting Communism)」

（駐日米大使から国務省あての公電　一九五八年七月二九日付、名越健郎《けんろう》『秘密資金の戦後政党史』より重引）

佐藤の資金要請は再三に及んだという。

いずれにせよ、佐藤が汚職での逮捕を免れたことは、政治に最悪の前例をつくった、と安岡は指摘する。国民は「エライ人は、どんな悪いことをしてもへイチャラなのだ」という不信感を持つようになった（「総裁公選の舞台裏」）。

「私には、佐藤氏は〝政党〟に忠義を尽くすことばかり考えて、政治家のほんとうの主人である国民のことは忘れているように思える。『政治は人間だ。人間不在の政治も経済も不満である』と力説する佐藤氏の言葉には、私もむろん賛成である。しかし、佐藤氏のいわれる〝人間〟とは、いったい、だれのことなのか？」「佐藤氏のいう〝人間〟とは佐藤氏の側近――といって悪ければ、佐藤氏のそばで、佐藤氏と同じような欲望を持って生きている人たち――のことではないのだろうか」

政界は「ヤミ市」だった

それにしても、買収のために〝実弾〟と称する莫大なカネが公然と飛び交う明白な汚職行為に対し、なんのおとがめもなく、誰も逮捕されないというのは、あまりにも理不尽ではないか。

のちにロッキード事件の捜査を検事総長として指揮した伊藤栄樹は、「今日の政治家は、国会議員の側面と政党員の側面を持っており、もっぱら政党員の立場で金をもらった場合は、『公務員がその職務に関して』収受したことにならないから、犯罪にならない」と嘆いた（『秋霜烈日』）。

「例えば、郵政省所管の事項に関し、何か下心のある者で〝頭のいい〟人は、新人大臣であることが多い郵政大臣よりも、彼の属する派閥の領袖《りょうしゅう》に対する陳情に力を入れるだろうし、金を出すなら、派閥の領袖にドンと出し、大臣にはオシルシだけということにするだろう。その方が実際の効果がある。この場合、大臣については収賄罪が成立するが、肝腎《かんじん》の領袖については成立しない」

当時のジャーナリズムを代表する論客・大宅壮一《おおやそういち》は、利権政治家のパラダイスと化した、永田町の実態を「ヤミ市そのもの」と断罪する。

「終戦直後の日本で、ヤミ、暴行、脅迫、詐欺、かっぱらい、その他あらゆる悪徳や犯罪の温床と見られたものは、大都会の盛り場に発生した〝ヤミ市〟であった。あれから二十年たった現在、そういうものはほとんどとりはらわれて、かつての〝ヤミ市〟の跡には、立派な道路やビルができているが、今の日本にまだ〝ヤミ市〟に近い姿を温存しているところがある。それはほかならぬ日本の政界だ」「巨大な利権の争奪戦であって、これには必ず巨額の金が動くということが常識になっているからだ」「現在の国会は、赤いジュウタンをしいた国営の一大〝ヤミ市〟と見られないこともない。〝ヤミ市〟特有の暴力沙汰にも事欠かない」「さらに驚くべきことは、このような犯罪が続出しても、国民大衆がそれほど驚かなくなったということである」（「われわれはもっと驚こう」『人物鑑定法』上巻所収）

そういえば、いまも政治家のあきれたふるまいに国民はさほど敏感とはいえないが、その由来は、ヤミ市なのか、高度成長期の汚職天国なのか、それともあきらめなのか。

一九六四年、発覚した汚職事件のどれひとつとっても、むせ返るような腐敗のにおいに満ちている。ただし明るみに出た事件といえども、もちろん氷山の一角である。いくら政治家を追い詰めても、「政治献金として受け取った」と居直られれば、うかつには手が出せない。佐藤栄作が免罪された造船疑獄のように、いざとなれば法務大臣の指揮権発動もありうる。

河野一郎、大野伴睦、池田勇人、権力闘争にしのぎをけずる派閥の長が、どんな手段で「政治献金」を集めようとも尻尾をつかまれることはない。もしアメリカでスキャンダルが発覚することがなければ、ロッキード事件も永久に表沙汰にはならなかっただろう。巨悪は安眠していたのである。

ジャーナリストの柳田邦男は、この時代に膨れ上がった腐敗を、「汚職文化」と名づけた。

「日本の戦後における経済復興とその後の高度経済成長は、そうしたゆがんだ政治構造によってアクセルが踏まれたのだという事実は、知っておく必要があろう」(『心の貌』)

力ずくで競争相手を蹴落としながら、ひたすら利益の追求に奔走したこの時代の企業文化。そこでは、政治家も財界人も官僚も、目的の達成のために、平然と法を犯していた。

いまはどうだろう。程度の差はあれ、スキャンダルを隠蔽する仕組み自体は変わらない。ジャーナリズムがスキャンダルを可視化する力はあいかわらず貧弱なままだし、政界の集金システムは変わったかもしれないが、抜け道はいくらもある。

しかも永田町では、一九六四年と変わらぬ隠蔽工作がいまもなお平然と演じられている。都合の悪い文書は官僚が勝手に書き換え、あるいは率先して棄《す》ててしまう。政治家と利益を交換し、臭いモノにはフタをしてしまう。

振り返れば戦後ゼロ年、ポツダム宣言の受託から占領軍の東京到着までのおよそ二週間、永田町と霞が関からは、大日本帝国の公文書が大量に燃やされ、東京の空にどす黒い煙が立ち上がった。そのなかには、権力の実相を白日にさらす貴重な資料も数多く含まれていた。

骨の髄まで権力空間の腐臭に侵されたその体質は、戦前も敗戦直後も高度成長期も、そしていまも、なんら変わっていない。

2 組織暴力

「将来、私たちがぜひやらねばならないことは企業家になること、身をきれいにすること、そしてきちんと税金を払うことです」
「税金を払いさえすれば、だいじょうぶなんです」
——東京ヤクザの大親分（D・E・カプランによるインタビュー）

陸上自衛隊員よりヤクザのほうが多かった

「オリンピックの巨大開発のおかげで、東京には金儲けのチャンスがごろごろ転がっていました」

六本木のオフィスで、東京の裏社会にくわしいアメリカのジャーナリストが、証言した。

「アメリカ人が東京で金を稼ぐことは簡単だった。闇ドルやウイスキーの密売で大金を稼ぐことができた」

一九六四年の東京の裏事情を語ってくれたのは、ロバート・ホワイティング。一九四二年、アメリカ・ニュージャージー州生まれ。米空軍に入隊し、一九六二年、二〇歳のとき、諜報任務で初来日、東京で米軍のスパイ偵察機U２をめぐる秘密工作に従事した。

その仕事を通じて、東京に外国人ギャングが跋扈《ばっこ》する驚愕の実態を知り、『東京アンダーワールド』『ふたつのオリンピック　東京１９６４／２０２０』といった著作のなかで、東京の暗黒街と不良アメリカ人のからみ合いを活写した。

六本木で長く暮らしたホワイティングは、オリンピック前後の東京の裏側をつぶさに目撃した。かれにとってもっとも印象的だったのは、金回りのよくなったヤクザが大手を振って歩いていることだった。オリンピックをひかえ、史上空前の資本投下が行われ、東京中が利権のるつぼになっていた。六本木も赤坂も銀座も、ヤクザが食い込み、その資金源は拡大する一方だった。

ホワイティングの見るところ、「とりわけヤクザが食い込んでいたのは土建業で、もっとも大きな利権は、飯場への労働者の派遣だった」。

「オリンピックのころ、土建工事の手配師となり、建設汚職にも食いついて大儲けしていたのです」

一九六四年の警察庁の調べでは、「大阪府下の暴力団七百二十一のうち百三十五団体が、また兵庫県下、二百八十一団体中、五十団体がそれぞれ土木建築の看板をかかげている」（毎日新聞社会部編『続・組織暴力の実態』）。おそらく東京も似たようなものだろう。ホワイティングの指摘のとおり、巨大公共工事に闇社会がからみ、カネが政治家に回っていくという利権構造は、一九六四年前後に急激に拡大し、ひとつのピークを迎えていた。

土建業界に限らない。一九六四年の〝暴力地図〟を見れば、高度成長期に拡大したあらゆる業界に利権のにおいを求めてヤクザが進出していることがわかる。組織暴力団は、戦後最大規模に膨れ上がっていた。

「犯罪白書　昭和39年版」によれば、暴力事犯は年間約一九万件。一九六三年一二月時点で、組織暴力団は五〇〇〇団体を超え、構成員は戦後最大の一八万四〇九一人に達した。いまの六倍である。暴力団の実態を取材していた記者は次のように書いた。

「陸上自衛隊の定員十七万一千人より多いのだからおどろかされる」（週刊朝日　七・一〇、「日本をまたにかける暴力系図」）

白書はこう警告している。

「大都市を中心とする一部の強力な暴力組織は、その勢力範囲の拡大を図り、地方中小都市の組織に働きかけて、これを自己の系列下におこうとする動きがみえている」

単に規模が拡大し、抗争が激化しただけではない。急激な経済成長にともない、組織暴力の規模と資金源が劇的に変わったのである。かみくだいていうなら、狭い縄張りで、昔ながらの賭博やテキヤ稼業でしのいでいたような地元の顔役を卒業し、企業のように〝高度成長〟を求めはじめたのである。

そして一九六四年。巨大な利権が渦巻く東京は、ヤクザの主戦場となった。

美空ひばりの〝後見人〟

六月二五日、東京でふたりの大スターが離婚会見を開いた。

美空ひばりと小林旭。いうまでもなく、美空ひばりは昭和の芸能界を代表する不世出の歌手であり、小林旭は一世を風靡した日活映画のドル箱俳優である。一九六二年、トップスター同士の「地上最大の結婚式」が華々しく報じられてからわずか一年七か月後の、衝撃の離婚劇。またしても大騒動になった。

新聞記事には、離婚会見の会場に駆けつけた〝後見人〟の名前も記されている。

「二人の結婚のさい、事実上の仲人役をつとめた神戸芸能社の田岡一雄社長が話をきいて上京」

「田岡氏の仲介による〝理解離婚〟ということになった」（毎日　六・二六）

田岡一雄。記事では、美空ひばりを擁する芸能プロダクションの経営者として紹介されている。

だが、田岡が日本最大の暴力団・山口組のドンであることには、ひとこともふれられていない。

田岡は、「ヤクザも正業を持て」というせりふを遺したことで知られるが、自身、神戸の港湾労働者を組織し、芸能プロダクションを設立して多くのタレントを抱え、プロレスなど興業の世界でも存在感を示した。

高度成長による経済の発展と波長を合わせ、全国に出先機関を構える。いわば〝暴力の総合商社〟である。港湾労働者の手配、芸能人のマネジメントなど、人材派遣業のノウハウを取り入れて組織を大きくする山口組の多角経営は、時を置かずほかの広域暴力団にも取り入れられていく。

四〇年近く前、山口組の内幕を取材していた私は、田岡が大企業の〝福利厚生〟からも学んでいることを教えられた。たとえば、暴力団の抗争において最前線を担う鉄砲玉が殺された場合、あるいは抗争相手を殺めて懲役に行く間、残された家族に見舞金を分配するシステムが確立されていた。

巨大組織でなければできない組員の家族への〝保障〟である。〝銃後の福祉〟らしきものを完備することで、ヤクザの世界でモノをいう〝戦闘能力〟を高めたのである。

ちなみに、山口組の本家には、その事務を担当する責任者が任命され、誰が死んだか、どの組員がどこの刑務所に収監されていて、刑期はどのくらいか、一目瞭然となる名簿を完備していた（NHK特集『山口組　知られざる組織の内幕』に記録されている）。

東京の暴力団も田岡を警戒しつつ、児玉誉士夫のようなフィクサーを通じて組織を拡大、政財界に人脈を広げていった。ヤクザが巨大化したのは、単に経済のパイが大きくなったからだけではなく、政財界の需要をかぎあてて、巧みに応答できるようになったからである。

非行少年を〝リクルート〟

経済成長の裏側で進行していたヤクザ社会のシステム化。そこには表の世界との密接なつながりがあり、企業社会の下請け・孫請け構造と同型の仕組みがある。

ヤクザの〝大企業〟が膨張した要因のひとつは、社会からドロップアウトした膨大な数の非行少年をいわば「非正規の下請け」としてリクルートし、底辺の暴力装置に仕立て上げたことにある。まさしく、経済成長の陰画というべき現象だろう。

一九六四年、警視庁が発表した「少年非行白書」によれば、暴力組織に組み込まれ、その一組織として動いていた非行少年のグループは五六にも上り、二四三人が加わっていた。ヤクザ組織の下請けにあたる。さらに、孫請けにあたるのは、組織から金をもらってゆすりの片棒をかついだり、選挙の不正行為・買収の手伝いをしたり、ヤクザの使い走りでダフ屋をしているグループで、一四三グループ・九六〇人に上っている（毎日　一一・二〇）。

広域暴力団が親会社の〝大企業〟なら、一〇代の非行グループは、その末端の下請け、あるいは日雇いの孫請けにあたる。

こんな記事がある。広域暴力団・松葉会の幹部ふたりが、**「青森、福島、北海道などから家出してきた十五歳から十八歳までの少年十人を、京成電鉄青砥駅前の盛り場で見つけては『組に入れてやる』と持ちかけ、アパートに軟禁。さらに少年たちを後楽園、立川などの各競輪場、平和島競艇場にいる手下の予想屋の下働きなどをさせ、逃げようとするとつかまえ、手下たちにリンチ、入れ墨をさせた」**（朝日　七・二二）。

ジャーナリストの城内康伸《しろうちやすのぶ》によれば、東京にあふれる不良少年の群れを勢力拡大に利用しはじめたのは、町井久之《ひさゆき》（鄭建永《チョンゴニョン》）率いる在日コリアン系の広域暴力団・東声会が最初だったという（『猛牛《ファンソ》と呼ばれた男』）。六本木や銀座で幅を利かせる東声会をバックに、下部組織・三声会を結成した一〇代のグループは、東京でも屈指の凶暴な暴力集団として怖れられた。

町井は、**「都会にはゴミ処理場がある。私はこうした人間のゴミを処理する感化院を運営しているつもりだ」**といったとされている（同前）。町井のやりかたがほかの組織にも広がり、東京には、大組織のいわば下請けとなった「ヤクザ二軍」があふれていく。若い命を鉄砲玉として利用し、抗争の駒とする巨大暴力団のやりかたは、出稼ぎ農民や集団就職の若者を使い捨てにする企業社会と相似形をなす。

ヤクザが襲名披露、来賓は自民党の実力者

世の中全体が、暴力の蔓延に鈍感になっていたのだろうか。政治家、経営者、そして教育者までもが、ことあるごとに暴力団に声をかけ、平然と利用することがめずらしくなかった。

三月九日、新宿区の区立会館で、公然とヤクザの襲名披露が行われた。この会館の責任者は近隣の防犯協会の幹部を務めており、ヤクザとつきあいがあった。警視庁組織暴力犯罪取締本部長の談話。「集会自体をとり上げてどうこうすることはできない」。ちなみにこれを報じた記事の見出しはこうである。「警察は〝何ともできぬ〟」(朝日 三・一〇)

区立会館での襲名披露の様子は、NHKのニュース映像にも残されている。黒服の男たちが高級車で乗りつけ、出入りする異様な光景。公共の建物の前だが、周辺の住民は誰も近寄らない。責任者は暴力団の主催とは気がつかなかったと弁明するが、知らぬわけはない。

学園内の争いに暴力団が雇われたこともある。豊島区のある学校法人、学校の管理権をめぐって二派に分かれて泥仕合をエスカレートさせていた。ついに両派がそれぞれ暴力団員など一〇〇人を集め、道を隔てたふたつの校舎をはさんでにらみ合った。乱闘を警戒して、二〇〇人の警官が出動、夜八時過ぎまで警戒にあたった(朝日 九・四)。

両派とも、相手が暴力団を雇ったため、自衛手段として暴力団を介入させたと弁解しているが、教育者でありながら、よくそんなたわごとがいえたものだ。

自治体などが地元の顔役に票まとめを求めることもあった。だが、なんといっても愕然《がくぜん》とさせ

られるのは、国政を預る政治家と大物ヤクザが公然と癒着していたという現実だろう。典型的な例としてまず思い浮かぶのは、「ヤクザの守護神」とも呼ばれた政治家、自民党副総裁・大野伴睦である。

一九六四年前後、表と裏を往来し、さまざまな伝説を残した、自民党きっての実力者である。たとえば、右翼の黒幕・児玉誉士夫の仲介で岸信介首相と取引し、「次期首相禅譲」の密約を交わしたこともある。ちなみに、この密約は、岸が約束をあっさり反故《ほご》にしたせいで実現しなかった。岸はその際、「床の間に肥溜めは飾れない」と強弁し、大野の恨みを買ったという説がある。

時の総理をおびやかすほどの実力を持っていた大野は、山口組のライバル・本多会［のち大日本平和会］と親交が深く、一九六三年に行われた、初代会長・本多仁介引退、二代目・平田勝市の襲名披露には、来賓として招かれた。兵庫県警の録音テープに、大野の祝辞が記録されている。

「ただいま紹介された大野でございます。わたしはきょうのこのめでたい席に招きをうけ、上きげんで参りました。（中略）わたしは、義理人情をもって政治をしている。これがなければ、政治に義理人情をとってしまっては、政治がいかに空白であるかということは、みなさんがよく承知しておられることである。（猛烈な拍手）人情、義理、任侠《にんきょう》というものは日本の伝統であり、政治の根本であろうと思う。わたしの感じでは、吉良の仁吉《きらのにきち》とはまさに本多さんのような人であろうと思う。（どっという歓声と猛烈な拍手──中略）どうか社会をよくし、国策をよくするため、ますます任侠の道にいそしまれんことを心から念願してお祝いのことばとします。（割れるような拍手）」（『組織暴力の実態』）

ちなみに、「吉良の仁吉」とはヤクザが理想とした伝説の俠客である。

一九六四年五月に大野が急逝したことを受けて放送されたフジテレビの報道特別番組で、大宅壮一が、大野のような政治家は「日本政治の一種のガンであり〝恥部〟である」と批判した。これを自民党の議員が問題にし、このような発言を封じるために「電波法を改正したらどうか」と国会で質問した（小和田次郎『デスク日記』）。自民党の実力者を批判させないよう、言論の自由を踏みにじろうというのである。

六月二九日、池田首相から辞令を受けた坂西志保《しほ》新国家公安委員が、初の記者会見に臨み、こう発言した。

「欧米先進国でも形の違った暴力組織はあるが、日本の場合は裏で権力につながり、任俠という特殊な感情と結びついて正当化されるふしもある」「とくに日本の暴力はまともな企業や財界とつながっているといわれ、これは恐ろしいことだ。この際安易な考えを捨て、会社や企業が勇気をふるってそのつながりを断固断ち切る必要がある」（毎日　六・三〇）

だが、断ち切るべき政財界と暴力団との腐れ縁は、その後も、バブル時代の地上げ、総会屋事件、イトマン事件、リクルート事件、右翼とのトラブル（竹下登首相へのほめ殺し）の仲介を暴力団に依頼した金丸信《かねまるしん》の事件まで、公然と続いていく。

そもそも日本の支配層は、「親米反共」の一点でヤクザや右翼と共通の土壌を持っていた。冷戦下、「親米反共」というスローガンは保守政党・官僚ばかりでなく、旧支配層・財閥を再編成した大企業から、はては右翼・暴力団・政財界のフィクサーを貫く、新たな錦の御旗になっていたのである。

右翼やヤクザ社会の面々とただならぬ交流を持っていたのは、何も大野伴睦ばかりではない。河野一郎、川島正次郎《しょうじろう》ら自民党の大物政治家の実に多くが、あたりまえのごとく、闇社会となんらかの接点を持っていた。

そして戦後、自民党とヤクザの縁を取り持ったフィクサーこそ、児玉誉士夫にほかならない。政財界と闇社会がからみ合う局面では、必ずといっていいほど、児玉の影があり、その影響力はロッキード事件まで続いた。

右翼―ヤクザ―政界をつなぐ児玉人脈

戦後最大の疑獄・ロッキード事件では、田中角栄以上の深い関与が疑われた児玉であるが、いまやその記憶も薄れつつあるかもしれない。ごく簡単に、昭和の怪物のプロフィールを紹介しておこう。

一九一一年(明治四四)生まれ。戦前は右翼のテロリストとして名を売り、刑務所のクサい飯も経験した。戦時中は、軍の特務機関に雇われ、上海を根城に暗躍した。

東京裁判の尋問記録や、機密解除されたCIA文書によれば、「児玉機関」の実態は、軍の必要とする物資を、非合法な手段も辞さず、大量に調達する闇の下請け軍団である。軍のダミー商社である昭和通商のためにヘロインを買いつけたこともある。

児玉はその特務機関の秘密工作を通じて、莫大な財宝を貯め込んだ。CIA文書にはこうある。

「『児玉機関』は、密輸、麻薬の違法売買に関わった。児玉はこの機関を通じて、金、プラチナ、ダイアモンド、ラジウムといった財宝を徐々に蓄え、その財宝によって、第二次世界大戦以来、数多くの右翼および反共組織を支援することができた」（加藤哲郎編『CIA日本人ファイル　米国国立公文書館機密解除資料　第4巻』）

敗戦直後には、海軍の飛行機で日本と上海を一〇回も往復して、気の遠くなるような金額の財宝を抜け目なく日本に持ち帰った。

「鳩山［一郎］が日本自由党をつくったとき、児玉は鳩山に一〇〇〇万円を提供した。自由党が二、三回に渡って児玉誉士夫を通じて日本の地下政府から二〇〇〇万円を受け取ったことは明らかである」（同前）

そもそも自民党の前身のひとつである自由党は、児玉が上海から持ち帰った秘密資金を鳩山一郎に提供することで生まれた政党だった。ここでいう「地下政府」とは、戦前の右翼や旧軍人、旧支配層が集まったグループを指し、児玉と縁が深い。

児玉と親しかった中曽根康弘の証言によれば、このとき、莫大な児玉資金を党員に配ったのが河野一郎だった。

「［児玉は］終戦前後に相当のプラチナやダイヤモンドを持って帰り、鳩山さんが共産党と戦うんだといって自由党を作ったとき、そのプラチナや貴金属を河野一郎さんに渡した、それを河野一郎さんが財界の有志のところに売って回って選挙資金をつくったという話でした」（中曽根康弘『天地有情』）

それ以来、児玉は鳩山や河野の〝後見人〟を務め、一九五五年の保守合同によって自由民主党が誕生した。大野や河野、鳩山に加え、緒方竹虎や重光葵《まもる》など、主だった政治家はすべて児玉と深い関係がある。児玉のカネと人脈を通じて、自民党と右翼・暴力団との関係が深まった。

『児玉誉士夫　巨魁の昭和史』（有馬哲夫）によれば、一九五六年九月三〇日、河野一郎が鳩山内閣の農林大臣として日ソ共同宣言の交渉のためにモスクワへ赴く際には、児玉がお膳立てして、関東一円を根城とするヤクザの親分衆（松葉会、住吉会、義人党、関東兄弟会など）、右翼団体の指導者ら四三人がそろい、銀座で特大の壮行会を開いたという。

自民党の実力者・河野一郎と関東のヤクザ社会は、政界と闇社会をつなぐ児玉を通じて、親密な関係を持っていたのである。

この壮行会の参加者の顔触れは、オリンピック前後に活動のピークを迎えたヤクザ社会の支配者と重なり、ここから右翼とヤクザの結びついた闇社会の圧力団体が生まれてくる。

右翼とヤクザの大同団結

政治と暴力の危うい癒着が進んでいた。

六月一一日、警察庁が次のように、国家公安委員会に報告した。「最近あちこちの暴力団があいついで政治結社をつくり、政治の美名をかくれミノに資金集めをしやすくしている」（朝日六・一二）

警察庁の調べでは、一九六四年に入って「正式に結社を地元選挙管理委員会に届け出たものだけですでに四団体、最近三、四年では十五団体にのぼり」、届け出をすることなく政治活動を続けている団体はほかに五〇もあったという。

暴力団の政治行動は、資金源を拡大することがねらいで、「もっともらしい政治活動に名をかりて国や地方の政治勢力と結びつこうとするもの」と警察は見ていた。また、「自民党の総裁選挙をひかえた現在は、政局に対する関心がかなり高まり、政府与党への働きかけも活発化している」という(同前)。

「働きかけ」とはなんのことかよくわからないが、先に見たとおり、七月の総裁選が札束の乱れ飛ぶ史上最悪のダーティな政争だったことを思えば、ヤクザがつけ込む隙間《すきま》も山ほどあったに違いない。国家公安委員会は、この動きを、暴力団の「資金集めの抜け道」ととらえていたが(同前)、看板だけでなく、たとえば右翼団体と結んで政治に介入しようとする大規模な勢力も存在していた。

その典型が、児玉の仲介によって、主だった右翼と関東一円の広域暴力団が手を結んだ連合組織・関東会である。

一九六三年の暮れ、一二月二一日に熱海で結団式を開いた。この日、錦政会(現・稲川会)の稲川裕芳《ひろよし》、松葉会の藤田卯一郎《ういちろう》はじめ、住吉会、義人党、東声会、北星会など関東の大親分が一堂に会した。右翼の大物も顔をそろえ、世話役として児玉があいさつした。

「やれ肩がふれたのふれないの、カオをつぶしたのつぶされたのと、屁《へ》みたいなことで貴重な生命とエネルギーを浪費する愚をやめて、もっと天下国家のためになることを考えたらどうか」

（『組織暴力の実態』）

右翼とヤクザを結んで強大な暴力組織をつくり、左翼・共産主義との来るべき決戦に備えよ、という主張は、児玉一党の決まり文句である。

児玉はかねてから、強力な反共団体の結成を構想していた。その構想に、児玉に私淑《ししゅく》していた稲川裕芳が賛同。暗黒街の力を結集して右翼戦線を強化するという、「関東会構想」に発展した。

一九六四年六月二〇日。港区芝浦で開かれた関東会定例総会では、右翼の論客・白井為雄《ためお》が、七〇年、安保改定の年に、左翼革命の危機が訪れるのだと断言。**「共産主義に対し、これを撲滅すべく全面的に闘争を挑み」「呵責《かしゃく》なく粉砕」**とぶち上げた。そのときに備え、右翼戦線の結集が肝要なのだという（同前）。

戦後の児玉の発言や行動を貫く、「親米反共」の実力組織を構築するという野心の源流をたどれば、前章で取り上げた、GHQの諜報機関GⅡのボスであるウィロビーの構想にいきつく。

ウィロビーは、GHQの反共路線のリーダーで、ライバルのチャールズ・L・ケーディスGS（民政局）次長ら民主改革派のスタッフを片端から失脚させたことでも知られる。一方では大本営の旧参謀はじめ、日本を破滅させた元凶というべき勢力を免罪し、対ソ・対中の情報戦に協力させようとした。

敗戦後、A級戦犯容疑で巣鴨拘置所に収容された岸や児玉が免罪されたのも、ウィロビーのはたらきかけが大きい。すべては、アメリカの冷戦戦略に役立ちそうな戦犯容疑者をいち早く囲い込んでおこうという思惑である。

そして実際に、岸は政界で、児玉は闇社会で、「親米反共」を旗印に権力の階段を登りつめていく。第五章でもふれるが、ふたりともＣＩＡと浅からぬ因縁があった。

児玉が仕掛けた関東会も、案外、アメリカの書いた筋書きに寄り添ったたくらみだったのかもしれない。事実、ＣＩＡは、冷戦下、中東でもアフリカでもアジアでも中南米でも、「ならず者を組織して反共集団に仕立てる」という判で押したような秘密工作を、性懲りもなく繰り返していたのだから。

政界への〝警告文〟

児玉が組織した関東会は、結団式と前後して、国政に対するあからさまな干渉をはじめていた。六三年一二月、自民党の衆参両院議員全員の自宅に突然ビラが舞い込んだ。「自民党は即時派閥抗争を中止せよ」というのが、そのお題目である。

内容は、「自民党が派閥抗争に明け暮れている間に、日本の左翼勢力は着々と革命的実力を蓄積している」とまず反共を掲げ、「こんにち日本をいちばん汚毒しているものは、自民党の派閥的政治と派閥的抗争であることに気づき……国民大衆の自民党に対する好意が憎悪の感情に移行しないうちに、全員が即時派閥抗争を中止せよ」とする自民党への〝警告文〟である（『組織暴力の実態』）。

その内容はさておき、差出人として名前を連ねる団体が尋常ではない。「松葉会　住吉会　［日本］国粋会　錦政会　東声会　義人党　北星会」（同前）。関東会の面々である。児玉の影響力のもとにある右翼の大物や団体も連名で同様の警告文を送付した。戦前のテロリストも名前を連ねている。

衆院議員の池田正之輔《まさのすけ》は、この警告文に対し、「〝暴力団〟が団結して連名で圧力をかけてくるなどということは日本の政治史上いまだかつてなかったこと」とコメントした（同前）。たしかにヤクザが正面切って政治家に意見するなど、まさに前代未聞だが、六〇年安保闘争以来、政治テロの復活が目立つ季節だったから、どうも気味が悪い。

しかしながら警告文の次のような文句には、河野派への配慮が見え隠れしており、どうやらその真のねらいが、河野派の擁護であることが読み取れる。

「河野一郎氏の派閥的行動を非難攻撃している人達が、いまだに自分達の派閥を解体しないのは何を陰謀しているのか。彼らは派閥解消に名を借りて河野氏の政治的失脚をねらっているといわれても仕方ないであろう。近頃巷に乱れ飛んでいる個人攻撃のデマ中傷は、すべて来年の自民党総裁選挙にそなえての醜い事前運動であろう」（警告文は、社会問題研究会編『右翼事典』などに採録されている）

実はこれは、児玉がヤクザを動員して河野を押し立て、総裁候補のライバルである官僚派の佐藤を攻撃する意図を持つ、一種の怪文書だったのである。

河野は鳩山の後継者であり、その鳩山のパトロンは、児玉だった。それゆえ、児玉は、河野を最高権力者にするために、早くから〝投資〟していた。

ＣＩＡ文書には、「河野と三浦［義一《ぎいち》］。右翼、フィクサー」が資金を用意し、児玉が先物市場で九〇〇〇万円利益を上げたと報告」があり、「この資金が保守大合同［自民党誕生］と総裁選挙に使われたとみられる。児玉・河野の政治資金調達のごく一部に過ぎない」と書かれている（『CIA日本人ファイル　米国国立公文書館機密解除資料　第4巻』）。

それにしても、なぜ、右翼とヤクザはこれほど政財界に食い込んだのか。

誰がヤクザを増長させたのか

きっかけは、六〇年安保闘争の際、アメリカ大統領アイゼンハワー訪日に反対するデモ隊の鎮圧のために、岸信介首相と自民党の幹部が、児玉を通じてヤクザ軍団を組織しようとしたことにある。

アメリカのジャーナリストで、組織犯罪にくわしいデビッド・E・カプランは、『ヤクザが消滅しない理由。』という本のなかで、自民党がヤクザ軍団を動員したいきさつをこう記している。

「岸たちには、いざというときに警察と右翼の支援団体が『反アンポ』側のデモ隊をふせぎきれるという自信はまったくなかった。アイク訪問も差しせまっていた。そこで自民党首脳陣たちは、歴史の歩みを逆行させた最悪の手段、つまり暗黒街に頼ってヤクザと極右からなる暴力予備軍を作ろうと考えたのであった。まず自民党と右翼およびヤクザとの導管になったのは、児玉誉士夫であった」

先に述べたように、そもそも、岸と児玉の因縁は敗戦直後にさかのぼる。ふたりは、A級戦犯容疑者として巣鴨拘置所に収容され、同じ釜の飯を食った仲間である。

右翼・ヤクザに関するノンフィクションの第一人者・猪野《いの》健治は、『やくざと日本人』のなかで、児玉は、岸の懐刀だった自民党幹事長・川島正次郎と相談して、**「神奈川の稲川裕芳、芝浦の阿部重作《じゅうさく》、新宿の尾津喜之助《きのすけ》らの親分衆を動かした」**と述べている。

これを受けて、自民党は党内の「アイク歓迎実行委員会」委員長・橋本登美三郎《とみさぶろう》を使者に立て、親分衆への会合へと派遣した。橋本は錦政会の稲川裕芳、住吉会の磧上《せきがみ》義光、尾津喜之助らヤクザの大物に次々と面会、協力を申し入れた。

カプランによれば、**「三つの右翼連合組織が行動隊になるよう要請された」**(『ヤクザが消滅しない理由。』)。

その一つは岸自身が一九五八年(昭和三三)に組織した、木村篤太郎《とくたろう》率いる新日本協議会である。木村は筋金入りの反共主義者で、一九五六年、法務大臣在任時に、ヤクザや愚連隊など二〇万人を集め、左翼勢力を暴力で抑え込む、「反共抜刀隊構想」を立ちあげたこともある。

「もっと過激な行動は、右翼とヤクザで構成されている全日本愛国者団体会議に依頼することができた。さらに後方の控えには、戦争中の超国家主義者リーダー数名をふくむ団体・日本郷友連盟の会員ら約三〇万人があたることになった」(同前)

『右翼事典』には、「アイク歓迎実行委員会」の計画は、周到で非常に大規模だったことが書かれている。

「博徒一八〇〇〇名、テキヤ一〇〇〇〇名、旧軍人消防関係、宗教団体など一〇〇〇〇名、右翼団体四〇〇〇〇名、その他五〇〇〇〇名が動員可能とされた」

「ノボリ、腕章、桜のバッジのほか、ビラまき用のヘリコプター、セスナを用意」して、紛争の長期化を見据えて、食糧・詰め所（旅館）・輸送用トラック・救急車の手配から、女性による炊き出し班まで組織された。

ヤクザ軍団には、自民党から約八億円の活動資金が支給されていたという。

親分衆にとっては、政治権力に食い込むチャンスだった。デモの鎮圧を約束した大半は、先にふれた、河野一郎の壮行会に出席しのちに関東会を結成する、児玉の息のかかったメンバーである。

アイゼンハワー大統領の訪日をひかえ、事態は緊迫する。だが、危険を察したアメリカ側が、賢明にも訪日を中止したおかげで、強引きわまる権力の行使が、取り返しのつかない悲劇をもたらすことは回避された。

あとになってみれば、「政府がヤクザに協力を要請する」という異様な構図が禍根を残し、右翼の一部や暴力団を増長させる要因になったことは否めない。

もし、このとき警察、機動隊だけでなく、ヤクザ軍団が本格出動していたら、おそらく国民の生命を奪う惨劇が起きていただろう。敗戦をへてなおも生きのびた戦争指導者によって、〝悪夢〟が再現されたかもしれないのだ。

一九四六年。GHQの公職追放指令により、岸をはじめ多くの戦犯容疑者がその地位を追われた。しかしその後、東西冷戦下におけるアメリカのアジア戦略の変更のもと、四八年一二月、岸が不起訴となり釈放される。以降も、A級戦犯の減刑・釈放が続き、かれらは政治の表舞台へと復帰をはたしていく（こうした、占領下日本における民主化に逆行する動きを「逆コース」と呼ぶ）。追放解除は、戦後日本の分岐点となった。

組織暴力を動員してまで、国民を統制しようとした「アイク歓迎実行委員会」は、戦前・戦中・戦後、一貫してこの国を支配する指導者たちの思想を象徴している。

テロと暴力の季節

六〇年安保闘争の終焉《しゅうえん》とともに、戦前を思わせる、右翼のテロと暴力が復活した。浅沼稲次郎《いねじろう》社会党委員長が右翼の少年に刺殺された（一九六〇）。中央公論社の嶋中鵬二《ほうじ》社長の邸宅が襲撃された（一九六一）。旧軍人によるクーデター未遂事件も起きた（三無《さんゆう》事件、一九六一）。一九六三年には、高碕達之助代議士に対する威嚇（二月）、右翼活動家・野村秋介《しゅうすけ》による河野一郎邸焼き討《う》ち事件（七月）、日中貿易をめぐる政財界要人に対する脅迫事件（九月）、池田首相に対する殺人未遂事件（一一月）などが発生、暴力がエスカレートしていた。

一九六四年には、中国見本市や日教組大会、米原潜寄港問題などをめぐって右翼や暴力団の示威行為が相次いだ。ちなみに中国見本市の妨害はＣＩＡ東京支局のスパイが黒幕として仕掛けた反共工作とされる（ハワード・ハント『大統領のスパイ』）。

また、右翼四人が、ソ連のアナスタス・ミコヤン最高会議幹部会議長の襲撃と、駐日本韓国代表部（韓国大使館の前身）の爆破を計画していたとされ、捕まった。警察の調べでは、安保闘争後にいちじるしく増加したのは、「売名右翼と右翼的暴力団」であるという。

「取締りと世論の非難を避けるため、政治団体の仮面をかぶっている暴力団」「現在、全国に二十五の右翼団体の塾、二十四の青年隊ができ、主として青少年を対象として合宿による練成を行い、血盟的な団結を保っている」(毎日　一一・二五)

オリンピックの年、警察は頭を抱えていた。東京の繁華街には、肩で風を切る若い「ヤクザ二軍」がウヨウヨしていた。外国から来た観光客には、ギャングのはびこる街に見えてもおかしくはない。

ホワイティングの証言では、策に窮《きゅう》した警察は、関東一円のヤクザの親分衆に対し、五輪期間中の〝格別の配慮〟を要請したという。たとえば、凶暴な「ヤクザ二軍」を抱えていた東声会の町井久之は、積極的に警察に協力し、配下の組員に大号令を発した。

「児玉の助言をうけた会長の町井久之の命令で『オリンピックの前後二ヵ月の間、職業を持たない〝人相風体のよくない〟会員は東京からいっさい立ちのき、海岸で心身鍛錬にいそしむ』ことにしたという」(『組織暴力の実態』)

オリンピックを前に、警察を刺激するのは馬鹿らしい。それより利権に与りたい——。五輪期間中は、関東一円の暴力団も、滅多なもめごとを起こさないようにした。

しかし実は、警察がオリンピックの間、懸命に隠そうとしていたのは、暴力団がのさばる東京の姿だけではなかった。政府、東京都、警察がタッグを組み、空前の「東京浄化作戦」が進行していたのである。

3 東京浄化

公徳心など屁のカッパ、公共物はブッこわし、
往来でしゃがんだり、立ち小便したりの
「有りのままの姿」をお目にかけた方が。
——杉浦幸雄「きれいな街で」(文藝春秋 一九六三・一一月号)

政治家に食われた「オリンピック国民運動」

五輪イヤーを迎えた東京。街角は相変わらず大量のゴミと埃《ほこり》にまみれていた。業を煮やした政府と東京都は、外国人観光客の目を怖れ、大規模な「浄化作戦」に乗り出した。

といっても、日々悪化するばかりの環境汚染や劣悪な衛生状態を、急ごしらえで改善できるわけがない。もとより経済成長一辺倒、先に見てきたとおり、工場がガンガン煙を吐いていればそれでよし、という風潮がいきわたっていたのだから。

かまうものか。期間中の二週間だけ化粧すれば——当局の本音はそんなところだろう。

都知事の号令のもと、一月から「オリンピック国民運動」がはじまった。毎月一〇日を「首都美化デー」と定め、都民一〇〇万人を動員する、大がかりな清掃作戦である。

「毎月実施した」ということは、開幕までにのべ一〇〇〇万の都民が動員されたことになる。む

ろんボランティアである。大衆にタダ働きをさせて清掃活動を推進し、あわせてオリンピックへの関心を高めようという、見えすいた〝作戦〟である。

「隣組」さながら、町内会に日の丸の国旗が配られた。戦時中に、国民を根こそぎ動員した国家総動員体制もかくあらん。当時のニュース映像を見よう（毎日ニュース『一千万人の清掃作戦』）。

一月一〇日朝九時二〇分、まず東龍太郎《あずまりょうたろう》都知事が現れ、都庁の前で掃き掃除のパフォーマンスを披露。**「都民の力で東京をきれいに」**と力強くあいさつする。その後、おかみさんたちが割烹《かっぽう》着姿で一斉に街路へ繰り出した。その光景は、戦時中の愛国婦人会の奉仕活動と見分けがつかない。自衛隊も機関銃をホウキに持ち替えて出動、おおいに市民にアピールする。オリンピックに便乗して、国が自衛隊のPRを強化する方針であることは誰の目にも明らかだ。

総理府には、「オリンピック国民運動」推進連絡会議が設けられ、八つの部会があった。そのねらいは、ゴミ一掃ばかりでなく、オリンピックを口実として愛国心を涵養《かんよう》することである。だが国が旗を振る「オリンピック国民運動」によって、いったいどれくらい首都が美しく洗われたのか。

『文藝春秋』に、こんなコラムが載った。

「［ゴミ箱は］ニューヨーク市に幾《いく》つあるか。市設のそれは、三万五千個。近く八万個にふやそうと張り切っている。三万五千と七九五［この記事で記された東京のゴミ箱の数］。**日本の経済は、そんなに貧乏国、四等国か」**（文藝春秋　三月号）

もっともな言い分である。効果のほどはたかが知れている「オリンピック国民運動」を組織するために無駄な税金を使うよりも、環境改善のために思い切って投資するほうが先決ではないか。経済成長の〝果実〟を建設的な対策に回さずに、高みから号令を発し、倫理道徳を押しつけ、むやみに国民を動員する。戦時中の国家主義と発想は変わらない。

実は、都民に「東京浄化」の号令をかけていたのは、オリンピックに便乗して私腹を肥やす悪質な政治家だった。先ほども登場した、汚職まみれの都庁のボス、建部都議会議長である。

建部は、みずから会長を務める都の外郭団体・愛都運動協会の公金を横領した（『戦後政治裁判史録 3』）。起訴状の要旨には、**「愛都運動協会に都が交付した三七年度の交付金二五〇〇万円のうち三〇〇万円を業務上横領」**とある。

この組織は、東京オリンピックに備え、**「首都の美化や都民の公徳心を高める」**ことを謳《うた》い文句にした官製の組織だったが（同前）、都議会議長はこの団体を食い物にした。一方では協会への寄付金、交付金集めに駆け回り、裏では公金をつまみ食いしていたのである。

東京をほんとうに〝浄化〟したいのであれば、第一に着手すべきは、汚職の巣窟《そうくつ》・東京都議会ではなかったか。

残飯をあさるハチ公

事ほどさように、都庁がいくら都民を動員したところで、しょせんは手の込んだPRに過ぎない。東京の汚染は、そんな弥縫《びほう》策でごまかせるような甘いものではなかった。

それを雄弁に物語るのは、都内を流れる河川の悪臭だ。第一章でもふれたとおり、このころの東京の河川は、河川というにはほど遠く、実態はゴミ溜めそのものだった。オリンピック選手村に近い渋谷。三つの川が流れていた。穏田川《おんでん》（渋谷川）、宇田川、河骨川《こうほね》である。いずれも、生活排水の垂れ流しで、想像を絶する悪臭が漂っていた。

当時、宇田川の周辺は、敗戦後に急成長した暴力団・安藤組の縄張りでもあって、川沿いにヤミ市名残の飲食店が軒を連ねていた。余談ながら、東京生まれの歌手・なぎら健壱の証言によれば、忠犬ハチ公は、渋谷駅への行き帰り、ここで残飯をあさっていたという。

かつて宇田川の支流は、唱歌「春の小川」に唄われた美しい川だった。「春の小川はさらさらいくよ、岸のすみれやれんげの花に」。明治大正のころ、透き通った水の光が、人びとの心を和ませた。

だが一九六四年の宇田川の映像を見れば、思わず目を背けたくなる。

生活排水が絶え間なく流れ込み、吐き気をもよおすようなドス黒さ、ネズミが行き交い、始終ゴミが捨てられている。映像を見ているだけで、鼻をつまみたくなる。この惨状をもたらしたのが、長きにわたって環境破壊を放置してきた行政の責任であることは明らかだ。しかもこの年、汚染は手の施しようのないほど悪化している。

となれば、もはやこの国のお家芸を発動させるほかないだろう。すなわち、「臭いモノにはフタをしろ！」である。

オリンピックまでに、渋谷区を流れる三本の川は、大半が埋められて、暗渠《あんきょ》または下水道に替わった。「春の小川」の残骸は、地名だけを残したまま、東京から消滅した。

バキュームカーが消えた

五輪開会式の一か月前、朝日新聞にこんな記事が載った。

「東京の渋谷に住むAさんは、いよいよ身の置きどころがなくなってきた。オリンピック期間中、各競技場近くの家庭ではくみ取りをいっさい行わないと都清掃局で決めたからだ。この夏、Aさんの家では水が出なかった。こんどはトイレである。『あんまりではないか』。せっぱつまってAさんは清掃局に電話した。返事はのんびりしていた。『ご不便はおかけしません。五輪の直前に間違いなくくみ取りにうかがいます……』。オリンピックの期間は二週間、日ごろのくみ取りダイヤも月二回、十五日おき。だから直前にツボをカラにしておけばギリギリまで間に合いますという。『ギリギリじゃ困るんだ、わが家の場合は。期間中に田舎から客が押しかけてくるし……』」（朝日九・四）

オリンピックの期間中、汲みとりを停止するという都の方針は、欧米から押しよせたジャーナリストのかっこうの餌食となり、一斉に世界に報じられた。外国人から見れば、近代都市（を自負する）東京で、水洗便所が普及していないというのは、カルチャーショック以外の何ものでもない。

谷崎潤一郎の『陰翳礼讃』は、日本古来の厠《かわや》を、あたかも、日本文化の奥ゆかしさを表す洗練されたしつらえのように描いているが、それは作家のレトリックというものであって、この時代の日本人は（筆者を含めて）、団地へ引っ越した日に、汲みとり便所と縁が切れたことを何より喜んだのである。

東京の目抜き通り、表通りをいくら美しく飾ったところで、そこへ、そこはかとなく、〝あのにおい〟が漂ってきたならばどうだろう。欧米から来たお客さまはにわかに幻滅するに違いない。「やっぱり日本は後進国だな」とつぶやくかもしれない。

役人は、それが気になって気になって仕方がなかった。結局、いちばんの〝トバッチリ〟を受けたのは庶民だろう。溜まりに溜まったし尿から、どれほど強烈なにおいが漂ってきただろうか。

ステテコ族VS総理大臣

日本政府がいちばん気にしていたのは、海外の目に東京がどう映るかだった。たとえば池田首相は、夏の暑さに耐えかねて羽田空港に涼みに来るステテコ姿の市民に不快感をあらわにした。見せたくてたまらなかったのは、高速道路や高層ビル、新幹線や真新しいホテル、すなわち経済成長の成果であって、ステテコ庶民という東京の素顔ではない。

ほかならぬ総理の発言にあわてた監督官庁は、空港のあらゆる入り口に看板を立てた。**「丸首シャツ、下駄ばきで入場するのはご遠慮下さい」**（週刊現代　九・三、「ステテコ族日本の玄関へ」）

しかし庶民にしてみれば、行政の怠慢に由来する、地獄のような水不足、狭苦しい住宅、すさまじい工事の騒音に苦しみ、やむをえず、ひとときの涼感を求めて足を運んでいるだけである。もとをただせば、生活空間を平気で破壊する産業優先政策のもたらした結果ではないか。

この騒動を取材した週刊誌の記事には、著名人の発言も紹介されている。「マンガの神様」と呼ばれた手塚治虫は「ステテコ族が現れるほうが、アンバランス日本の表玄関にふさわしい」という意見。記者も歩調を合わせて、「〝オリンピックだから……〟という名目で表面だけつくろう日本人の発想法が、外国人に笑われないかとひやかす声もある」とまとめている（同前）。

道徳十字軍

「臭いモノにはフタをしろ！」という天の声が、東京中のいたるところで鳴り響いた。外国人観光客の目を気にして、大規模な「浄化作戦」はどんどんエスカレートしていく。ガイジンに見せたくない光景はびしびし取り締まられる。

伝家の宝刀が振り下ろされたのは、ゴミやし尿やステテコや汚染された川ばかりではない。「みゆき族」、立小便、浮浪者。当時、点在していたスラム街も同様である。東京・浅草の山谷では、警官が労働者に向かって、**「ことしは山谷を大掃除する。お前らオリンピック前にみんなブタ箱入りだ」**といったために騒動が起こった（小和田次郎『デスク日記』）。

ドブ川にはドイツ製の殺鼠剤《さっそ》がまかれ、野良犬・野良猫は、片端から始末された。立小便の取り締まりが厳しくなり、道端で幼子を抱えてお小水の世話をしている母親まで逮捕された。道端の物乞いは〝疎開〟を強いられた。屋台商売も自粛を求められる。

イギリスの『タイムズ（The Times）』紙は、大規模な「東京浄化作戦」をめぐる騒動を、次のように論評した。

「世界からどう見られているかを気にしてじっと息を潜める日本人。バキュームカーは姿をくら

まし、空港で涼むステテコ姿の大衆も、総理大臣の一喝で退場を余儀なくされた。クーベルタン男爵〔近代オリンピックの提唱者〕の理想とはおよそかけ離れた国家宣伝の努力が続く。ナチスのベルリン大会のような行き過ぎはないと信じたいが、結局のところ日本は国威発場のためにオリンピックを利用したいだけなのではないか」（タイムズ　一〇・一二）

とりわけ、海外記者のレポートで格好のネタにされているのは「風紀の粛正」である。警察の取り締まりはエロ本、ストリップ、深夜営業のバー、売春婦、「トルコ風呂」まで広範囲に及んでいた。東京中の警察官が総動員され、都心の繁華街をパニックに陥れた。

アメリカの雑誌『タイム』は、こうした警察による風紀引き締めを「道徳十字軍」と名づけていた。それは「ありのままの東京を必死でとりつくろおうとする、官民一体の涙ぐましい努力だった」（タイム　一九六三・一二・六）。

戦後の東京は、すでに占領時代から「エロの都」として有名で、海外からやってくる紳士の好奇のまなざしを集めていた。なにしろ敗戦直後に、政府の命令で占領軍のためにＲＡＡ（特殊慰安施設協会）が設けられた東京である。ＲＡＡの使命とは、一刻も早く「国営売春施設」をつくりあげることだった。

皮肉なことに、当時、ＲＡＡを設立するための資金づくりに奔走した大蔵大臣は、庶民のステテコ姿を叱《しか》った池田勇人そのひとである。女性を犠牲にして国営の売春施設をつくることとステテコと、どちらが恥なのだろう。

占領が終わってもＲＡＡの残党は利権を手放さず、キャバレー、ダンスホールをはじめ、あらゆる夜のビジネスを開拓。かれらがまいた種子は、高度成長とともに花開いた。外国紳士をもてなすあの手この手の大胆なサービスが、海外にも〝名声〟を轟《とどろ》かせるようになる。

元東京都民生局婦人部長の中野ツヤの聞き書き「婦人部長の憂うつ」（『高度成長の時代　女たちは』所収）のなかで、『Bachelor's Japan（独身者のための日本）』というガイドブックが紹介されている。東京で体験できる、ありとあらゆる夜の楽しみを懇切《こんせつ》丁寧にフォローしており、当時日本を訪れる若い男性の外国人にとって、必携のベストセラーだったという。

目次を眺めているだけで、クラクラする。「世界最大の快楽の都」「赤線の後継者」「老人でもモテるぞ！」「デートクラブの使い方」「ベッドでムズカシイ話はするな」「東京でジゴロになる方法」「車があれば金持ちに見える」「ガイジンのＳＥＸはハッピー」「包丁を持った女には気をつけろ！」

ギャンブル、セックス、ドラッグ。すでに一九六四年の東京は、闇のビジネスがしのぎをけずる、世界有数の欲望都市だったのである。

ドイツ取材班が記録した歓楽街

新宿あたりの盛り場とおぼしき一角を、警察官が手分けしてパトロールしている。警官の背後から、カメラが追いかける。

そのころ警察の取り締まりは、日々厳しくなっていた。狭い路地で歩み寄る警官の気配に気づいた途端、女性ふたりがで踵《きびす》を返して逃げていく。おびえた表情が印象に残る。

オリンピックの前年、ドイツの取材チームが撮影した映像である。

取材チームは、粘り強く夜の盛り場を取材し、いまでは貴重な記録映像となった当時の風俗店をカメラに収めている。『東京の印象（Aktuelle Tokio-Impressionen）』（ドイツ連邦アーカイブ）と題した、この映像レポートのなかで、記者がまず訪ねたのは、当時、東京で流行していた「ヌード・スタジオ」。客にカメラを渡し、ヌード写真を撮らせる趣向である。客がモデルにあれこれ注文をつけ、プロのカメラマン気分を味わえるというので、人気を呼んでいたらしい。

記者の面前で、日本人の若い女性がやおら下着を脱ぎはじめる。記者はドギマギしつつも、カメラを携えて全裸の女性に肉薄する。「ヌード・スタジオ」を経営する女性へのインタビューもある。流暢とはいえないが、英語で答えている。

「Policeman, closed, my photo studio in the Olympic time...after...open...」と聞こえる。「**警察がうるさいから、オリンピックの間は商売を休むけど、オリンピックが終わったら、またやるわよ**」といいたいのだろう。

海外のテレビ局が記録した映像からうかがえるのは、オリンピックが近づくにつれ、こうした風俗店がねらい撃ちされ、軒並み、取り締まりが厳しくなっていることだ。次に記者は、「**東京名物**」へ向かう。路上で記者がレポート。

「**ヨーロッパからの訪問者なら、誰でも興味のある東京の夜がはじまる。『東京名物・トルコ風呂』への突撃である**」

ここで「トルコ風呂」というのは、「蒸し風呂」を意味する名称である。しかし、次第に蒸し

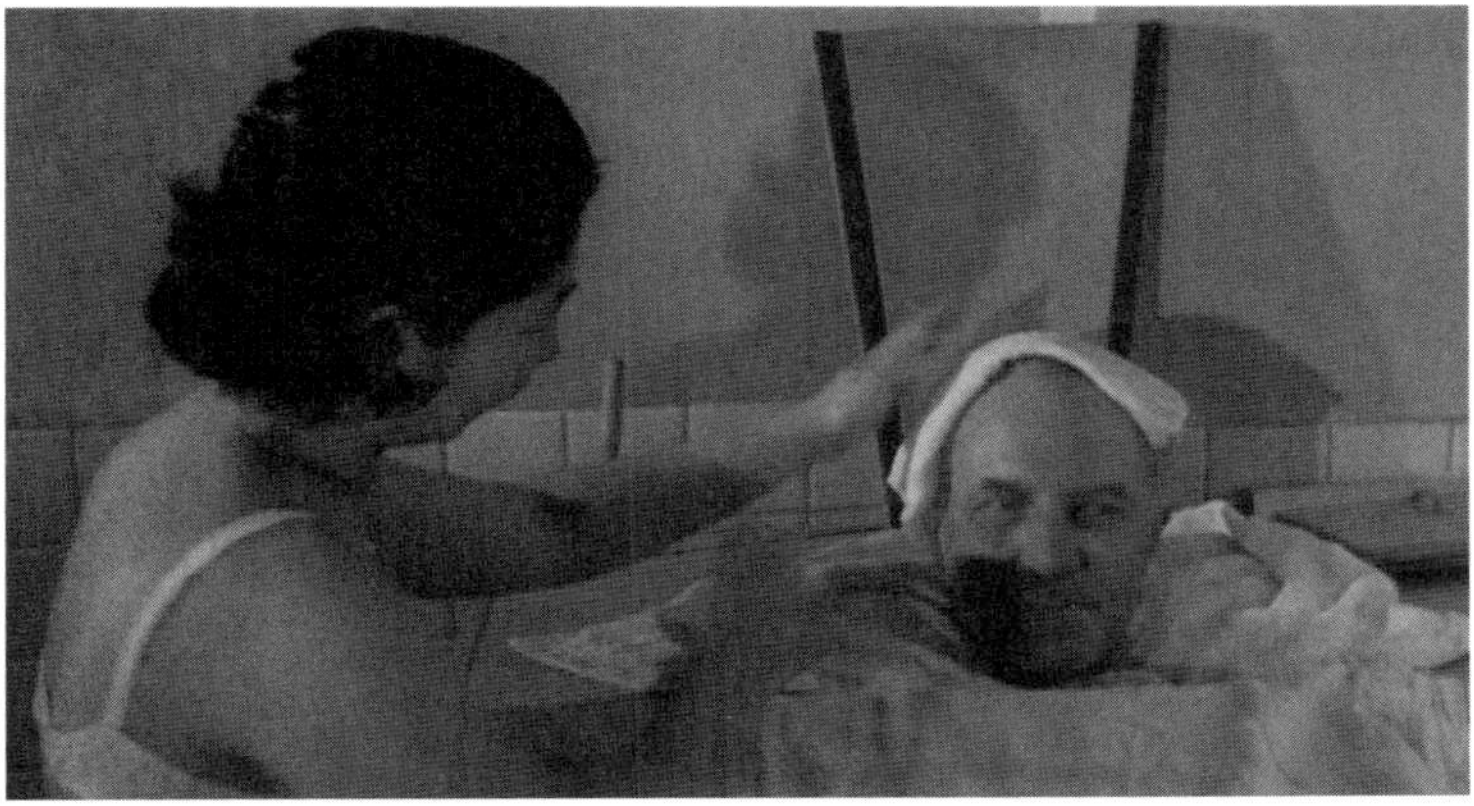

エロの都・TOKYO。ドイツの記者は「トルコ風呂」を堪能する（Das Bundesarchiv / Transit Film GmbH）

風呂以外のサービスが主流となったため、ご承知のとおり、現在はこの名称は使われない。

映像を見よう。「トルコ風呂」の内部の撮影を許された、ドイツの取材チーム。カメラは、にこやかに記者を迎えた女性を撮影する。

ブラジャーと短いパンツだけ、裸に近い。ついで、やや緊張気味の記者は、女性にやさしく誘導されて、木製のスチーム風呂を試す。しだいに緊張もほぐれてきたのか、リラックスした表情を見せる。いかにも「トルコ風呂」初体験を満喫しているように見える。

スチーム風呂のあとはベッドに横になり、ビールを飲んだり、女性に丁寧にマッサージをしてもらったり。満面の笑みをたたえ、とろんとした表情。もはやカメラの存在など忘れ、桃源郷でうたた寝をしているかのようだ。ここで、記者がレポート。

「気持ちのよい、そして入念な体のケア。こういったサービスによって心身がほぐれ、解放される。そして、そのあと、想像もつかないような特典もあった」

「トルコ風呂」を出たのちも、記者は夜の歓楽街を取材して回る。

「まぶしく強烈な愉《たの》しみ。一万八〇〇〇のバーとナイトクラブ。選ぶのがたいへんだ。世界でもっとも大きなレビュー劇場も待ち受けている。国際劇場、そして世にも美しいアトミック・ガールズ」

これほどまでに海外から〝評価〟の高い東京の盛り場を、国や東京都のお偉方は、公害や感染症よりもはるかに恥ずかしい汚点だとみなしていたと見える。オリンピックの間、あたかも一切の不道徳な行為が東京には存在しないかのように外国人に信じ込ませようと、ドン・キホーテのような試みが繰り広げられたのだった。

とりわけ、ドイツの記者を喜ばせた「トルコ風呂」こそ、「東京の汚点」の筆頭として当局から目の敵《かたき》にされていた存在だった。当局は「トルコ風呂」を東京から絶滅させるべく、女性議員を総動員して政界にも粘り強く圧力をかけていた。

元民生局婦人部長の中野ツヤは「とにかくトルコ風呂を片付けなければ」と決意し、啓蒙パンフレットを七万五〇〇〇部刷って、ジャーナリズムにも協力を依頼した、と回想している（「婦人部長の憂うつ」）。

「トルコ風呂」をめぐる攻防

結果からいえば、「トルコ風呂」の営業停止を望む民生局婦人部や市川房江《ふさえ》ら女性議員を動員した攻勢は実を結ばなかった。なぜだろう。

どうやら業界の策士が仕掛けた水面下の工作が功を奏したようである。「トルコ風呂」の経営陣もさる者で、取り締まりの強化をにらみ、いち早く自民党副総裁・大野伴睦に泣きつくというカードを切っていたのである。

先に述べたように、大野は、ヤクザの親分衆にもニラみが利くが、警察官僚にも顔が利く。その実力を見込まれ、プロレスのコミッショナーや、パチンコ業界の世話役も務めていた。

業界の懇請《こんせい》を受けて、大野が一肌脱いだ。三月五日付の朝日新聞には、**「トルコぶろ業者が臨時総会」**の見出しが見える。記事によれば、八九軒の業者が加盟する**「東京都トルコ浴場協会」**は、**「名誉会長」**として、**「大野伴睦自民党代議士」**を迎えるとともに、顧問にも自民党代議士二名が就任した。ふたりとも大野派の国会議員である。

「トルコ風呂」が全面的な営業禁止にならなかったのは、守護神・大野の威光のなせるわざだったろう。大野にどこまで〝忖度《そんたく》〟したかわからないが、結局、東京都は「トルコ風呂」の営業停止をあきらめ、「営業時間規制」という線で妥協した。

業者にとっては、形ばかりの自主規制であり、経営にはさほど影響はない。業界団体からは大野派へしかるべき〝御礼〟がなされたことだろう。

警察にねらわれた〝夜〟の店

この年、東京都では、風営法が改正され、規制強化が行われた。改正の主なポイントは、「純喫茶店の営業は午後一一時以降禁止」、もうひとつ、「主に酒を売る飲食店の営業時間は午前〇時まで」だった。

施行当日の八月一日、警視庁は、大規模な一斉取り締まりに踏み切った。翌日の朝日新聞の報道によれば、**「百九十件に現場警告、三十件に始末書を出させた」「新宿が六十八件で一番多く、次いで池袋四十七件、赤坂三十七件」**となっている。

この条例によって、不夜城だった東京から〝夜〟が消えた。

当時、若者向け雑誌『平凡パンチ』（一九六四年創刊）の編集者だった赤木洋一は、**「外面《そとづら》をつくろう浄化作戦だったのだろう。オリンピック後の東京は文字通り灯が消えたように淋《さび》しく、つまらなくなった」**と嘆いている（『平凡パンチ1964』）。

東京から〝夜〟を奪う取り締まりは、飲食店のなかの闇にも及んでいた。

八月一日から、「東京の夜を明るくするため」と称して、「照度の測定方法に関する総理府令の改正」が施行され、深夜飲食店は、午後一一時前は一〇ルクス以上、それ以後は二〇ルクス以上の明るさがなければならないことになったのである。八月二二日、警視庁はふたたび一斉取り締まりを行い、私服警官三五〇人を東京中の盛り場に派遣。この隠密部隊は「ふくろう部隊」と呼ばれ、バーや飲食店を泣かせた。

夜の憩いの場が、昼間のオフィスのように明るければ、客も白けてしまい、商売が成り立たない。いきおい、盛り場では二〇ルクスという改正法の上限を無視して、薄暗い明りのまま営業しているバーが多かった。隠密警官は照度計を懐に忍ばせて、そうしたバーを片端から検挙した。

取り締まりの様子を記録したニュース映像もある。警察官の急襲を受け、店内が急に明るくなる。客はあわてて逃げ出し、従業員はカメラに映らないように顔を隠し、店主は真っ青になって右往左往している。零細業者をいじめているように見えて仕方がない。ほんとうに大人数を動員する必要のある取り締まりなのだろうか。

自衛策を講じるバーも現れた。新宿二丁目の「M」では、店のドアに**「八月一日よりお茶づけを始めます」**という色紙を貼った。電気釜、茶碗、瓶詰めの惣菜《そうざい》も用意。「主に酒を売る飲食店」ではない、ということをアピールしようという作戦である（読売　八・一）。

この店のマダムは、警察の改正点説明会で**「五人のうち三人が酒を飲んでいれば、酒の店」**と聞いてきた。だから五人のうち三人が、お茶漬けを食べれば、それはバーではなくて、お茶漬け屋になるはずだと主張する。苦しまぎれの作戦、警察官に通用したかどうか。

たしかなのは、警察の取り締まりが厳しくなっても、夜遊び族がまっすぐ家に帰るわけではないということだ。深夜喫茶という夜のたまり場を押し出された若者は行き場を失い、深夜映画館で時間をつぶした。ボウリング場も午前二時まで大にぎわいだった。

強圧的な取り締まりへの反感は強かった。ヤミ市の反骨精神を残す新宿ゴールデン街では、**「東京オリンピックに反対する新宿ゴールデン街有志たちによる『NOリンピック大会』」**が企画されたが、メディアには黙殺された（『平凡パンチ１９６４』）。

東京のホステスには、性病検査が押しつけられた。ホステスたちは一斉に怒りの声をあげ、一時は大騒ぎになった。ある銀座のマダムは、**「接客業を即性病と結びつける考え方には不賛成です」「うちには女性が三十人いますけど、みんな大憤慨です」**と証言している（週刊新潮　五・

一一、「ホステス血液検査の恐慌」)。
思い起こされるのは敗戦後、政府機関がダンサーに強要した屈辱的な性病検査である。占領時代の東京には、米軍専用のダンスホールが次々とつくられ、不夜城のごとくにぎわった。客は占領軍の兵士。ダンサーの大半は、焼け跡で食いつめた日本の若い女性。いまでは忘れられているが、ダンサーは性病検査を受ける義務を課せられており、これに納得できない女性が「ダンサー労働組合」を組織して激しい抗議活動を展開した(読売 一九四六・七・四)。

一九六四年、ふたたび外国人の〝襲来〟を予測した当局が、またしても性病検査を強要したのである。接客業の女性への差別的な扱いは、敗戦から一九年をへても変わらない。

戦後ゼロ年、エロに大枚の資金を投じ、欲望都市・東京の進化に貢献したのも権力なら、一九六四年に、エロで栄える歓楽街を恥じ、にわかに道徳の教師に変身、東京の〝夜〟を覆い隠し、すべてなかったことにしようと努めたのも権力である。

東京の闇を嫌い、安物の蛍光灯のような、白々しい〝明るさ〟で街を漂白しようと企てた国と東京都。こうして盛り場は夜一二時以降、戒厳令下の独裁国家のように息を潜めた。

——といってもこれは表向きのことで、オリンピックが終わるまでの偽装だということくらい、警察も承知している。実際は、カネに糸目をつけなければ酒などいくらでも飲めたし、セックスやギャンブル、ヌードショーを楽しむ者はいた。

アメリカ『ニューズウィーク(Newsweek)』誌の記事によれば、「『一〇〇人のはだかスター』と銘打ちながら、**実際には三〇人しか出てこない。失望した客は日劇ミュージックホールへ。そ**

こではおっぱいを出したコーラスガールが並んでいた」(ニューズウィーク　一〇・九)。

白衣の軍人を締め出す

国や東京都がフタをしたかったことは、ゴミ溜めのような河川や、ステテコの庶民や、バキュームカーや、「トルコ風呂」ばかりではない。敗戦の屈辱を思い起こさせる現象も、できれば隠してしまいたかった。しかし、それは、まだ街に残っていた。

たとえば当時、街を歩けば、あるいはバスや電車に乗れば、あるいは神社の門前を過ぎれば、募金にすがる傷痍軍人を見かけることは珍しくなかった。警視庁は、オリンピックを前に傷痍軍人の募金活動も取り締まった。

『週刊朝日』(一〇・九)には、その顛末が報じられている。「白衣の募金を締出し」という見出し。記事によれば、「警察庁は傷痍軍人たちの街頭・車内募金を強く取締まることに決めた。オリンピックがはじまるというのにみっともない、というのが理由である」。

「さて、どうやって取締まるか。警察庁法令集で研究した末、軽犯罪法の『こじき行為』、道交法の『道路不法占有』、車内の場合は鉄道営業法の『無許可の寄付要求』を適用することにした。さらに神社なら住居侵入」

警察がその気なら、いかようにも取り締まることができる。そのこともおそろしいが、何より衝撃的なのは、戦争の犠牲者を「みっともない」「こじき」とみなしたという事実である。

日本が世界の訪問者に何を見せたかったのか、そして何を隠したかったのか、国家が勝手に決めた判断基準から、かえって東京の素顔があらわになる。

しかし、懸命に先進国を演じようとして必死になっていた日本のふるまいは、海外からは、かえって滑稽《こっけい》とも不合理ともつかないグロテスクなものに映っていた。いまにしてみれば、当時の東京の見栄の張り方から、経済成長の御利益を信じて奮闘する、日本人の貧弱な世界認識、欧米先進国に対するいびつな劣等感が見えてくる。

五輪に無関心だった国民

国や東京都は、オリンピックの年、メディアと国民を総動員するいきおいでＰＲに血道を上げていたが、オリンピックが間近になっても、大衆の反応は冷ややかだった。

六月に行われたＮＨＫ世論調査では、「**あなたは近頃どんなことにいちばん関心をもっていらっしゃいますか**」という質問を行った（日本放送協会放送世論調査所『東京オリンピック』）。「オリンピック」と答えたひとは東京で二・二パーセント。一〇〇人中、わずかふたりである。ちなみに、「**オリンピックを開くのにたくさんの費用をかけるくらいなら、今の日本でしなければならないことはたくさんあるはずだ**」という質問に五九パーセントが賛成していた。

オリンピック直前の一〇月初旬でも、五七パーセントが「**オリンピックは結構だがわたしには別になんの関係もない**」と無関心を隠さない。

政府は、人びとの生活の向上を後回しにして、オリンピックだけにカネをかけている、と批判が集まっていた。多くの国民がオリンピックをめぐる過剰なＰＲを他人事のように眺めていた。

そもそも東京大会を発案したのは、国威発揚のために五輪を利用しようと考えた戦前の官僚、あるいはその後継者なのであって、大衆が戦後みずから求めたイベントというわけではない。むろん、オリンピックに好奇心を持っていたひと、スポーツの愛好者として楽しみにしていたひとも多かっただろう。かといって、それが自分たちの生活に何か切実な意味を持つという実感は乏しかったのではないか。

東京でリアルに実感できるのは、何よりもまず、すさまじい工事が四年間も続き、東京中が掘り返され、埃と騒音でおかしくなりそうになったことであり、切実な意味を持つことといえば、性懲りもなく五輪マネーの利権に群がる土建業者、道路公団の職員、都議や都庁の役人が二〇〇〇件もの汚職事件を引き起こし、税金を食い物にしたという事実である。

二度目の東京大会を前にして、洪水のように垂れ流された「一九六四年、国民一丸となってオリンピックに邁進《まいしん》した」というイメージは、あとからつくられた神話である。

臭いモノにはフタをしろ！――一九六四年の東京、あるいは高度成長期の実像は、文字どおり洗浄され、漂白され、つまり政府や当局にとって都合の悪いイメージは一切排除されて、驚くほどリアリティを失ったのだ。

第四章
虚妄のホワイトカラー

1 中流幻想

俺たちはな、百姓・町人さ。
サラリーマンなんて聞こえはいいが、
要するに一生ウダツの上がらない虫けらさ。
——桔梗敬一（映画『黒い超特急』、一九六四）

〝上げ底〟の階級

大企業のサラリーマン、ないしはホワイトカラーのイメージは、この五六年間に暴落して、「会社人間」だの「社畜」だの、悪意に満ちたレッテルを貼られている。

しかしながら一九六四年の時点では、ホワイトカラーこそ、一般には、「あこがれの職業」とみなされていた。ブルーカラーや一次産業従事者と比べれば収入が高く、電化製品をそろえた団地や社宅で暮らし、レジャーを楽しむ休日もある。終身雇用に守られ、昇給も制度化されている。日雇いの労働者からすれば、一種の特権階級に見えたに違いない。

高度成長期といえば、労働者の大多数をホワイトカラーが占め、終身雇用があまねく浸透していた、というような思い込みがあるが、一九六四年に限るなら、それは違っている。ホワイトカラーは、まだそれほど多くはなかったのである。

内閣官房内閣調査室の報告（一九六二）では「ホワイトカラーは、一般的に新中間層と呼ばれる」とされ、その割合を全職業の二四パーセントと算出している（「最近における都市大衆の動向」）。一九六四年に刊行された書籍『日本のホワイトカラー』（林知己夫《ちきお》ほか）の統計調査でも、ホワイトカラーは労働者の二一パーセント程度を占めるにすぎない。

とはいえ、ホワイトカラーが消費文化の原動力だったがゆえに、かれらの懐をあてにして商品が企画され、ローンが組まれ、広告がつくられた。ホワイトカラーのライフスタイルや価値観が、消費社会を牽引《けんいん》していったのはたしかだろう。

内閣調査室の分類にしたがい、ホワイトカラーを「新中間層」と定義すれば、大金持ちと貧しい庶民の「中間」、すなわち「中流」ということになる。

昭和初期の中流家庭では、月収がおよそ二〇〇円だった。これを一九六四年のレートに換算すれば、低く見積もっても、最低一〇万円の収入が必要になる。しかし、月収一〇万円というのは、六四年の都市勤労者世帯でいえば、わずか六パーセントである。

仮に戦前の水準を適用するなら、一九六四年のホワイトカラーは、およそ中流にはほど遠い。

「［ホワイトカラーの場合］とかく自分を中流と判定しやすいが、経済的にはいまでは職人などより低いことがしばしばだし、勤め先ではどちらかというといつも上から命令を受けるだけで発言力や立場も案外弱い。そのうえ、仲間同士の競争の激化とあいまって、日ごろ不安が絶えず、中流とはいいながら、内面はきわめてお寒い」（日経　八・一二）

この時代の経済学者で東大総長も務めた大河内《おおこうち》一男は、「新中間層」の正体について、次のように考察している。

「いまの日本で出来つつある中産階級の主体は、実は大企業に働くホワイト・カラーなのである。大企業のひさしの下で生涯雇用を保障された人々であり、今後企業が巨大化し独占度を増すにつれて、こういう層がますます増えていくことは疑いない」（週刊朝日 一・三、「国栄えて貧乏残るか？」）

しかしながら、「この人々は決して独立自営の中産階級ではなく、大企業に雇われた『お雇い中産階級』なのである」。

ということは、中産階級が豊かになっていくとしても、かれらを支えるために、「いつまでもその中産階級に仲間入りできぬ日陰の層を残していくことを意味する。二重構造の底辺といわれる部分で、多少の下級サラリーマンや現場労働者の中では臨時工、社外工、中小企業や下請工場の労働者がそれである」。

ここで「二重構造」というのは、終身雇用に守られ、近代的な企業福祉の恩恵を受けることができる大企業の世界と、そこから排除された中小零細企業の世界が、ひとつの経済社会に並存しているという意味である。

「所得倍増」のかけ声が、欲望をかきたてる。折しも、借金してでも耐久消費財を買い込む消費ブームの真っ最中。しかし、二七〇〇万人の労働者のうち、労働組合に組織されているのはそのうちのわずか三六パーセントであり、残り六四パーセントは未組織である。その六四パーセントは、中小企業や零細企業に働く労働者がほとんどで、退職金も福利厚生の恩恵も受けられない。

大河内によれば、こうした企業福祉の埒外《らちがい》にある下積みの労働者が大量に存在することではじめて高度成長が可能になったのだという。しかし「この底辺部分の階層には、中産階級によじのぼるステップがない。というより、逆に彼らが大企業のホワイト・カラーを中産階級に押上げ、ふくらませる足場を提供しているわけである」。

「新中間層」とは、経済成長を支える労働者によって押し上げられた、いわば「上げ底の階級」なのである。そこに大きなひずみが生まれる。当時のメディアや政府白書のたぐいが、ホワイトカラーを「中流」と持ち上げたのは、ある種の作為ではなかったか。

もちろん、この時代、企業の正社員であれば、まず恵まれているといわねばならないだろう。しかし、ゆとりある暮らしを満喫できるとはいいがたい。何より、かれらが暮らしている住み家を見ればよい。「中流」などと称するのは、不相応であることがはっきりわかる。

騒音に耐え、排気ガスで喘息になり、大量のし尿とゴミにまみれ、鼻が曲がるような悪臭に耐えて暮らしていた大衆がもっとも切実に夢見ていたことはなんだろうか。

それは、まともな住宅で暮らすことだ。しかし、それこそが、もっとも実現困難な夢だった。

団地暮らし――一〇〇人に三人の〝幸福〟

多くの人びとが、なぜこのころ、団地暮らしに熱烈にあこがれたのか。

老朽化した団地がめずらしくないいまとなっては、想像するのは難しい。だが、その理由は、第一に狭くて粗末な木造アパートから脱出したかったからだろう。一九六五年の国勢調査によれば、借家の一人当たり畳数はわずか三・五畳だった。

次に、団地暮らしに、大衆の夢だったアメリカのライフスタイルを投影していたからである。たとえ2DKといえども、そこにはキッチン、水洗便所、風呂が完備されている。郊外に広々とした一軒家を構えるアメリカ人から見れば、2DKのアパートなどあまりにも狭苦し過ぎて、どこがアメリカンなのか、首をひねるかもしれない。

けれども、一九六四年の東京で暮らす日本人にとって、団地暮らしは、共同の汲みとり便所、風呂なし、六畳一間に家族がごろ寝するアパートの暮らしに比べれば、はるかに輝いて見えた。たとえ、それが錯覚だったにしても、団地に引っ越して、朝トーストをかじった瞬間に、「世界一の文明国」アメリカの暮らしに一歩近づいたように思えたのだ。

日本で団地が大量に建設されはじめるのは、一九五五年の日本住宅公団の設立以降のこと。六四年の段階で発足から一〇年、総計およそ一五万戸が建設されていた。世帯主の平均年齢は三〇代前半、住人の典型は四人の核家族である。あこがれの的ゆえ、競争も激しい。誰もが簡単に入居できたわけではない。

団地暮らしに夢を描く人びとを追った、興味深い映像が残されていた(NHK現代の映像『33・3分の1　その幸運な入居者たちの物語』)。

入居抽選会。宝くじの抽選会会場そっくりの雰囲気だが、参加者の表情はけわしい。祈るようでもあり、不安におびえているようでもある。数字を刻んだ、ビリヤードの玉のようなボールが無作為に選ばれて、抽選がはじまった。

「当選、一三〇番!　一三〇番」

当たりに気づいた若いカップルが、素《す》っ頓狂《とんきょう》な声をあげる。ようやくつかんだ幸運に、ふたりとも興奮を隠せない。

当たりくじを引いて、団地への入居が許されるのは、平均すれば、一〇〇人に三人程度。残りの九七人は劣悪な木造アパートに耐え、次の抽選会に夢をつなぐほかない。

カメラは、抽選に当たったサラリーマンSさんの家族を追う。五年も前から申し込みをはじめ、二五回目の挑戦で幸運を引き当てた。当選までの五年間、家族四人が練馬にあるアパートの四畳半一間で辛抱した。風呂もトイレも共有。新婚のころはガマンできても、子どもが二人も生まれてみれば、「狭いながらも楽しいわが家」などとしゃれる気分も消え失せる。欧米の基準でいえば、スラムに等しいあばら家である。

それに比べれば、新居は三倍の広さだ。六畳二間に四畳半、それにダイニングキッチンの3DK。汲みとり便所ともお別れ。引っ越しの日が来て、Sさんは、小さなユニットバスの風呂桶《おけ》をいそいそと新居に運ぶ。さっそく子どもたちを風呂に入れた。

自分の家に風呂がある――。Sさんは新鮮な感動を覚え、しばし陶然《とうぜん》とする。

映像は、翌朝の団地を映し出す。都心までの遠距離通勤がはじまった。殺人的ラッシュということばは大げさではない。せっかく団地に入居したのに、通勤が過労となって体調を崩し、なかには亡くなったひとさえいる。

さらに重荷になってくるのは、お金のやりくりだ。家賃が四五〇〇円から一万二〇〇〇円に上がった。いざ当選してみれば、今度ははてしなく生活の心配に追われることになる。

理不尽な住宅格差

当時の住宅難がいかに厳しかったか、おびただしい証言が残されている。

並々ならぬ苦労を経験したひとが多いゆえ、政府の無策をつく筆鋒《ひっぽう》は鋭く、憤懣《ふんまん》を隠せない。

映画評論家の佐藤忠男も一九六四年、住宅の貧困をめぐる体験記を雑誌に書き残していた。

「私は、政府が作る住宅というものは、スラムなどを取っ払って、低所得層の人々に提供するものだと、ばくぜんと思い込んでいた」（文藝春秋　七月号、「バス・トイレ付きへの夢」）

しかし、四畳半での狭いアパート暮らしに消耗した佐藤が、団地の抽選会に足を運んでまず驚いたのは、入居基準の厳しさだった。

「団地に入るには、家賃の五倍、つまり三万円とか四万円とかいう月収がなければ資格がないのだと知ってびっくりした。なんてこった、日本の政府が作らせている住宅は、お金がないために住宅に困っている人たちのためのものではなくて、収入は相当にあるが、それにふさわしい住宅がなくて困っている人たちのものなのだ」

ホワイトカラー程度の給料がなければ、審査ではねられる。低所得層は、実質的には団地から排除されていたのである。つまり、団地とは、貧しい民を切り捨てて、中流階級のために用意された住み家だったのだ。

イタリア映画を見ても、フランス映画を見ても、貧しい主人公の家族は、公営住宅に住んでいるではないか。もともと公営住宅は、低所得者の暮らしを助けるもの。日本ではなぜそれができないのか。

「公団としては家賃を滞納されるのがなによりこわいのだというが、冗談じゃない、二万五千円の収入の中から七千円の家賃を払っている人が、なんで、その五倍も六倍も良いところに住んで六千円の家賃を払わなくなるのか。どだい貧乏人をバカにしている」

「入居資格なんてもので低所得層をしめ出しておいて、なにが住宅政策か」

第二次大戦後、ヨーロッパでは大規模な公営住宅の建設が進んだが、基本的には低所得層のための住宅であり、そこが日本とは大いに異なる。欧米の公営住宅事業は、福祉政策だが、日本では、むしろ経済政策なのである。

「もちろん、公団住宅の入居資格以下の人たちのために、都営住宅があり母子寮があることは私も知っている。しかし公団住宅のめざましい拡張発展に較《くら》べて、それは全く微々たるものだ」

たしかにそのとおりで、数少ない都営住宅への入居を求める貧しい庶民の弱みにつけ込んで都庁の役人が賄賂を強要した汚職事件も、この年の出来事だった。

「私がいま住んでいるアパートの近所にも、もう、ほんとにいつ崩れてしまうかと思われるような古ぼけたアパートがあり、そこでも四畳半ぐらいの部屋々々に、夫婦親子何人かずつは住んでいるようだ」「そこでも部屋代は数千円はするだろう。ところが、すぐその近くに高級官吏だけの公務員アパートがずらりと並んでおり、鉄筋コンクリート、六畳四畳半ダイニングキッチンにバス・トイレ付きで、家賃は千円前後という」

貧しい者が高い家賃を払って、劣悪な住宅に住んでいる。一方、高給取りが嘘のような安い家賃で、都心の真ん中の瀟洒《しょうしゃ》なアパートに住んでいる。

「家賃はただの八百円。ところがそこに住んでいるのは本省の部長局長クラスに限られている」

佐藤は「東京という街の実態」に勘付《かんづ》いた。おそまきながら。

月給五万円の者は、「八百円で三部屋とバス・トイレ付きのコンクリート・アパート」に住んでいる。一方、「月給二万円の者は六千円払って便所の匂いのただよう六畳一間に住む。そして、赤ん坊が生まれたら出て行って下さいと言われ、親でもいれば夫婦生活もできない」。

格差と貧困は単に収入の差ではない。人間の運命を根本から変える。

政府は中小企業の初任給の水準が上昇したことを理由に、「日本経済の二重構造は解消の方向に向かいつつある」などといっているが、「［中小企業には］とても大企業なみに、公団アパート級の住宅を千五百円ぐらいの家賃で貸す力はない。コンクリート・アパートに住めるチャンスを得た人間と、そうでない人間の格差。これは万単位で計算される給料格差である」。

最後に佐藤が書きつけた希望は、つつましいものだ。

「［住宅だけは］世界の常識どおり、団地族などという特定の中級階層のものではなくなってもらいたい」

その願いが実現することはなかった。

「百姓成金」を罵倒したレポーター

高度成長下の東京では、おそろしい勢いで人口が増えていた。公団住宅の建設を急がなくては、都市の機能がパンクしてしまう。ところが、おいそれと巨大な団地を立地できるような安価な土地が都心には残されていない。

しかも都心の地価はすさまじい勢いでさらに高騰《こうとう》しており、仮にそんなところへ団地を作っても、家賃が高くなり過ぎて採算がとれない。いきおい、団地は土地の安い遠隔地につくられるようになり、日々の通勤は刑罰のような責め苦となっていく。

一方、都心の土地はウマ味のある投機の対象となり、大資本が殺到、特権階級が買い占め、黒幕が転売して、得体の知れないモンスターに変貌した。土地神話のはじまりである。

東京の土地は永遠に値上がりする——。

このゆるぎなき信仰が二〇年後、バブル経済の元凶になる。

郊外に公団住宅が増えるにつれて、土地の高騰も近郊まで拡大していく。そうなると、団地はますます遠隔地につくられる。こうしてどこまでも悪夢のサイクルが続く。もはや庶民にとって、都心にマイホームを持つ夢など、ただの妄想となった。

虚々実々のゴシップ記事が週刊誌をにぎわせる。東京近郊の農地が急騰し、目もくらむような高値がついた。一夜で土地成金となった農家の子弟が遊興《ゆうきょう》に耽っている。地主には、都民の殺気立った視線が注がれる。「土地」「住宅」ということばが話題に上ると、老若男女、目つきが変わり、殺伐とした空気が流れるようになる。

一九六四年、テレビでレポーターに起用された地理学者が、大枚をつかんだ土地成金を取材し、近郊の農民を「百姓」呼ばわりした（NHK日本の素顔『東京農民』）。

「［都心から］近いところは、百姓が手放さない」

その口調に怒りがこもるのを隠せない。世の中のギスギスした空気がレポートに乗り移っているのが、ひしひしと感じられる。しかし土地神話の時代、地主や近郊農民をめぐる悪意は、長くメディアの格好のネタとなっていた。レポートの一部を採録する。

「土地というものは、ご承知のとおり、ここ数年たいへんな値上がりを見せております」「月給が二倍になったときは、地価が一〇倍」「［土地も家も］永久に高嶺《たかね》の花であります」

たしかに当時、土地の値上がりを待って売り惜しみをする地主が増えていた。三〇〇〇万坪の農地目がけて、都心から現ナマを抱えたデベロッパーが殺到する。土地成金となった地主は、「ももくり三年、土地一年。現代版花咲かじいさん」と揶揄《やゆ》される。

「土地政策の無策、ずさんさの犠牲者は庶民です。一部の地主が恩恵を得るのは、非常に不平等であります」

東京近郊。ある農家の家族会議の映像が強烈な印象を残す。すでに土地の一部を売り、大金を得た父親が子どもたちを集め、ちゃぶ台の上に札束を積み上げる。「これがカネなんだよな」という父親。よく撮影させてくれたものだ。

父親は、おもむろにカネを子どもたちに分配する。カネの使い道について、めいめい勝手なことをいう息子と娘ふたり。雲行きがあやしい。残りの土地を売るべきかどうか、子どもたちに相談する父親。先祖代々の土地ではあるが、子どもたちが農家を継ぐ意思がないのなら売るしかない、という。娘が口火を切る。

「女のひとが大変じゃない？　農家っていったって、男のひとはいいけどさ。結局、犠牲になるのは女性よ」

もうひとりの娘はこういって笑う。「お金が入れば、やりたいことやらせてもらえる」

話し合いの場で出た、農家からアパート経営に鞍替《くら》えするというプランに、息子は懐疑的だ。

「土地売って貸家で稼ぐってのは、たいへんらしいぞ。やっていけるのか」

最後に、父親が重々しいひとこと。「カネなんか持ってても、どんどん減るんだぞ」

囲われた「専業主婦」

抽選に当たって団地暮らしを実現できたとしても、長距離通勤を強いられ、ローンに追われ、会社では、はてしなく残業が続く。

厚労省の資料によれば、二〇一八年の労働時間は一人当たり年間一七〇六時間であるが、一九六四年は、およそ二三五〇時間である。年間の労働時間は、六〇〇時間も長かった。いまならブラック企業なみの労働条件も、当時はおおっぴらに放置されていた。

当時の日本は、ＩＬＯ（国際労働機関）から、劣悪な労働条件の改善を何度も勧告されていた。しかし、口先だけのポーズは別として、しかるべき措置がとられた形跡はない。政府も財界も、先進国並みの労働条件など、経済成長の邪魔になるだけとみなしていたフシがある。

労働力を経済成長に総動員するために、企業社会の仕組みが出来上がる。会社は〝参謀本部〟のごとく号令を発し、社員を日夜ビジネスの〝前線〟に送り込む。「企業戦士」と呼ばれる夫が深夜まで残業し、会社に忠誠をつくす。

そして、団地やニュータウンが存在する郊外という生活空間は、いわば企業戦士のために大量生産された巨大な〝兵舎〟だった。その〝兵舎〟で暮らし、〝銃後の守り〟、すなわち家事労働や子育ての一切を任されたのが、「専業主婦」である。

専業主婦は、いわば企業社会に組み込まれた後方支援の〝兵士〟であって、そこで要請されるのは、内助の功ばかりではなく、子どもを受験戦争に駆り立て、一流大学、一流企業に送り込み、新たな企業戦士に育て上げる〝使命〟だった。

四月二〇日午後、東京の代々木にある予備校では、千駄ヶ谷の東京体育館を借り切って、約一万人の入学式を行った。予備校は、当時、異常なほどマンモス化していた。この年、大学卒はまだ一〇パーセントに過ぎない。

サラリーマンが自分の子どもに望んだのは、有名大学を出て、大企業に勤め、モダンな団地で暮らすこと。それが幸せの近道、豊かな人生であると信じるひとは少なくなかった。いかにもそれは、経済成長を大義名分とする、一種の戦時体制だった。

「男は外で仕事にいそしみ、女は家庭を守る」とする性別役割分業が急速に広がっていく。やがて企業社会の価値観が日本を覆いつくすようになると、それがあたりまえのようにみなされた。

企業は、性別役割分業を組み込んで給与体系を構築し、政府もその制度をサポートした。一九六一年には、配偶者控除制度がはじまっており、六二年には、中学校の教科、職業・家庭科が廃止され、女子が家庭科、男子が技術科となっていた。男女の役割分担が、制度のうえでも強化されていった。

企業社会が男女差別を拡大させた

専業主婦が企業社会のシステムに組み込まれていったころ、会社で働く女性も増えていた。一九六四年、働く女性は、日本全体ですでに八〇〇万人を超えていた。当時、労働者の総数は二七〇〇万人だったから、およそ三分の一は女性だったことになる。しかも、その数は、毎年五〇万人ずつ増えていた。

だが、「民主主義＝男女平等」というのは建前に過ぎず、女性は大学を出ても就職で差別され、たとえ就職できたとしても賃金や昇進で差別された。女性は、社会へ出て多様な仕事をする選択肢を奪われ、主婦には、非正規、低賃金、単純作業のパートの仕事しか与えられなかった。同じ仕事でも男性より給料ははるかに安く、いまでいうセクハラ、パワハラは日常茶飯事。勤続年数が増えると、陰に陽にプレッシャーをかけて追い出した。

たとえば、いわゆる寿退社を強要する。ある会社では、女性は結婚すれば退職しなければならない規則になっていた。結婚しても会社を辞める意思がなければ、仕事のきつい部署に配置転換するなどの、いやがらせをする。

読売新聞に、ある商社の女性社員の証言が掲載されている。

「**仕事の上で男性にひけをとるまいと歯をくいしばって来たんですが、やっぱりだめでした**」（読売　六・一六）。求められているのは、職場の花であり、社員の花嫁候補であること。

「〝かわいい女〟であることが、ますます露骨に要求されるようになってきたのです」

この記事のなかで、女性の労働実態にくわしい専門家は「女性は単純労働者として、低い賃金でクギづけしようとする考え方が強まってきている」と指摘している。

大企業でも、終身雇用、年功序列の仕組みは、男性社員には適用されているが、女性社員は実質的にはその埒外に置かれていた。

賃金差別もはなはだしい。ある企業の職能給では、男子の大卒が入社一年後にもらえる額を、女子の高卒の場合は三〇年かからないともらえない仕組みになっていた（同前）。

一九六二年、男子の平均賃金は三万五〇〇〇円、女子は一万六〇〇〇円。男性の平均を一〇〇としたとき、女性は四五に過ぎない。イギリスの『タイムズ』紙は、「日本国憲法の保障する男女同権は、日本ではただの蜃気楼《しんきろう》である」と論評した（タイムズ　六・一五）。

多くの企業で、女性は学歴や仕事の内容に関係なく、最低のランクに入れられていた。誰であれ女性であれば、オフィスでお茶汲みをさせられ、たばこを買いに走らされる。男性社員は、男女格差を当然のこととして、疑いさえしなかった。

大企業の女性社員の日常を記録したドキュメンタリーには、「女の人の仕事は補助作業」と称して、あらゆる瑣末《さまつ》な用事を一手に押しつけられている、ある社員のインタビューが残されている。

「お茶汲みに行ったり使い走りさせられたりするのも、あなたの仕事の一部ですよということでさ、あなたの賃金から何から決められていると、正面切っていえば、そういうふうにいわれる」

（NHK現代の記録『BGの周辺』）

たとえ理不尽なことがあっても、まずはガマンするしかない。

「いろいろなことをいいたくても怖くていえないいって。それから『扱いにくい』ってことも聞くわよ」「あとあと［会社に］**くる女の人のためには平等でありたいっていうことは望みますよ。わたしたちが少しでもそういう点で進出していけば、あとあとのためによくなるってことは考えるわね」**

「サラリーガールの心得」という新聞記事を見つけた。筆者は、会社に勤めた経験を持つ女性の評論家である。**「この春から初めてお勤めする女性のため、これだけはぜひ守っていただきたい心得の五か条」**と銘打たれ、職場で男性とのトラブルを回避するためのこまごまとした〝知恵〟が紹介されている（読売　三・七）。

だが読み進むにつれ、暗澹《あんたん》としてくる。要するに、自分のほんとうの感情を押し殺し、職場の空気を読み、文句をいわれないよう男性社員を立てて、なにごとも見て見ぬふりをしておくのが賢明だというのである。結論はこうだ。

「すぐれたロボットになる心がけで仕事に向かうことが、現代サラリーガールの生き方ではないでしょうか」（同前）

男が支配する企業社会では、女は人間であることをあきらめ、ひたすらロボットに徹したほうがいい、そのほうが結局得なのだという主張である。経済優先の総力戦のなかで、企業社会がつくり出した差別を乗り越えるのは、至難の業だ。絶望的になるのも当然だろう。

経済成長は女性を差別し、搾取し、その人生を犠牲にすることで推進されたのである。

2 少年犯罪

今日の日本で、多数の青少年を非行に追いこんでいるものは何か。その犯人として起訴さるべきもののなかから、マスコミを逸することはできないが、もっと兇悪な犯人、主犯と目さるべきものがほかにいる。それは今日の政治であり、政党であり、政治家である。

——大宅壮一「われわれはもっと驚こう」

都民の平均年齢は二九歳

世界一の高齢化社会で暮らすわたしたちが、もしも一九六四年の東京の繁華街に迷い込んだとしたら、何よりもまず、東京の若さに驚かされるに違いない。当時、都民の平均年齢は二九歳。どこへ行っても若者にあふれていた。二〇二〇年に比べ、一六歳も若い。街には若者の欲望とエネルギーが渦巻き、すさまじい混乱が生まれていた。

銀座の表通りには、五月ごろから、アメリカ風のファッションをまとう一〇代の若者が大量に現れた。たまり場は、天皇の行幸にちなんで命名された、みゆき通り。メディアはかれらを「みゆき族」と名づけた。

オリンピックに向けて「浄化作戦」がエスカレートしていた八月、銀座の商店主から警察に通報があった。みゆき通りに場違いな若者たちが増えて困っている。商売の邪魔になる。なんとかしてほしいという。

戦後、日本の若者がどのようにアメリカ文化を受容してきたかを考察した、アメリカのファッション・ジャーナリストのW・デーヴィッド・マークス。かれは、その著作を一九六四年に東京に出現した、「みゆき族」のスケッチから始めている。

「襟を留める風変わりなボタンがついた、しわがある厚い布地のシャツ、胸の高いところに余分な3つめのボタンがついたジャケット、派手なマドラスやタータンのチェックで、うしろに奇妙なストラップがついたつんつるてんのチノパンツないしはショーツに、膝まである黒のロングソックスと、凝った穴飾りがついた靴という出で立ちの少年たちだった。10代の彼らは髪の毛を正確な七三分けにしていた——これは電気のヘアドライヤーを使わなければできない芸当だ」(『AMETORA』)

かれらは、「フーテンバッグ」と呼ばれるズタ袋のような布製の袋を持ち歩き、みずからのスタイルを「アイビー」と称していた。多いときには、二〇〇〇人もの若者が、こうした風体でウロついていたという。

映像で見る限り、「みゆき族」はいかにも育ちがよさそうで、どちらかといえば無害、悪質な犯罪とは無縁に見える。大半は、東京で生まれ育った裕福な家庭の高校生だった。いわば良家の子女で、ブルジョワ学校の生徒が多い。そうでなくては、親からくすねた小遣いでファッショナブルな服を買うことなどできまい。

といっても、高価なVANのブランドものにはおいそれとは手が出ず、若者の多くが亜流でアイビーを装っていたらしい。「みゆき族」のいでたちは、いわばアメリカのファッションをお手本にし、若者がアレンジしたアイビー風のスタイルと見ていい（くろすとしゆき『アイビーの時代』）。「みゆき族」の若者がポケットにねじ込んでいた雑誌が、一九六四年に創刊された『平凡パンチ』。クルマ・セックス・ファッションの三題噺《ばなし》を前面に出して、一世を風靡した。

創刊号には、**「ポルシェ九〇四」「ホワイト・カラー心得」「『プレイボーイ・クラブ』を東京に」**などの文字が躍っている。グラビアは当時売り出し中の加賀まりこ、二一歳。加賀はこの年、『月曜日のユカ』（監督・中平康《こう》）、『乾いた花』（監督・篠田正浩）などの映画に主演。おしゃれで生意気な新人女優、新しいライフスタイルの旗手だ。

雑誌や週刊誌は格好の風俗ネタとして、競って「みゆき族」を取り上げた。ただ、いまの感覚で見ているせいだろうか、後年の暴走族やヤンキー、あるいは原宿のタケノコ族のようなインパクトは感じられない。要するに、裕福な若者が思い思いにおしゃれをして、街をウロウロしただけだったのではないだろうか。

しかし当時のマスコミは、「みゆき族」を軽佻浮薄《けいちょうふはく》な服装をした反抗的な若者とみなし、「日本の恥」と決めつけ、徹底的にバッシングした。マスコミだけではない。学校やＰＴＡがこぞって、「みゆき族」を非難・叱責したのである。

警察は何を怖れていたのか

一九六四年九月一二日土曜日の夜。「みゆき族」を、非行の温床と考えていた警視庁は一〇人の私服刑事を投入、「東京浄化作戦」の一環として一斉補導に踏み切った。その様子を隠し撮りした映像が、アーカイブに残されていた。刑事に腕をつかまれた「みゆき族」の少女と、こわもての刑事とのやりとりが記録されている（都映協『青少年の非行化と大人の責任』）。

刑事（面倒くさそうに）「一緒に行こう」

少女「これから用事がある！」

刑事が威嚇《いかく》する。「用があったら、ああいうところに立っていないの！　立っているとね、交通妨害になる」

女性の取締官は、少女のグループに説教している。「道路の真ん中でパーティー券の販売はいちばんいけない」

少女が叫んでいる。「あたしたち、酔っぱらってないわよ！」

女性の取締官「奇抜な恰好っていうのはね［よくない］。［学生なら］学習でしょ！」

少女「だけどなんでそんなこと聞くんですか……わたし、悪いことしてないわよ」

少年たちも刑事のいうことを聞いて、護送車へ向かう。

二〇〇人の若者たちが拘束され、うち八五人が留置場送りになった。翌週も取り締まりが強行された。街をぶらついていただけの若者に対して、いかにも過剰な取り締まりという感がぬぐえない。

いったいなぜ「みゆき族」がそこまで目の敵にされなければならないのか。だが一九六四年という時代のリアルに親しめば、いくらか事情が呑み込める。

わたし、悪いことしてないわよ。強引な取り締まりに少女は抗う（資料映像バンク）

三つの答えが見つかる。第一に、「みゆき族」は学生服を着ていない。いまでは信じがたいが、ふつうの高校生には、「学生服以外の服を着て自由に銀座を歩いてもよい」という感覚さえなかったのである。

第二に、男性がおしゃれをすること自体が既成の秩序への挑戦とみなされた。刑事は、連行した少年のひとりが「おんな言葉」で、「グニャグニャしてる連中」と毒づいた（朝日　九・一三）。

三つ目の理由。実はこれが重要なのかもしれない。それは、「みゆき族」が一〇代の少年少女だったにもかかわらず、すでにいっぱしの消費主体だったことだ。親のスネをかじる学生なのに、勝手に、自由に、個人的な消費を楽しんでいる。選ぶ、買う、モノを見る眼を養う、感受性を洗練させる、目利きになる。国家に殉ずる精神を叩き込まれた戦中派からは、どうしたって軽薄な若者と思われるだろう。

しかし、経済成長と消費は同じコインの表裏であり、むしろ経済成長は、消費を楽しむ価値観やライフスタイルを必要としていたはずだ。なんのてらいもなく消費を楽しむ若者こそ、未来を先取りしていたのである。

とすれば、先行世代にとって「みゆき族」は、自分たちの価値観をおびやかしかねない存在とみなされたのかもしれない。戦中派がたどってきた人生の意味を剝奪《はくだつ》するような、「恐るべき子どもたち」に思えたのではないか。

デーヴィッド・マークスは、こう書いている。

「マスコミがみゆき族を非難したのは、単に不良少年然としていたからではなく、彼らが国家的なプロジェクト［東京オリンピック］の心臓に、短剣を突き刺すような真似をしていたからだった」（『AMETORA』）

いずれにしろ、親の世代とは隔たりの大きい価値観を持つ若者が大量に東京にあふれはじめたことはたしかだ。あるいは、「みゆき族」を目の敵にしていた世間は、すでに何かを予感していたのかもしれない。

この世代が、四年後、大学へ進学したとき、学生運動がにわかに沸騰したのは、おそらく偶然ではないだろう。「みゆき族」は、団塊の世代である。

新宿の「睡眠薬キッズ」

「若者の反逆がはじまった。これまで権威に従順だった若者が伝統的な社会規範や家族のしがらみから逃れようとし、いっときのスリルのために犯罪に走る」（ライフ　九・二一）

一九六四年、アメリカの『ライフ』誌は、丸ごと一冊、日本特集を組んだ。そのなかで、ルポと写真を駆使して、激増する非行少年の実態に迫り、繁栄の時代に違和感を抱く東京の若者たちのリアルな肖像を描こうとした。

特集記事のタイトルは、「若者の反抗（The Young in Rebellion）」。『ライフ』は指摘する。

「日本ではこれまで、古い伝統や権力との絆が強く、若者は従順であり、家族との結びつきは強固だった」「しかしいま、家族や権力から逃亡し、反乱を試みる世代が膨れ上がっている」

かつて一九五〇年代、空前の繁栄を謳歌するアメリカにも、社会が押しつける、型にはまった生き方になじめない、反抗的な若者の一群「ビートニク」が現れ、大きな衝撃を与えた。

それとよく似た現象が一〇年遅れて、一九六四年の東京で起こっているのではないか。『ライフ』が注目したのは、明るい銀座の表通りをゆく「みゆき族」ではなく、深夜の新宿の裏通りを徘徊《はいかい》する一〇代の非行少年たち、**「睡眠薬キッズ」**である。

記者は、新宿・歌舞伎町のジャズ喫茶、「ジャズ・ヴィレッジ」を訪ねた。

「なかは穴蔵のように薄暗く、攻撃的なビート音楽がかん高く響く。少年たちは無表情だ。大学の入学試験に失敗した浪人生もいる、〝ラリってる〟と呼ばれる睡眠薬中毒の若者もいる。人生を夢うつつに過ごそうとし、虚無のなかに閉じこもった少年たちだ」

写真のキャプションを読みながら、衝撃を受けた。一九六四年の東京にこんなに暗くて狂熱的な世界があったとは。

「オールナイトの睡眠薬パーティーがはじまる。リーダーの若者は一八歳。睡眠薬で意識を失っ

た少女が見知らぬ男のひざの上で眠っている。クスリでハイになったのか、床でもだえる若者がいる」

新宿は、当時の東京でもっとも急速に発展した派手な盛り場で、銀座などよりアグレッシブな若者が多かった。

「〝睡眠薬キッズ〟たちは、『ジャズ・ヴィレッジ』のような空間を『ホーム』と呼んでいる。かれらはクスリで、自分たちの人生をすべてどこかへ吹き流そうとしている。夜明けに、少年が下着姿になって、少女と踊りくるう」

少年たちの乱闘を捉えた写真もある。

「朝方、新宿のレストランの外で少年グループの乱闘が起きた。『ウェストサイド・ストーリー』のシーンを思い出させる。中学校を出たばかりで、まだ一〇代のかれらは毎日、懸命に働く。しかし、職を転々とする。なけなしのお金は映画、流行りの洋服、夜遊びに使ってしまう」

生活を立て直そうとして、睡眠薬を断ち、新しい仕事を探している若者もいる。

「僕は働かなくてはならない。そのことをわかっている。こんなことは止めなくてはならない」と打ち明ける。「でも、いくら努力しても前進できない。いつも振り出しに戻っちまう。僕はまたラリってる。申し訳ない」。かれの仲間には、「アメリカのギャングみたいに、抗争を繰り返すヤクザの仲間になる若者たちもいる」。

警察は、予想もつかない少年犯罪の変化に直面している。

「東京では、裕福な家庭の子どもによる犯罪が増えている。つかのまのスリルを味わうために、

衝動的に犯罪に手を出す連中だ」「かれらの姿は、急激な変化を遂げつつある社会によってもたらされる難問を象徴している」

「犯罪白書　昭和40年版」によれば、一九六四年、刑法犯少年（刑法犯として警察に検挙された一四～二〇歳未満の者）が一九万四四二人、特別法犯少年（特別法に規定する犯罪をし、警察に検挙された一四～二〇歳未満の者）が八三万四四六一人、虞《ぐ》犯《はん》少年（将来、犯罪を行うおそれのある二〇歳未満の者）が一三二万三九八一人で、これまでの最高である。

死を選ぶ若者も増えていた。自殺率は欧米の二倍で、しかも若い世代に集中している。経済成長に邁進する社会には、親の世代とは異なった生きづらさ、息苦しさがある。

サリンジャー『ライ麦畑でつかまえて』の主人公ホールデン・コールフィールドのように、いったい何にイライラしているか、何がしたいのか、ことばにできないまま、苦しみを抱え込む若者が東京にも増えていた。親の世代との亀裂が大きくなり、お互い容易には和解できない。

反逆、暴力、犯罪、転落、自殺。衝動に身を任せて生きる非行少年たち。若者を窒息させる、よどんだ空気はどこから来るのか。

一九六四のサカキバラ――忘れられた猟奇事件

かれの名をKJとでもしておこう。みずから「切り裂きジャック（切りサキジャック）」と名乗っていたから。

オリンピックが開幕した、一〇月一〇日。多くの都民はテレビに熱中していた。

夕闇迫る午後四時半ごろ、吉祥寺に住む会社員の長男Y君（八歳）が人影の絶えた市営総合競技場の裏手に無理やり連れ込まれた。あろうことか、性器の周囲を鋭利なナイフで一一センチメートルにわたって刺され、腸が飛び出し、ひん死の重傷を負う。新聞の報道では「下腹部を刺された」とぼかした表現になっているが、精神鑑定書に明らかなとおり、実際には「ペニスの切断」だった。

武蔵野署では、その残忍な手口から、前年三月以来、杉並、練馬、中野などで続発している「変質少年の通り魔」による犯行と断定。警視庁では、警官約二〇〇〇人をオリンピック警備から外して、通り魔続発地区の張り込みにあたらせた。

この年の九月、野方署捜査本部に、犯人とおぼしきKJから九日の消印で「警察への挑戦状」が届いていた。

「私ガヤッタトイウコトガマダ信ジラレナイヨウダ　ダカラ私ハコノ次カラ襲ワレタ者ノ持チ物ヲ送ルツモリダ」「コノ次ニハ、六三四ノ四［武蔵野市］アタリデ活躍スルツモリダ」（秋元波留《はる》夫《お》・風祭元《はじめ》「杉並の『通り魔』事件」、内村祐之《ゆうし》・吉益脩夫《よしますしゅうふ》監修『日本の精神鑑定』所収）

前年の三月からオリンピック開幕の一〇月にいたる一年半、東京の郊外で男児のペニスを切り取る猟奇事件が一一件続発した。被害者は六歳から一四歳の男児だった。幼い子どもを持つ郊外の住民は戦慄し、恐怖に震え上がった。

ようやく事件が解決したのは、一九六四年の暮れのことである。驚くべきことに、犯人は都立高校に通う一六歳の少年だった。新聞はこう報じた。

「ついに通り魔は捕まった」「容疑者は、高校生だった。中学では常にクラスの十番以内」「英語がずば抜けてよくできた秀才型の目立たない生徒だった」「阿佐ヶ谷の屋敷町に住み」「中流以上の家庭でなに不自由なく育ってきた少年」（読売　一二・二七）

九〇年代に社会を震撼させた宮崎勤事件、酒鬼薔薇事件などの異常な事件を連想させる。

ＫＪとは、いかなる少年だったのか。

家庭環境も世間の常識からすれば、申し分なかった。杉並区の持ち家。父親はホワイトカラーの管理職、息子の大学進学を期待し、教育熱心で塾にも通わせた。

精神科医がＫＪを尋問して作成した精神鑑定書によれば、ＫＪはまず通りすがりの被害者を縛って自由を奪い、刃物で性器を切断した。手口はすべて同じで、病的な反復が見られる。

「被告人は学校などのごとく集団生活であって統制の強い場面では協調性を保ち、温順である」

「東京拘置所内の長期間の拘禁生活にあっても、その言動は学校内におけると同じく温順であり、異常性が全く認められない」（「杉並の『通り魔』事件」）

ＫＪは平然と高校生活を続けていたが、事件が新聞に報道され、マスコミの注目を集めるやいなや被害者宅、新聞社、警察などに投書を続け、自分が犯人であることを誇示して相手の反応を楽しんでいた。投書の一例を抜粋する。

警視庁広報課への投書

「私は小学生の下腹部を切った犯人だ。私は変質者ではない、デハ　ナゼ私ガ彼ラニ傷ヲ負ワセ

タカトイウト　ソレハ、杉並警察署員及ビ警視庁ノ刑事タチヲ、アヤツリ人形ノヨウニ私ガ動カスタメダ」「〝日本〟ノ警察ハ良クナイコトヲスル」「アナタ方ハ私ニアヤツラレテ、クタビレロ！　私ハ絶対ニツカマラナイ、私ガ犯人ダトイウ証拠ハ事件ノ詳細ヲ知ッテイル、タトエバ一九六三・七〔中略〕児童ニ傷ヲ負ワセタ個所ハ睾丸デアル、コノ時ハソコヲ半分キリツケタ、ソシテ一九六三・十二、〔中略〕ソノ時ハ全部切リ取ッテヤッタ、私ノ言ウコトガ分ッタカ?!」（同前）

この手紙には右半分に男性裸体の陰部をナイフで切り取っている絵が描かれており、その顔の部分に新聞記事から切り抜いた被害者の顔写真を貼りつけていた。

英語で書かれた脅迫状もあった。精神鑑定書には次のように書かれている。

「被害者の父親宛に、英文で書いた葉書を郵送している。その内容は、当時の吉展ちゃん誘拐事件や埼玉県の女子高校生殺し等で報道された記事をヒントにして書いたもので」「如何《いか》にも脅迫状らしくみせているが、金銭を奪取する意志が始めからなかった」「十月十日、オリンピック開会式の当日、全国民の関心が、オリンピック開会式のテレビ中継にむけられ、また警官の警戒が少ないことなどを考慮した」（同前）

メディアを利用した劇場型の犯罪は、この事件に限らず、そのころ急激に目立ってきていた。前の年にはマスコミに犯行を予告した地下鉄爆破事件（草加次郎事件）が起きた。無差別のテロを予告し、アイドル（吉永小百合）に脅迫状を送って警察を振り回す。やはり前年に起きた凶悪な少年犯罪である小松川女子高校生強姦殺人事件では、犯人の少年は、犯行を捜査本部や新聞社に電話したり、被害者のクシを郵送したりした。

ＫＪの精神鑑定にあたった東大医学部精神医学教室主任の秋元波留夫は、劇場型の犯罪に見られる傾向を次のように論評している。

「［犯人は］犯罪という行為によってはじめて社会と出合うことが出来るということは、実は彼らが犯罪と無縁な状況においては、いかに社会から疎外された存在としての自分を感じ続けていなければならなかったか、ということを示唆するように思われる」

秋元と、ＫＪの一問一答が残されている。

――自分で陰部を切られたらどう思うか。

「いやです」

――どうして？

「いやだからいやです」

――それじゃ他人も嫌だろう。他人には平気なのか。

「はい」

――他人はどうなってもいいのか。

「私とは関係ないから」［中略］

――サディズムって知っているか。

「加虐性淫乱症」

――いつ覚えた。

「高校に入ってから」（同前）

戦後の少年犯罪を俯瞰した宮崎哲弥と藤井誠二の労作『少年をいかに罰するか』でも、この事件と九〇年代の陰惨な猟奇事件の類似性を指摘している。

「ペニス切りで有名になった杉並の連続通り魔ですが、これなどはまさに酒鬼薔薇聖斗の事件と非常に似ているでしょう。肥大した自意識、インフェリオリティ・コンプレックス（劣等感）、異常性欲、劇場型、メディア誘起型……と『現代的』とされている犯罪の特質がすべて出揃《そろ》っている」

「犯罪白書　昭和39年版」は、ローティーンの非行増大、すなわち非行年齢の低下を強調している。少年鑑別所では、働く少年ではなく、「在学少年の収容比率が高くなっている」（朝日　一〇・三一）。「両親のあるもの、中流生活層の少年が、次第に収容者中にふえつつ」あった。


オリンピックの年、警視庁が何よりも警戒していたのは、少年犯罪がエスカレートすることだった。経済成長を先導する首都・東京が、いまや凶悪犯罪の巣窟になろうとしていた。

車を乗り回し、ピストルを乱射する高校生

この年の少年犯罪では、親の車を乗り回しているうちに悪事に走った、中流家庭の少年の犯行が目立つ。二月三日、七人のグループが無免許で白タク（自家用車などによる不法のタクシー営業）

をはじめ、大金を稼いでいたという事件が報じられた。うち六人の中学生はいずれも中流家庭で学校にも通っていた。

同じ日、睡眠薬遊びをしていた一六歳の高校生三人組がやはり親の車で暴走し、都内でわずか三時間半で七件の強盗をはたらき逮捕された。自由が丘の会社員の家に押し入り、ナイフとおもちゃの短銃で脅かし**「ネリカン（練馬少年鑑別所のこと）から出て来たばかりだ。金を出せ」**とすごんだという。少年たちの家庭は豊かで、犯行後、酒を飲み、高級ホテルに宿泊している。

主犯の少年は親の車を勝手に運転し、アメリカ文化センターから原書を盗み、車内に持ち込んでいた。警官四〇〇〇人とパトカー二〇〇台が振り回された。**「見つからなければ完全犯罪になる。おもしろい」**と思っていた、とうそぶいた（朝日、読売　二・四）。

この事件に先立つ一月中旬。同じように裕福な家庭の一六歳の高校生三人が、家出して福島県で豪遊したが、金がなくなり車を奪って東京へ帰ろうと計画。茨城・日立市内で運転手を背後から手製のピストルで撃ち殺し、遺体を道のわきに捨てた。奪ったタクシーを国道わきに乗り捨て、ほかのタクシーに乗り換えて東京まで逃げた。三人の父親は、**「タクシー会社重役、船長、薬局店主といずれも中流以上の家庭」**。そろって教育熱心だったという（朝日　一・二一、一・二二）。

試みに一九六四年の新聞に毎日のようにあふれる「東京の少年犯罪」の実例を拾ってみよう。ショッキングな見出しが次々に目に飛び込んでくる。

「〝中学ギャング〟大暴れ　川崎と東京で悪事二件」（日経　二・二二）、**「三浪、発作的に母を切る」**（毎日　三・四）、**「中二、少女おとりに強奪」**（朝日　三・二六）、**「睡眠薬少年、肩がふれたことで路**

上殺人」（読売　四・一七）、「またも高校生が強盗」（日経　一一・一六）

一九六四年をめぐって流布されている口当たりのよい神話がいかに欺瞞《ぎまん》と忘却に満ちているか、それをはっきりと悟らせてくれるのが、一〇代の若者の狂気と逸脱である。

中流家庭が凶悪犯を生む

それにしても、不可解な衝動にとりつかれる若者がこれほどまでに増えたのは、なぜだろう。「犯罪白書　平成11年版」によれば、戦後の少年犯罪には、三つのピークがあるという。一九五一年（昭和二六）、一九六四年（昭和三九）、そして一九八三年（昭和五八）である。五一年（一六万六四三三件）の犯罪は貧困と差別をひきずっている。それに比べ、六四年（二三万八八三〇件）、八三年（三一万七四三八件）は明らかに「豊かな社会」が生み出した凶悪犯罪が多い。

一九六四年、殺人を犯し検挙されたのは三五六名、強姦は四一八一名（「犯罪白書　昭和40年版」）。一方、二〇一八年は、殺人は三八名、強制性交等は一七一名（「犯罪白書　令和元年版」）。件数に限っていえば、一九六四年のピーク前後は現在と比較して、殺人が約九倍、強姦が約二五倍である。

しかし六四年に凶悪な少年事犯が毎日のように発生していた記憶は失われている。それゆえに、九〇年代前後の少年犯罪が「前代未聞の異常な傾向」とみなされた。しかし殺人事件は、むしろ九〇年代に減少している。ピークは四七年ごろから六六年ごろであって、以降は下がっている。

日本人間行動進化学会の創設者でもある、長谷川寿一《としかず》・長谷川眞理子による論文「戦後日本の殺人の動向」が明らかにしたところでは、一〇代の少年の殺人は一九九四年の時点でピーク時の一〇分の一まで減った（科学　二〇〇〇・七月号所収）。

事実は、まさしく一九六四年前後こそ、犯罪のありようが「現代型」に変貌した転換点だった。経済成長を至上命題とする社会の奔流が、オリンピック景気によって加速し、あたかもダムが決壊するかのように、少年犯罪のかたちを劇的に変えた。

見逃せない兆候がある。ひとつは、先にふれたとおり、中流家庭の少年による新型の犯罪が増えたこと。もうひとつは、そのことと表裏一体なのだが、犯罪の新しい温床として、郊外の住宅街、団地、衛星都市が浮上してきたことだ。

このエリアはホワイトカラーのベッドタウンであって、そこで多発する犯罪の動機は貧困とは縁が薄く、それまでの犯罪社会学の公式からは理解しがたい。

一九六四年一二月二六日付の朝日新聞の社説「人命軽視の社会」では、犯罪が大都市の周辺へ、**「ドーナツ型に、衛星都市へ波及する傾向が強い」**と指摘している。この現象は、東京という**「過密都市の持つ〝悪〟の転移」**ではないかという。

しかし、郊外における犯罪のありようは、都心におけるそれとは犯罪の中身も担い手も、様子が違ってきている。単に「〝悪〟の転移」があっただけでなく、郊外という空間のなかで、思いがけない化学変化を起こしたのではないだろうか。

もちろん都心では、地方から来た集団就職組が転職を繰り返し、裏社会へ転落していくケースも多い。だが、注目すべきは、繁栄のおこぼれを享受するホワイトカラーや裕福な家庭の子女による、驚くほど凶悪かつ衝動的な犯行が激増しているという事実だろう。

アメリカの五〇年代の後追いをするかのように、裕福なホワイトカラーが夢を紡《つむ》ぐ郊外が、少年犯罪の新たな源泉として戦後社会に登場してきたのである。

郊外の危うさがすでに存在した

企業戦士の〝兵舎〟としての機能を満たすために設計された郊外では、都市の生活空間に本来備わっていた闇も、いかがわしさも、ジャングルのような混乱も、意図的に排除されている。そこでは、夢や幸福でさえも大量生産されている。

あたかも企業社会に品質保証を受けて市場に出回る商品のごとく、どの〝商品〟の規格も厳密に管理され、少しでもそこから外れた者は〝不良品〟として排除されるのである。

家族でさえ多様性を失い、いわば「規格大量生産」されていた。一九五五年（昭和三〇）から七五年（昭和五〇）にかけて、合計特殊出生率はほぼ二・〇〇。すなわち、両親と子どもふたりの核家族が主体となった時代が二〇年も続いたことになる。

企業社会の効率重視の社会設計は、工場で精製される、不純物を取り除かれた純度の高い薬物に似ている。薬用効果は高まるかもしれないが、強力な副作用も避けられない。

団地やニュータウンが集まる純度の高い機能的空間も、誰も予想できなかった強力な副作用を生み出したのではないだろうか。それこそ、郊外で多発した衝動的な少年犯罪ではなかったか。

郊外は七〇年代以降、団地やニュータウンから分譲住宅が建設されるエリアへと変貌していく。それでも経済成長の時代に確立された価値観やライフスタイルは変わらず、九〇年代、バブル崩壊後には、ふたたび猟奇的な犯罪が多発する温床として浮上する。

九〇年代における郊外という特殊な生活空間とカルト犯罪との関係をめぐって、多角的な考察を試みた、社会デザイン研究者の三浦展《あつし》が鋭い指摘をしている。この時代を象徴するサカキバラ事件やオウム事件の犯罪は、「『郊外ニュータウンの世代』による『郊外ニュータウン的』な事件」であり、郊外という空間の性格と深く関わっているというのだ。

「おそらくオウム事件とは高度経済成長期の郊外中流家庭で育った、いわゆる新人類世代以降の若者たちが中心となってひきおこした事件のようなのである」（『「家族」と「幸福」の戦後史』）

三浦によれば、オウムの元幹部たちはおおよそ一九六〇年代に、郊外の中流家庭で生まれ育っている。下町や商店街や地方の農山漁村の出身者と思われる者は見当たらないという。

少年A（サカキバラ）の父は、一九五〇年生まれで、一九六六年に中学を卒業すると、集団就職で故郷を離れ、神戸に出た。

「きつい仕事に耐えながら黙々と働き、結婚し、子供をもうけ、ニュータウンの白い住宅に住んでいたという。が、その息子は『酒鬼薔薇聖斗』となって『積年の大怨』を晴らすために恐ろしい罪を犯した」（同前）

郊外では、企業社会が押し付けてくる価値観が支配している。

「できるだけ高い教育を受け、『良い学校』に進み、『良い会社』に進むことを当然視する価値観

が支配的になり、それ以外の人生が『逸脱』と見なされる可能性が高い」（同前）

郊外で生まれ育った子どもたちは、その空気が次第に息苦しくなり、やがて窒息する。たしかに、バブルが崩壊したころから、繁栄のなかで隠されていた企業社会の矛盾が噴き出しはじめた。それが極端な場合、猟奇犯罪、あるいはカルト犯罪のかたちをとって、表出したのかもしれない。

企業社会のシステムは、六〇年代に起源を持つ。だとすれば、企業社会の規範を強いる郊外の危うさは、一九六四年の東京にすでに胚胎《はいたい》していたことになる。郊外が押しつけてくる空気に抗い、ときに暴発する少年も、サカキバラやオウムの先駆者として、一九六四年の東京に増えはじめていたのかもしれない。

一九六四年は、「貧しさが犯罪を生む」という戦中派の常識が崩壊した年である。それは、とりもなおさず、「モノとカネさえあれば、幸福になれる」という方程式が早くも色褪せ、破綻に向かったことを意味している。

いったいなんのために勉強するのか、なんのために働くのか。いまの時代とも響き合う生きづらさが生まれていた。マグマのような鬱屈が、はけ口を見出せないまま渦巻いていた。

第五章
首都圏＝USA

1 占領復活

アメリカ人の男根が巨大だというのは神話ではない！
ああ、なんと美しく、
この世のものとは思われぬ剛性をみせて
離陸するロッキードC141
――吉増剛造「黄金のザイルは朝霧に……」

ベトナム戦争は東京ではじまった

「都には、〝東洋一〟がたくさんあるけれど、米軍基地もまた〝東洋一〟なのである」

作家の開高健は、横田米軍基地のルポをそんな書き出しではじめている。そして、基地に轟く、ジェット戦闘機の狂騒をこう描いた。

「滑走路のそばの家にあがってカルピスを飲んでいると、来た。地鳴りがすると思うまもなく、キーン、ゴーッ、グワン、ドン、ドッドッドッドッ、ズズズズーン。屋根がゆれる、壁がゆれる、畳がゆれる。脳膜をハンマーでなぐられたみたいだ。苛烈。無慈悲。正確。徹底的。神経をひきちぎり、はらわたをゆさぶり、響きは体内で飛散、激突、乱反射する。いまにも家へ突入してきそうなのだ。ドラム缶に密封されて無数のハンマーで乱打されてるみたいなのだ。たちあがる力もない。ただワーッと叫びだしたいだけである。十九年ぶりに機銃掃射や、焼夷弾や、爆発音を思いだした。〝戦争〟を味わった。少年時代を舐《な》めた」（週刊朝日　八・二八、「狂騒ジェット機への怒り」）

一九六四年の暮れ、作家は戦火のベトナムへ旅立つ。その少し前、ルポを書くために、米軍機によるすさまじい騒音に悩まされていた横田基地を訪ねたのだった。

当時、横田基地を訪れる新聞記者は、騒音被害を数字や観測データによって報じていた。一方、開高は、騒音が住民の生理に及ぼした苦痛を、読者の感覚に直接響くような表現によって伝えようと試みたのである。かれの胸によみがえったのは、一九四五年、日本の六〇を超える都市を壊滅させた米軍機の爆撃音だった。

騒音に耐え切れず、集団移転運動をはじめた住民がもらす。

「……いくら説明したってわかってもらえないんです。ここに住んでみなけりゃわからんのです。ちょろっと来てちょろっと記事を書いてもらったって、とうていわかるもんじゃないですよ」（同前）

開高が横田基地を訪ねてから五六年の月日がたち、本土の基地の多くが返還され、いまや在日米軍基地の七割は沖縄に集中している。米軍機の騒音のすさまじさに、一度も接したことがない人が大半だろう。

だが高度成長の時代には、首都圏の基地から、朝鮮やベトナムの戦場へ向かう米軍の戦闘機が毎日のように飛び立った。東京は、冷戦下、アメリカの戦争の出撃地だったのである。このことほど、忘れられてしまった事実があるだろうか。

一九六四年、東京はＯＫＩＮＡＷＡだった。米軍の占領は、生活レベルでは終わっていなかった。横田、立川、朝霞、厚木、横須賀、六本木。いま沖縄が強いられているのと同じ痛みを、かつて「アジア最大の米軍基地」を抱えていた首都圏もいやというほど味わったのである。

いま、その記憶の多くが風化し、沖縄の現在についても、日米地位協定の存在についても、体験に根差した想像力をめぐらせることが難しくなっている。

出口なき爆音地獄

一九六四年八月五日。ジョンソン大統領は、ベトナムのトンキン湾を巡視中の駆逐艦が北ベトナムの魚雷艇の攻撃を受け、反撃のため北ベトナムを爆撃した、と発表した。いわゆる、トンキン湾事件である。

この緊急事態を受けてジョンソン大統領は、北ベトナムとの戦争をはじめる権限を与えるよう議会に要請した。下院は四一〇対〇、上院は八八対二という圧倒的多数の支持で、「トンキン湾決議」が採択された。アメリカは北爆を拡大させ、泥沼のベトナム戦争に深入りしていく。

日本政府はただちにアメリカを全面的に支持する方針を固めた。思えば、小泉純一郎首相当時のイラク戦争支援と経過が似ている。いかにアメリカが狂気の戦争を繰り返そうとも、対米追従を何よりも重視する日本政府には、昔もいまも「アメリカを支持する」以外の選択肢はないのか。

一九六四年、首都圏と沖縄は、後方支援の兵站《へいたん》となる。米軍の戦闘機や戦車は日本で補修され、首都圏の米軍基地は巨大な野戦病院となり、数え切れないほどの米兵の死体を日本人が洗浄した。

ちなみに、当時、トンキン湾事件は北ベトナムの挑発によるものとされたが、事実はまったく逆で、アメリカの仕掛けた謀略だった。国務長官のロバート・S・マクナマラが辞任後、詳細な証拠をあげて証言し、一九七〇年、議会はトンキン湾決議を取り消した。アメリカのでっち上げは、すでに歴史的事実として確定している。

ジョンソン大統領は、戦争のきっかけを求めていた。北ベトナムを叩くことで市民にアピールし、二期目の大統領選を有利に運びたいという野心にとりつかれていたのである。

トンキン湾事件以後、米軍の訓練飛行はいよいよすさまじくなり、まさしくベトナム戦争の予行演習の様相を帯びていく。首都圏の米軍基地では、実戦的な出撃訓練が増え、低空飛行など危険な訓練も激増。米軍ジェット機の墜落事故が相次ぎ、国内で年一七件に達した。

基地周辺の治安はますます乱れ、麻薬が蔓延し、米兵による暴行事件や交通事故が頻発した。被害を受けた住民は泣き寝入りを強いられる。耐えがたい訓練の騒音のせいで神経を病み、病院へ運ばれる住民も増えていた。しかし米軍はかれらの犠牲など眼中になく、日本政府が〝思いやる〟のも、まずは米軍の戦争であって、日本人の命ではなかった。

横田基地の爆音はトンキン湾事件以来、さらにひどくなり、ジェット機の騒音は一時間に七回も一二〇ホン（騒音レベルの単位）を超えた。八月一八日、昭島市医師会は、爆音が人体に与える影響を調査し、一七人の具体的な症例を検証した報告書を、市当局に提出した。不眠症、高血圧、めまい、心神経症、偏頭痛、いずれも騒音の影響は深刻である。神経衰弱、胃病、難聴の患者も

横田基地滑走路南端にもっとも近い昭島市拝島町で。1964年4月撮影（朝日新聞社）

増えた（朝日　八・二〇）。

医師会の会長は、「これとてほんの一部。大なり小なりみんながなんらかのノイローゼになっている」という。医師のひとりは、「精神的なストレスの蓄積がこわいといえる。子どもを育てる環境では決してない」と断言した。住民へのアンケートでは、「F105D機が来てから騒音がひどくなったと思うか」の問いに、九四パーセントが「ひどくなった」と回答。「他地区へ移住したい」と答えたひとは、六三・三パーセントに上った。

九月七日、昭島市で住民大会が開かれ、一〇四世帯が新たに集団移転を決議した。「最近さらにひどくなった米軍機の爆音が乳幼児、児童、病人などにとくに悪影響を与え、さらに墜落の危険が大きい」というのが決議の理由である（朝日　九・八）。合わせて三七四世帯、三つの地区の自治会がすべて集団移転を決議した。

おそまきながら防衛庁（のち防衛省）の調査も行われ、「昼間八時間のうちに百七十三機が離陸、一〇〇ホーンを超えたもの六十機、最高一三三ホーンを記録」した（毎日　九・二二）。当時、都条例では、八〇ホン以上はひとが住めないとされていた。およそ、まともな暮らしを営むことのできる環境ではない。

多摩人権擁護委員会の戸別訪問で、若い母親は、「赤ちゃんが寝ないので、ふだんは子供を連れ三鷹市の実家に帰っている」「家庭生活はめちゃめちゃ」と訴えた。「台所のタナから食器が落ち、ガラス戸にヒビがはいる」（同前）

アジアにおけるベトナム戦争の最初の受難が、東京で始まっていた。

同じように米軍基地を抱える厚木市と大和市も、早くから基地の爆音に苦しんでいた。一九六一年（昭和三六）から横浜地方法務局に人権侵害を訴え、保障の要求を行っていた。その回答が六四年一一月、法務省人権擁護局から出されたが、「騒音が、住民が耐えなければならない範囲を超えているかどうか決めがたい。防衛施設庁［のち防衛省］で調べてほしい」という逃げ口上だった（日経　一二・六）。

これだけの回答に、なぜ三年もかかるのか。あまりにも住民をないがしろにしている。つまるところ、法務省も防衛施設庁も住民の被害を見て見ぬふりをするばかり。いったい、どこへ苦衷を訴えればいいのか。結局、「日米安保のためにガマンしろ」ということなのか。

ヨーロッパにもアメリカの基地があるが、どの国であっても、当然ながら住民の人権を第一に考えている。NATOはもちろん、同じ敗戦国だったドイツとイタリア、あるいは韓国とフィリピンは、すでにアメリカとの地位協定の見直しを実現している。

ところが日本では一九六〇年以来、なんと六〇年間もの間、見直しがされておらず、いまもって不平等な内容が改善されない。横田基地における騒音訴訟は、現在も続いている。

ちなみにクリントン政権で東アジア・太平洋地域の国務次官補を務めたカート・M・キャンベルが、2000年に国際情勢の専門誌『ワシントン・クォータリー(The Washington Quarterly)』(二三巻四号)に寄稿し、日米関係について傲慢なものいいをしている。アメリカの本音といっていいだろう。

「実際、アメリカの安全保障にかかわる組織の多くにとって、過去も現在も、基地を提供し、ホスト国として[アメリカを]手厚く支援し、なんら説明を求めない同盟国[日本]ほど都合のよいなものはないということだ」('Energizing the U.S.-Japan. Security Partnership')

米軍機墜落一七件

住民を苦しめていたのは、爆音ばかりではない。米軍機の度重なる墜落が、底知れぬ恐怖を生み出していた。

一月一六日。午前一一時三五分ごろ、神奈川・座間町(現・座間市)の畑に米海軍厚木基地のF-8C「クルセイダー」ジェット戦闘機が墜落。機体は燃え、乗員一名が死亡。付近の民家数軒の屋根を破壊した。現場から数百メートルのところに座間第三小学校があり、墜落地点がほんの少しずれていれば、子どもたちを巻き込み、大惨事になっていただろう。

四月五日。同じく厚木基地のF8U-2ジェット戦闘機が東京都町田市の商店街に墜落した。通行人四名は即死。負傷者は三二名。パイロットはからくもパラシュートで脱出していた。町田市民はやり場のない怒りをあらわにし、現場付近に住むひとたちは、**「畑やタンボに囲まれたひと握りの市街地に墜落させることはあるまい」**と嘆いた（週刊新潮　四・二〇、「米軍の謝罪法」）。たとえ事故は防げなかったとしても、パイロットが脱出しなければ商店街への落下は避けられたのではないか。誰の心にも湧く疑問である。だがパイロットは日米地位協定に保護され、日本の捜査は届かない。

事故現場は、市民を寄せつけぬために、カービン銃を構えた米兵たちが取り巻き、緊迫した空気が流れていた。二〇〇四年に、沖縄国際大学に米軍ヘリが落下したときとそっくりだ。

九月八日。また墜落事故が起きた。午前一〇時過ぎ、神奈川県大和市と厚木市で米軍のジェット戦闘機二機が相次いで墜落、大和市では、F-8Cジェット戦闘機が工場の一部を壊して畑に突っ込み、火は民家に燃えうつった。五人が亡くなり、三人が負傷した。

事故で息子三人と甥ひとりを亡くした工場経営者は、**「米人一人が助かるために日本人四人が犠牲になったんだ。われわれを人間と思っていないのか。息子たちを返せ」**と叫んだ（小和田次郎『デスク日記』）。

八月のトンキン湾事件以降、首都圏の米軍基地周辺では、米軍機の墜落事故が増え、大和警察署の調べでは、「年に六、七件、ひと月おきには落ちている勘定」になる。住民の不安をさらにかきたてたのは、「最近、米軍機の低空飛行がめっきり激しくなった」ことだ。住民への補償も極端に遅れており、「四月の事故については三カ月後の七月までに半分がすんだきり。現在も請求を出した五十八件中、三件が未払い」だという（朝日　九・八）。

米軍将校に〝忖度〟する日本

一九六四年、東京の米軍基地について忘れられた事実はあまりにも多い。

首都圏がアジア最大の米軍の拠点だったこと、東京から戦闘機がベトナムに出撃していたこと、基地周辺の住民の生活と治安が破壊されていたこと、ベトナム戦争の訓練のために危険な超低空飛行が繰り返されたこと、米軍機が次々と墜落し、多くの住民が犠牲になったこと、犠牲者への補償が十分には行われなかったこと、「対米追従」の日本政府が住民の人権や生活環境を守ろうとしなかったこと――。

日本政府の米軍に対する姿勢を、露骨に示すエピソードがある。

この年の一二月、アメリカ空軍参謀総長のカーティス・E・ルメイ空軍大将が、横田基地を訪問した。米軍を牛耳る最高司令官の来日を祝し、日本政府はかれに勲一等旭日大綬章を贈った。理由は、自衛隊へのレーダーサイトの移管などを通じ、日本の防衛に貢献したからだという。

そもそもルメイとは、何者か。

太平洋戦争において、広島への原爆投下を指揮した作戦参謀である。日本の六〇都市の空爆を指示し、民間人の無差別殺傷を引き起こした張本人である。キューバ危機(一九六二)の際は、ソ連への核攻撃計画を作成してケネディ大統領に圧力をかけ、世界を破滅寸前に追い込んだ危険な軍人である。空爆によって「ベトナムを旧石器時代に戻してやる」と息まき、物議を醸《かも》したこともある。

「勲章乱発とはいえひどすぎる」。ルメイ受勲を知った広島市民の間に「怒りと不信」が渦巻き、政府を激しく非難する声が沸き起こった(中国新聞　一二・四)。閣議でも一部閣僚から反対論があったというが、政府は国民感情を無視し、米軍の実力者への〝忖度〟を優先した。

米軍の特権を優先して、生活環境の破壊を放置するという国策がまかりとおり、人びとの生活から健康と幸福を奪っていた。一九六四年の記憶としてまず胸に刻んでおくべきは、オリンピックの祝宴ではなく、人間らしい暮らしを希求する多くの声が平然と踏みにじられていたという事実である。

2 地下帝国

ペンタゴンとCIAは、
現代日本の代父母なのです。
――マイケル・シャラーへのインタビュー、二〇一七年

CIAの主戦場「TOKYOトライアングル」

都民にさえ、ほとんど忘れられているかもしれない。

広大な米軍基地がいまも東京の真ん中に居座っている。国立新美術館や東京ミッドタウンに隣接する、六本木の「ハーディ・バラックス」。いまだ返還されざる都心の米軍基地である。戦前は陸軍の駐屯地だったが、敗戦直後、占領軍に接収された。

広さは二万六九三七平方メートル、東京ドームのおよそ半分、主にアメリカの要人が移動する際のヘリポートとして使われており、高級将校の宿舎もある。一九六〇年までは、いまのミッドタウンあたりまで基地が広がっていた。

戦後、ハーディ・バラックスのいわば〝門前町〟として繁栄した六本木と赤坂は、アメリカとの因縁浅からず、しかも各国の大使館が集中しており、東京でもっとも租界の雰囲気が漂うエリ

アだった。

六本木の米軍基地、赤坂のアメリカ大使館、麻布台のソ連大使館を結ぶ三角地帯を、仮に「TOKYOトライアングル」と呼ぶことにしよう。この狭い三角地帯こそ、濃密な極秘情報が飛び交うスパイの主戦場だった。一九六四年は冷戦下の真っ最中で、しかもベトナム戦争がはじまった年だったから、スパイ合戦も熾烈をきわめた。

アメリカ大使館の職員のなかには、もとよりCIA職員が数多くまぎれ込んでいた。ソ連大使館は、KGB（ソ連国家保安委員会）の巣窟である。駐日本韓国代表部がKCIA（韓国中央情報部）の根城だったことはいうまでもない。そのほか、中国、台湾、北朝鮮、イギリスなどの工作員も、このエリアに出没していた。

夜ともなれば、怪しげなバーに、正体不明の外国人が集い、身分を隠し、あるいはホステスをにわかスパイに雇い、情報の探り合いに血道を上げていたのである。同時にそこは、占領時代の東京租界を継承する「日米闇社会＝ブラック・ソサエティ」が、高級ナイトクラブやバーを拠点として密談する、いわば「新・東京租界」だった。

スパイだけでなく、米軍将校、政財界の実力者、黒幕、政商、右翼、ヤクザ、旧軍人、闇成金、芸能人、海外特派員、皇族、旧財閥の御曹司、外交官。錚々《そうそう》たるVIP、および正体不明の怪人がウヨウヨしていた。

それゆえ、「TOKYOトライアングル」では、謎の三角海域と呼ばれるバミューダ・トライアングルのごとく、突然、何者かが失踪したり、機密文書が消滅したり、美女が行方不明になったりしても、誰もそれを不思議とは思わなかった。

「六本木や赤坂は特殊な世界でした。ごく狭いエリアに、ソ連大使館もあれば、アメリカ大使館もあった。ソ連のスパイがひいきにするバーやレストランがたくさんあり、そこでかれらはインテリジェンス［機密情報］を得ようとしていました」とロバート・ホワイティングが語ってくれた。かれ自身も、米軍で、諜報の仕事を経験したことがある。

いかにもアメリカ風のバーがソ連のスパイのたまり場になったと思えば、逆にロシア料理店がCIAの根城だったりした。

「赤坂にマノスという、ロシア料理のレストランがありました。経営者はアメリカ人ですが、実は、元CIAのスタッフでした。CIAを退職し、赤坂でレストランをはじめたというわけです。そこがCIAのたまり場になっていました。極秘メッセージの交換が行われていたのです」「その店は外国人の娼婦のたまり場でもありました。彼女たちもスパイのビジネスに関与していました。客から寝物語に教えてもらった、ソ連大使館やアメリカ大使館の内情をかき集めて売るのです。いいビジネスになったと思います。危ない仕事ですが」

一九六四年、東京オリンピックを機に地下鉄日比谷線が開通するまでは、高速道路もなく、交通の便がよくなかったせいか、六本木には、閉じられた別天地のような、あるいは租界のような雰囲気が濃厚に残っていた。

そのころの六本木、そして赤坂では、コパカバーナ、ニュー・ラテン・クォーター、ミカド、ゴールデン月世界、エル・モロッコ、クラブ・リキなど、外国のVIPもやってくる高級ナイトクラブがしのぎを削っていた。

赤坂のコパカバーナには、日本を訪れたインドネシアのスカルノ大統領やリチャード・ニクソン（のちのアメリカ大統領）も足しげく通ったという。

一九六四年にベトナム戦争がはじまると、東京と沖縄は出撃基地になり、東京に出入りする米軍の兵士や、アメリカのビジネスマンが激増。ドルが景気よくばらまかれた。まさしくそれは、ホワイティングによれば、「敗戦直後のブラックマーケットの復活」だった。

「アメリカ人の客を相手にしたレストラン兼売春あっせん業が登場して、大金を稼いでいた。VIPクラスの政治家、スター、アスリートが六本木や赤坂へ来て、日本人や外国人の美女を拾い、高級ホテルへ消えていきました」

あるときはホステス、あるときはスパイ

利にさといナイトクラブのホステスたちは、「TOKYOトライアングル」で演じられる冷戦下のスパイ合戦から、コンフィデンシャルな情報を拾い上げて、したたかに稼いでいた。あるときはホステス、あるときはスパイ。たとえば、むやみに航空機業界にくわしいホステスもいた。ロッキードやグラマンといった航空機メーカーの関係者も客として来ていたからである。

コパカバーナに、根本七保子《なおこ》という美人がいた。頭も切れた。美女に眼がないスカルノが食指を動かす。ふたりの間を取り持ったのは、久保正雄。占領時代に頭角を現した成金紳士もこの三角地帯に棲息《せいそく》していたのである。

ジャーナリストの城内康伸によれば、久保が経営していた東日貿易の株主には、大野伴睦、河野一郎など児玉誉士夫の盟友が名前を連ねていた（『猛牛と呼ばれた男』）。

久保は、児玉の側近だった東声会のドン・町井久之の企業舎弟であり、太いパイプを持っていた。長嶋茂雄や高倉健のパトロンだったことでも知られる。久保は根本をスカルノに紹介することで、巨額のインドネシア賠償利権に食い込んだ（山本信太郎『東京アンダーナイト』）。

根本七保子、のちのデヴィ夫人である。

久保がスカルノを籠絡《ろうらく》する前には、岸信介と戦前から密着していた木下茂（木下産商）がインドネシアの賠償利権を独占しており、女好きで知られるスカルノへの〝ギフト〟として、紅馬車というナイトクラブのホステスだった金勢《かなせ》さき子を、すでに送り込んでいた。しかし、金勢は、根本がインドネシアに来て半年後、命を絶ったという（諸岡寛司《かんじ》『赤坂ナイトクラブの光と影』）。

闇社会は「親米反共」

町井は、六本木を根城とし、闇社会では「六本木」という隠語で呼ばれた。先に述べたとおり、町井は戦後、過激な暴力を看板に成り上がった東京ヤクザの超大物で、五輪では率先して警察に協力し、期間中、組員を謹慎させた。

かつて町井捜査に執念を燃やした、元検事総長・伊藤栄樹によれば、町井は反共活動に邁進することでGHQの庇護《ひご》を受け、逮捕されてもすぐに保釈されたという（『秋霜烈日』）。

一九六四年ごろ、町井は児玉の側近として日韓利権の舞台裏で暗躍していた。すでにKCIA

や、軍事独裁者・朴正熙《パクチョンヒ》とも太いパイプを築いていた。日韓ロビーの政治家や権力者の間を取り持ち、日韓をめぐる密談は町井の経営する高級ナイトクラブで行われた。

一九六六年（昭和四一）、町井は東声会を解散し、実業家への転身を図った。七三年（昭和四八）には、六本木の真ん中にTSK・CCCターミナルビルという壮麗なビルを建て、会員制社交クラブ「TSK・CCC」をオープンさせた。

オープニングのレセプションには、ブラック・ソサエティの主だった面々ばかりでなく、政財界・芸能界の著名人が一堂に会した。祝賀パーティーの司会を務めたのは、NHK紅白歌合戦の司会で名を馳せた宮田輝だった。

かつて赤坂に、ラテン・クォーターという、「東京租界」を象徴するナイトクラブがあった（一九五三年開店）。経営者は、児玉誉士夫、アル・シャタック、テッド・ルーイン。

アル・シャタックは、一九五六年、六本木にクラブ88というナイトクラブを開いて成功した、そのころ羽振りのよかった、Z機関（通称・キャノン機関）の元工作員である。Z機関は、占領軍のGⅡに所属するスパイ機関で、極秘の反共工作に従事していた。アル・シャタックは児玉ともつながりを持っていた。テッド・ルーインはシカゴギャングである。アメリカのスパイとギャング、そして政界の黒幕が手を組んだのだ。

ラテン・クォーターは、アメリカに救われて巣鴨拘置所から解放された児玉が、戦後の旗印である「親米反共」を実践したゴージャスな社交場だった。日米の闇紳士が集う、極秘カジノという裏の顔も持つ。

児玉がお膳立てをし、占領軍の将校やアメリカ大使館の外交官がやってくる。「親米反共」を掲げて、アメリカに寄生する「地下帝国」の面々も群れつどう。GHQに飼われた旧軍人や、元特務機関員、アメリカの顔色をうかがう旧特権階級、米軍の御用商人。まさしく租界のような別世界だったが、一九五六年に火事で焼失した。

その直系の後継店にあたるニュー・ラテン・クォーターは、一九六四年七月の自民党総裁選では候補のひとりだった藤山愛一郎が出資し、児玉を後見人として、一九五九年にスタートした超高級ナイトクラブである。六四年には全盛期を迎えた。

一九六四年は、五輪の年であると同時に、空前の海外アーティスト来日ラッシュの年でもあった。ニュー・ラテン・クォーターは、大物ミュージシャンを招いて独占興行。東京を代表するナイトクラブの地位を不動のものにした。

ちなみに、この年、ニュー・ラテン・クォーターで華やかなショーを演じたのは、ジュリー・ロンドン、パット・ブーン、フォー・フレッシュメン、ジジ・ジャンメール、フランキー・レイン、ピーター・ポール&マリー、ベニー・グッドマン、ハリー・ジェイムス、ローズマリー・クルーニーなど、当時のスーパースターがそろう。超一流の看板に恥じない豪華なラインアップである。アメリカのショービジネスと、強力なコネクションを持っていたことがよくわかる。

暗黒街のボス、ヤクザの親分衆、自民党の大物政治家、外国からの賓客、オリンピックの選手たち、外交官やCIAも続々やってくる。ニュー・ラテン・クォーターもやはり児玉人脈によって、アメリカのVIPと日本のブラック・ソサエティが出会う拠点だったといっていい。

表と裏のVIPが集う、ニュー・ラテン・クォーター。毎夜華やかなショーが繰り広げられた（NHK）

試みに、常連客の名前もあげてみよう。

河野一郎、中曽根康弘、渡辺恒雄、瀬島龍三（伊藤忠相談役・元大本営参謀）、稲山嘉寛《よしひろ》（経団連会長）、安西浩（東京ガス会長・東京都公安委員長）、宮脇磊介《らいすけ》（皇宮警察本部長）、高松宮（皇族）、四《しじ》條隆貞《ようたかさだ》（旧華族）、アーチボルド・C・コーチャン（ロッキード社副会長）、檜山廣《ひやまひろ》（丸紅社長）、鬼《おに》俊良《としよし》（ロッキード日本支社支配人）、中川一郎、浜田幸一、石原慎太郎、石原裕次郎、美空ひばり、勝新太郎、高倉健、大鵬、長嶋茂雄、松本清張……きりがない。戦後社会の実力者がそろう。

ちなみに、当時、人気絶頂だったプロレスラー力道山もこの店の常連だった。児玉、町井ときわめて親しく、河野一郎や大野伴睦はじめ、政財界の大物とも親密だった。だが一九六三年の暮れ、ニュー・ラテン・クォーターの通路で住吉会のヤクザに刺されて、不慮の死を遂げた。在日朝鮮人として日韓に太いパイプを築き、事業家としても頭角を現わしていた力道山は、生きていれば、ブラック・ソサエティの大物として君臨していたかもしれない。

「非公式の権力」はどこから来たのか

昼間は政財界の実力者として重きをなす人間が、夜は蛾《が》が街灯に引き寄せられるように六本木・赤坂に身を寄せ、ブラック・ソサエティのフィクサーと密談していた。カネと情報を交換し、日本を動かす。自民党、財界、右翼・ヤクザ、アメリカの情報機関がからみ合う、こうした「非公式の権力」は、どのように東京に生まれ、繁茂したのか。

究極の淵源《えんげん》は、冷戦の激化だろう。世界をふたつに分断し、はてしなく憎しみを増殖させた冷戦は、米ソが直接に戦火を交えることはなかったものの、その実態は、事実上の「第三次世界大戦」だった。代理戦争、謀略戦、内乱、クーデター。世界を埋めつくした非情の冷戦こそ、日本ばかりでなく、世界中に奇形の権力構造を生み出す原動力だったのである。

一九四八年、中国共産党が大陸で権力を握ると、アメリカは日本を「反共の砦《とりで》」に仕立てる戦略を立て、そのためには手段を選ばなかった。

冷戦期、第三次世界大戦の勃発は絵空事ではなかった。アメリカは、冷戦の勝利に役立つなら、利用できるものはなんでも利用した。残虐な人体実験を繰り返した七三一部隊を免罪し、日本を破滅に導いた戦犯容疑者の追放を解除、児玉のような旧特務機関のボスを拘置所から救い出すことさえいとわない。

大戦中、「全体主義との戦い」を掲げたアメリカにとって、もっとも憎むべき敵だったはずの戦犯容疑者を、「親米反共」を掲げる十字軍の傭兵として、いともたやすく、みずからの陣営に迎え入れたのである。「敵の敵」、つまり「味方」として。

そしてアメリカは、冷戦下のグランドデザインに沿って、日本の権力構造を密かにつくりかえ、カネと秘密工作によって、操縦しようとした。

かつてCIAは、一九五三年のイランで、秘密工作によって政権を転覆させ、「親米反共」のパーレビ国王を権力の座につけた。大統領、CIA長官、国務長官はホワイトハウスで秘密工作の成功を喜んだ。CIA長官は、**「秘密裏に、安価に、血を流すこともなく外国政府を狙いどおり転覆させたことに満足だった」**（スティーブン・キンザー『ダレス兄弟』）。

政治信条は違っても、謀略戦のやりかたは、敵であるソ連とそっくりだ。その後、米ソの情報機関は競うようにして、アジア、中東、中南米、アフリカ、文字どおり世界中でありとあらゆる秘密工作を行い、クーデターを捏造し、権力者を買収して、自分の陣営に都合のよい政権を量産していく。

前にも述べたとおり、日本では都合の悪い公文書は、片端から破棄・隠蔽・改ざんされてしまうが、アメリカではCIAの脱法行為の驚くべき実態が、膨大な公文書に詳細に記録されている。たとえばアジアでは、CIAの強力な政治工作によって、韓国の朴政権、台湾の蔣政権、インドネシアのスハルト政権、といった「親米反共政権」が絶大な権力を維持した。南ベトナム、フィリピン、タイも事情はまったく同じで、軍事独裁者が、「親米反共」というだけで、アメリカから支援された。

冷戦下のアジア情勢にくわしい国際政治学者のチャルマーズ・A・ジョンソンは、こう断言する。

「東アジアのどの国をとっても、アメリカによって民主化が進められたところなどない。フィリピンや韓国や台湾で遅まきながら民主化の波が起こってきたのは、アメリカの支援を受けた政権がどんどん民衆の支持を失い、国民自らが抵抗運動を起こした結果だ」(『帝国アメリカと日本　武力依存の構造』)

よく知られている例だけでも、イラン、グアテマラ、キューバ、コンゴ、韓国、南ベトナム、ドミニカ、フィリピン、インドネシア、チリ、アンゴラ、ニカラグア、ソマリア、ハイチで、秘密工作によって政権を転覆させたり、民衆の支持のない政権に莫大な資金を援助したりして、世界中の国々の民主主義をゆがめたのである。

日本をまるごと買収するCIA

日本の場合はどうだったのか。

アメリカにおける調査報道の第一人者であるティム・ワイナーは、元外交官やCIAの関係者に綿密な取材を行い、一九九四年一〇月九日、『ニューヨーク・タイムズ（The New York Times）』紙で、日米の政治の隠された実態を明らかにした（"C.I.A Spent Millions to Support Japanese Right in the 50s and 60s"）。

「CIAは一九五〇年代から一九六〇年代にかけて、自由民主党を買収した」

ワイナーが著した、九四年の記事の内容を煎じつめていえば、「CIAは日本を共産主義に対する防波堤とし、日本の左翼を害する目的で、自民党やそのメンバーに資金を提供した」ということにつきる。

それから一二年後の二〇〇六年、アメリカ国務省の画期的な声明によって、CIAによる自民党への秘密の資金援助がはじめて公式に確認された。

七月一八日付のアメリカ国務省公式史料集「合衆国の対外関係（Foreign Relations of the United States）」第二九巻第二部によれば、**「一九五八年から六八年にかけての一〇年間に、アメリカ政府は日本の政治の方向性に影響を与える、四つの秘密工作を承認した」**。

作戦の遂行を許可したのは、アイゼンハワー政権だった。

「［アイゼンハワー政権は］一九五八年五月の衆議院選挙の前に、数人の重要な親米保守政治家に対し、CIAが限定的な秘密資金援助と選挙に関するアドバイスを提供することを許可した」「このささやかな財政支援のプログラムは、六〇年代に入っても継続され、選挙の間に行われた」

この公文書が公開された意義は計り知れない。日米の権力構造の裸の姿がこれほど透けて見える文書があるだろうか。ちなみに、文書の公開が実現するまでの一〇年間、CIAと国務省の歴史担当官、歴史家のグループの間で激烈な議論があったようだ。

一九九五年三月二〇日付の『ロサンゼルス・タイムズ（Los Angeles Times）』紙には、CIAが日本での秘密工作を明るみに出すのに抵抗しているという記事が掲載されている。執筆者であるジャーナリストのジム・マンは、興味深い問いかけをした。

「なぜ日本の政府が腐敗し、なぜ日本の政党が絶望的に貧弱で、なぜ日本には政権の交代がないのか、知りたいとは思ったことはないですか。その問題を考えるうえで、アメリカ政府が保管するファイルが、お役に立つでしょう」（'CIA Keeping Historians in the Dark About Its Cold War Role in Japan'）

こうした機密文書を徹底的に調べたティム・ワイナーは、著書『CIA秘録』のなかで、**「CIAと自民党の間で行われた最も重要なやりとりは、情報と金の交換だった」**と述べている。

自民党の実態は、政治家の醜悪なスキャンダルを含め、すべてCIAに〝透視〟されていたのである。アメリカの秘密献金を受け、スキャンダルを握られた政治家は、アメリカに飼いならされ、アメリカの意向に沿って動くようになる。

「この資金は少なくとも十五年間にわたり、四人の大統領の下で日本に流れ、その後の冷戦期間中に日本で自民党の一党支配を強化するのに役立った」（同前）

秘密資金の総額はわからないが、米外交官のロジャー・ヒルズマン（元国務次官補・極東担当）は、**「CIA報告では、年によって額が異なり、計数百万—千五百万ドルの間」**と証言している（読売　九四・一〇・二〇）。現在の金額に換算すれば、五〇〇億円は下らないだろう。ヒルズマンは、アメリカのエリート官僚にはめずらしく、反省の弁らしきことも口にしている。

「この過去のCIA秘密工作は日本では現在でも厄介で、耐えられないことだと思う」（同前）

ジャーナリストの名越健郎の調査によれば、ソ連から日本の左翼政党に流れた資金は二五万ドル（約九〇〇〇万円）程度とされているから、アメリカとはケタが違う（『秘密資金の戦後政党史』）。なお、この潤沢な資金が、具体的にどのように使われたのかは不明である。

戦後の日米関係史の第一人者であるアリゾナ大学教授のマイケル・シャラーに、見解を質した。

「ある意味、CIAが日本の保守的な政治家や政党の雇用主となったのです。占領時代のように、コントロールをはじめました。そのためには、秘密の資金提供が最善の方法だったのです」

CIAは、自民党の協力者や右翼の黒幕に、**「信用できるアメリカのビジネスマンを仲介役に使って協力相手の利益になるようなかたちでカネを届けていました」**。

こうした仲介役のなかに、ロッキード社の役員もいたという。

一九七六年四月二日に『ニューヨーク・タイムズ』紙の一面トップを飾った記事**「CIAは五〇年代にロッキードの賄賂を知っていた」**（CIA Said to Have Known in 50's of Lockheed Bribes）

によれば、CIAは、秘密献金を日本の政治家や右翼の黒幕に配る際に、ロッキードなどの民間企業を通していた。

記事には、「CIA東京支局は『ロッキードに関する物事が持ち上がると、そのすべてについて本部のチェックを受け、その承認を得ていた』(元情報機関幹部)」とある。ロッキード事件の根は深い。それは、冷戦期に世界中で繰り広げられたCIAの秘密工作と密接にからみ合っていた。

明るみに出た、四つの秘密工作

だが、自民党や黒幕への秘密献金は、国務省の声明によって公になった四つの秘密工作のひとつに過ぎない。残りの三つの工作とは何か。

第二の工作については、「左派野党の穏健派を分断しようとする秘密工作を進めることを、CIAに許可した」と書かれている。そのねらいは、社会党を左右に分断し、右派を支援することだ。

そして第三は、「プロパガンダと社会活動にほぼ均等に分けられている。日本社会の重要な人びとに極左の影響力を拒絶するようにはたらきかける、より広範な秘密工作」である。これは、いわば巧妙な情報操作だろう。「日本社会の重要な人びと」には、影響力の大きい文化人やメディアの一部も含まれ、アメリカの国策に沿った情報がそれと気づかれないように発信される。

これは発信者がその姿を隠すタイプのプロパガンダ、すなわち「ブラック・プロパガンダ」といえる。ちなみにこの工作はジョンソン政権の全期を通して継続され、一九六四年には四五万ドルがつぎ込まれた。いまならこれだけで一〇億円を超える。

五輪の開催によって「先進国・日本」を世界にアピールした六四年、政治家は海外からの秘密資金導入という、どこかの軍事独裁政権のような違法行為を平然と続けていたのである。

さて、国務省の公文書が明らかにした四つの秘密工作のうち、最後の一件はなんだったのか。「四つ」としながら、第四の工作については、具体的な内容が明示されていない。なぜ、文書では公表されなかったのか。

このことは、**「機密解除によってもなお、CIAの持つ『国家安全保障上の利害を損なうような情報』は非公開であることを示唆している」**（加藤哲郎編『CIA日本人ファイル　米国国立公文書館機密解除資料　第1巻』）。政治学者の加藤哲郎は、二〇〇七年におけるCIA機密文書の公開に寄せて、そう指摘した。

しかし、先にふれたワイナーは、CIA、国務省、国家安全保障会議関係者に直接取材したインタビューの結果、**「四件目は岸に対する支援」**であると断定している（『CIA秘録』）。

「CIAは一九四八年以降、外国の政治家を金で買収し続けていた。しかし世界の有力国で、将来の指導者をCIAが選んだ最初の国は日本だった」（同前）

岸とアメリカの蜜月

文書公開に関する国務省の諮問委員を務めていたマイケル・シャラーは、専門家に限定して公開された機密文書を読み込み、いくつもの論考を書いている。JPRI（日本政策研究所）というシンクタンクのために書かれたもののなかに、こういうくだりがある。

「すでに公開された文書、あるいはまだ極秘扱いになっているアメリカ政府のさまざまな文書には、一九五八年はじめにアイゼンハワー大統領が日本の首相岸信介に対して秘密の資金を提供するよう、CIAに権限を与えたことが強く示されている。岸はかつての戦犯であり、自由民主党の実力者だった」（'America's Favorite War Criminal: Kishi Nobusuke and the Transformation of U.S.-Japan Relations'）

シャラーは、諮問委員の守秘義務があって、閲覧した論文に文書を直接引用することは避けている。しかし、JPRIのチャルマーズ・ジョンソンの序文によれば、シャラーの論考は、「いまだ公開が許されていないが、確固とした資料の閲覧にもとづいている」（'The 1955 System and the American Connection: A Bibliographical Introduction'）。

つまり、岸とCIAの関係をめぐる機密文書は多数存在するのだが、〝公開による現実政治への影響が大きいゆえに、当局が公開を渋っているということだろう。

さて、シャラーが一貫して主張しているのは、もし冷戦がなければ、岸がアメリカに〝指名〟されることは、まずありえなかったということだ。

そもそも岸は、「アメリカの敵だった大日本帝国のなかでも、アメリカがもっとも憎み、地上から根絶しようと誓ったあらゆる要素を一身に兼ね備えたような人物だった」（'America's Favorite War Criminal'）。

ところが岸は、ほかならぬアメリカの援助で「政治的復活を果たし、頂点に登りつめた。岸の復活には、アジアにおける冷戦のはじまり、そして戦後日本の政治と経済にアメリカが果たした役割が如実に映し出されている」(同前)。

はじめ、アメリカは緒方竹虎を候補に定めて接触していた。戦前に情報局総裁を務め、自由党の実力者であり、政財官界の旧勢力との人脈も分厚い。CIAの政治工作の最初の対象となった政府高官とされる。

「日本版CIA」の提唱者であり、保守合同にも積極的に動いたことでCIAに評価された。CIAによる緒方の暗号名は、「POCAPON(ポカポン)」だった。しかし、緒方の急死によって、このプランは水泡に帰した。新たな候補者として浮かび上がったのが、岸だった。

ほかの有力な保守政治家、たとえば鳩山一郎は、ソ連との国交回復を構想し、石橋湛山《たんざん》は、中国との貿易を進める考えだった。いずれも、アメリカの国策に従わないリスクがある。一方、岸は巣鴨拘置所から釈放後、アメリカに対してみずからを積極的に売り込んでいた。

シャラーによれば、「一九五六年一二月に鳩山が辞職したとき、在日本のアメリカ政府代表者たちは岸を支援する作戦を新しくした。それまでの三年間、岸は、自由民主党の政治・財政・メンバーたちについての〝インサイダー〟情報を提供することでアメリカ側に取り入ってきた」(同前)。

岸なら、アメリカの反共戦略に沿って動いてくれるだろう――。

「[アイゼンハワー政権で国務長官を務めたダレスは]岸だけが唯一期待できる人物だという認識を押し進め、一九五七年六月に岸がアメリカを訪問した際に、かれにCIA資金を提供することを決めた」「CIAはアメリカ人起業家たちを使い、岸のグループに資金を運ばせた」(同前)

ワイナーは『CIA秘録』のなかで、「岸は、CIAと二人三脚で、アメリカと日本との間に新たな安全保障条約をつくりあげていこうとする」と書いている。

「[CIA東京支局で]岸を担当していたCIAのクライド・マカボイは、戦後日本の新しい外交政策に影響をおよぼすことができた」

アメリカは日本に軍事基地を残しておきたいと強く望んでいた。核兵器も日本に配備しておきたい。岸ならアメリカの要望に沿ったかたちで、外交政策を進めてくれるに違いない。アイゼンハワー政権とCIAは、岸を強力に支援した。

日本改造計画

自民党への秘密献金に関し、マイケル・シャラーは、ライシャワー駐日アメリカ大使をめぐる興味深いエピソードを披露してくれた。

「自民党とCIAのこうした関係は、一九六〇年代のケネディ政権まで続きました。アメリカ大使ライシャワーは、ケネディに任命され日本に深いルーツを持っていた人物ですが、かれは着任の際、この件を知って、ぎょっとしました。『これは一二年、または一五年と続いてきた慣わしだ』と、かれはいいました。ひどいことだ、と。ライシャワーは、こういったやりかたが本当の民主主義を蝕むものだと考えました。しかし、一九四〇年代の終わりからケネディ政権にいたるまですでに続いていたことでした」

CIAの秘密資金工作に強い嫌悪感を抱いたライシャワー大使。アメリカには、やはり、良心とまともな感覚を備えた民主主義者がいたのだ。ほっとするような気持ちになる。

ところが、一九九六年九月一七日にアメリカのシンクタンクであるＮＳＡ（国家安全保障文書アーカイブ）が入手・公表した機密文書のなかで、ライシャワーが沖縄の選挙をめぐってＣＩＡに秘密資金の援助を依頼したことが明るみに出た。

プレスリリースによれば、公開された機密文書は、六五年七月一六日にワシントンで行われた「沖縄に関する米国の政策に関する秘密会議のメモランダム（U.S. Policy in the Ryuku Islands Secret Memorandum of Conversation）」だという。一〇ページに及び、**「自民党に秘密資金を渡すことがもっとも効果的」**などライシャワーの発言が克明に記録されている。

この文書を発掘した、ＮＳＡのロバート・Ａ・ワンプラー博士は、**「アメリカが自民党に秘密資金を援助していた具体的な証拠としては、画期的だ」**とコメントしている。

ライシャワー大使もまた、ＣＩＡの秘密資金に手を出す誘惑を抑えられなかったということだろうか。

結局、日本は独立後も、アメリカの支配を完全には脱することができなかった。

冷戦下のアジアで、アメリカは、日本を米軍の戦略的な拠点として位置づけようとした。そこから、日米の特殊な権力構造が生み出されたのである。アメリカにとって、いちばん重要なのは、日本における米軍基地の確保だった。シャラーは語る。

「ペンタゴン［国防総省］、アメリカ統合参謀本部、またほかの政策立案者たちは、独立した日本においてアメリカが無制限の基地の使用権を持つことを強く望んでいました。基地の確保は、日

本がアメリカの従属国ではないとしても、少なくともアメリカの国益と緊密に結ばれていることを保証するための手段でした」

そして日本の経済成長をプロデュースすることは、アジアにおけるアメリカの覇権を確立するための作戦だった。そもそも当初、アメリカには、日本の産業を復活させるとか、再軍備させるとか、旧支配層を利用するとかの考えはなかったのである。なぜ、変わったのか。

「当初の計画について考えてみると、たとえば、日本は農業社会化されようとしていました。小農と小規模な生産者の国になるところでした。グローバルな勢力になる計画ではありませんでした。ところが、一九四七年までにその方針はがらりと変わりました。日本を共産主義革命に対抗する、アジアでの『反共の砦』に改造することを計画したのです。そしてそのためには、日本が繫栄し、アメリカの貿易と安全保障システムのなかに統合されるべきだ、と。そこで、日本の産業を再建することとなったのです」

日本改造計画のあらましはこうである。

●まず日本に欠落している資源、資本、最新技術を大量に援助して、復興へ導く。
●重化学工業化を推進して、アメリカの軍需産業との連携を図る。
●米軍を補完する軍事力を育成する（再軍備）。
●そして日本列島を、アジアの戦争に備えて米軍の兵站基地と位置づける。
●核戦力を持ち込む。

●民主化よりも経済復興を優先。
●財閥はじめ、戦前の支配層を「親米反共」勢力として復権させ、アメリカに協力させる。

強力なグランドデザインがアメリカのパワーエリートによって作成され、日本復興へゴーサインが出た。要するに、日本を「反共の砦」とすることで、アメリカの覇権に役立てる。産業を再建して、「アジアの工場」に成長させるという目論見《もくろみ》である。

アメリカは〝後見人〟となって仲介し、自由貿易のメンバーとして日本を西側先進国クラブに迎え入れる役割を演じた。そればかりか、日本が産業を復興させるまで、為替レートを日本に有利なまま固定し、日本の保護貿易を黙認した。

日本の高度成長自体が、アメリカの冷戦戦略の産物だったのである。

「アメリカは、軍関連のプロジェクトを日本の産業界に導き、復興を促進しました。特に朝鮮戦争、ベトナム戦争の間は。ある意味、アメリカの基地とアメリカの軍需産業調達は、日本の戦後の復興と成長の支柱のひとつとなりました」

日本改造計画のなかで、アメリカが日本を縛るために重視した大きな手段は三つあった。

「軍事基地の確保、軍需の調達、それと日本の保守運動へのCIAからの資金提供。この三つによって、アメリカは日本のなかにその手を残したのだとわたしは思います。日本は、名目上は独立国でしたが、アメリカの権力と、へその緒のようなもので結びついたのです」

シャラーによれば、敗戦直後にはじまったアメリカの日本改造計画は、日本の戦後政治の土台となり、強靱《きょうじん》な権力構造を生み出した。

「占領時代からアメリカの支援を受けた政党と人脈には、一貫した継続性があります。そしてその政治的な力がいまなお日本を支配しているのです」

一九六四年に全盛期を迎えた、六本木と赤坂にまたがる租界のようなエリアから、昭和の香りを漂わせるゴージャスなナイトクラブやバーは姿を消した。「親米反共」を掲げてブラック・ソサエティを支配したドンたちもすでにあの世へ旅立った。

しかし、日本に深層から支配力を及ぼすアメリカの「へその緒」は、いまだ切り離されることなく残っている。

冷戦下の高度成長、冷戦下の五輪

一九六四年をめぐる「忘却の海」に沈んでいる記憶を引き上げて吟味していくうちに、いちばん奥底に何があるかが見えてきた。それは、冷戦についての記憶である。

一九六四年は冷戦のまっただなかにあり、世界は地獄の炎にあぶられていた。しかし日本人の多くは、アメリカの敷いたレールの上をひたすら疾走するだけだった。六四年の東京で起きていた重要な出来事の多くが冷戦の産物だったにもかかわらず、そのことは見えないふりをしていた。あるいは本当に見えなかったのかもしれないが、いずれにせよ、忘れられた。

だが高度成長といっても、それはあくまで「冷戦下の高度成長」であり、五輪といっても、「冷戦下の五輪」なのである。高度成長が可能になったのはなぜか。いままで見てきたように、アメリカの冷戦戦略のなかに、日本を「反共の砦」とし、「アジアの工場」に改造するグランドデザインがあったからである。東京で五輪が開催されたのはなぜか。それは東京が冷戦世界のエアポケットにあって、アメリカの傘の下にあったからである。

日本人の勤勉と技術力、営々たる汗と努力の積み重ねが、戦災からの復興と高度成長を実現した、そのことを小さく見積もるべきでないが、多くの物語がそのようにしか語られない。そこに嘘がなくても、光の当てかたが限られているせいで、全体像は闇に沈んでしまう。

中国や韓国が高度成長する以前、この国では、高度成長は日本の専売特許とみなされ、日本にしか実現できない「世界史の奇跡」のように語られることさえあった。その結果、高度成長が冷戦の地政学によって導かれたという事実、日本の繁栄がアメリカの覇権の補完物として企画されたという事実が、おそろしいくらい顧みられなかった。

アメリカへの依存が、政治・経済・外交・文化、そして生活の隅々にまで、あまりに深く浸透していった。それはまるで毛細血管を通って、全身をめぐる血液を思わせる。結果として、日本人の戦後の記憶から、あたかも日米関係の外部の時空が一切消滅したかのようだ。

そのせいで、凶悪なウイルスのように世界に蔓延していた、冷酷きわまりない冷戦のポリティクスも、対岸の火事のように意識から遠ざかってしまった。世界の現実が見えなくなれば、日本の現実も見えなくなる。

過酷な冷戦世界の側からの視線を重ね合わせることではじめて、これまで感じることのできなかったリアリティとともに、一九六四年の東京の、裸形の姿が見えてくるのだ。

第六章
五輪をめぐる幻想

1 聖戦完遂

感動で一つになるって、心底嫌な言葉だなあ。
そこから外れた人のことは勘定に入って無さそうだし
——大友良英、二〇二〇年二月一七日のツイート

よみがえった「勇ましいことば」

この年の雑誌や新聞、ニュース映像を眺めていると、戦中派になじみ深いキャッチフレーズがよみがえって、しきりに顔を出す。

都庁のＰＲ映画（『五輪ムードの中で』）は、聖火リレーの話題を「昔聖戦、いま聖火」と表現した。「聖戦」ということばはよく出てくる。たとえば「一兆円の〝オリンピック聖戦〟」というふうに（週刊読売　一〇・一一）。

『文藝春秋』の意見広告では、マンガ家・境田昭造《さかいだしょうぞう》のこんな文章が目をひく。

「凄まじい騒音と地ひびきが、昼夜の別なく我が家をゆさぶっておちおち仕事もできやしない。眼と鼻のところで、高速道路の突貫工事が行われているのだ。すべてオリンピック完遂までの辛抱——ほしがりません勝つまでは」「ゼイタクは敵だ。進め一億火の玉だ。グズグズいおうもの

なら、非国民よばわりされかねない」「嗚呼《ああ》、ヤナ感じ――戦争とオリンピック」（文藝春秋　六月号、意見広告「一戦五輪のイノチ」）

いわく、「欲しがりません勝つまでは」。いわく、「非国民」。いわく、「国民総動員」。いわく、「特攻」。いわく、「進め一億火の玉だ」。

戦前と同じく、巨大イベントに便乗してひと儲けしたいメディアは、オリンピック宣伝の片棒を担ぎ、戦前・戦中、プロパガンダに使われた言葉を気軽に紙面で復活させた。国旗の掲揚が推奨され、町内会に日の丸の小旗が配られた。

「思えば戦後十八年、『君が代』と共に、ずいぶん評判の悪かった旗である。それが、オリンピックのおかげで、今年はへんぽんと、あるいはがっくりと、ひるがえることだろう。ひょっとしたら、ついでにチョーチンも売れて、南京陥落以来のチョーチン行列も見られるかもしれない」（週刊朝日　一一・一四、山本夏彦のコラム）

『デスク日記』（小和田次郎）によれば、財界が掲げるオリンピックの目標は四つある。

第一に、「日本の国際的ＰＲ」。第二は、「ナショナリズムの高揚」。第三は、「一兆円オリンピックといわれる公共投資による社会資本の充実〔巨大公共工事〕」。第四は、「五〇〇〇万ドル程度の外貨収入」。

メディアも五輪をビジネスチャンスととらえ、設備投資の拡大に狂奔した。新聞各社の場合、ビルづくりを含めると、七〇〇億円に上った。高速の輪転印刷機への投資が倍増、また倍増。六一年には年平均一七台だった新設数が、六四年には四五台になるという（同前）。

要するにメディアも財界も、抜け目なく「翼賛体制」を構えていたのである。新聞は、五輪推進の協力者になったせいで、さしさわりのある報道がやりにくくなったという。たとえば、アマチュアリズムの違反については、報道できなくなった。**「実態を少しでも書くと、アマチュア規定に反してその選手は失格してしまう」**からだ（同前）。

国策のご利益に与りたい下心が、メディアの翼賛体制を生むのは戦前と変わらない。事実、戦時中の大政翼賛会のような組織が日本には生きていた。記者クラブである。

海外のジャーナリストはこのころから、日本のジャーナリズムの特異なシステムを繰り返し批判していた。権力と持ちつ持たれつの関係を制度化した**「日本独特の記者クラブは当局の広報に利用されやすい」**（ニューズウィーク　一一・二三）。だが五六年たったいまも、記者クラブは大手メディアの特権として残り、日米地位協定と同じくらい、見直しの気配が見られない。

六四年の五輪翼賛報道には、嘘や誇張も多かった。

「都庁前へ聖火がきたとき、〝皆さん拍手で迎えましょう！〟とスピーカーが怒鳴りたてても、関係者以外、いっこうに拍手する人はふえなかったし、万歳三唱も役人さんたちだけで、ビル族は実に冷たく眺めていたヨ」「夕刊の『聖火都内入り百万人が歓迎』というのも大ウソだ」（『デスク日記』）

だが、五輪をめぐる時代錯誤を冷静に伝えた記者もいた。

一〇月一日、オリンピックに向けて、虎ノ門ホールで、四一〇名に膨らんだ参加選手を集めて、日本選手団の結団式が行われた。一部始終を目撃した若い記者は、あたかも軍国ニッポンの亡霊がよみがえったような雰囲気に、どうにも居心地が悪かったようだ。壇上で得意げに空虚な説教を垂れ流すお歴々。

「日本のために……」「民族のために……」「バカバカしいくらいもったいぶった〝式典〟」「スポーツを楽しむ場所とは、全く異質の感じ」。大島鎌吉《けんきち》団長は、「『金メダル十五個は至上命令で、日本の将来のためにも必ず達成されなくてはならない』と特攻隊長そこのけのきびしい覚悟のほどをみせていた」（週刊朝日　一〇・二六、「日本選手への過大な期待」）。

記者は選手たちに同情する。

「あの大げさな結団式を見ていると、何だか選手たちが窮地に追いつめられた子羊のようで、かわいそうになってきた。コチコチになっていじらしいくらいだ」「そんなに金メダルなんて考えない方がいいんじゃないか」

期待していた、さわやかなスポーツの祭典の雰囲気はそこにはなかった。あるのは、戦前の国家主義を煮こごりにしたような、胡乱《うろん》な臭気ばかりだ。

記者は最後に選手たちに向け、エールを送った。

「選手のみなさん方よ、無責任になりなさい……」

五輪と総力戦

オリンピック東京大会の発案は、一九三〇年（昭和五）にさかのぼる。

そもそも、神武天皇の建国神話にもとづく紀元二六〇〇年（一九四〇）の奉祝イベントの目玉、すなわち、国威発揚のための「天皇イベント」と位置づけられていた。この大会は、ナチス・ドイツの宣伝に利用されたベルリンオリンピック（一九三六）に触発され、軍の後押しを受けていた。

ちなみに、軍はこの大会の意義をこうとらえていた。

「国民の体位向上並《ならび》に国民精神の作興《さっこう》と国体精神訓練実施の好機会として広義国防上、意義あり」（波多野勝『東京オリンピックへの遥かな道』）

軍が、オリンピックを総力戦遂行の手段ととらえていることは明らかだ。五輪の精神からは、およそかけ離れている。日本の空気はＩＯＣにも伝えられ、当時ＩＯＣ会長を務めていたアンリ・ド・バイエ＝ラトゥール伯爵を激怒させた。結局、この一九四〇年大会は開催決定までこぎつけながら、戦局悪化のために中止となった。

一九六四年の東京大会は、挫折した四〇年の大会を実現するという意図があり、事務方の多くが、オリンピックを国家事業として推進する戦前の発想を引き継いでいた。要するに一九六四年大会の主眼は、国威発揚のためのイベントを、経済成長のための巨大公共工事と組み合わせたものなのである。

五輪と経済総力戦。国家の号令に巻き込まれ、あるいは便乗しようとする空気の類似。作家・橋本治は、そこをずばりと衝いた。

「報道が〝反対〟の声を一切封殺したことに於《お》いて、〝革新〟がなんの意味もなさなかったことに於いて、東京オリンピックは正しく、太平洋戦争に等しいのだ。そして、その東京オリンピックが〝世界の友好平和〟という大目的によってそれら一切を沈黙させたのだとしたら、もはや、開いた口のふさぎようはない」（『さまざまなエンディング』）

五輪のありかたに戦時体制の残影を見る視点は、戦中派の作家や文化人にも、共有されていた。「たかがスポーツの行事だ、と思っていたのが此方《こちら》の迂闊《うかつ》で、これはひとつの国家的事件でしょう。僕らはいやでもそこに巻きこまれます」「たしかなのは、この『祭典』が実質においては保守派のお祭りであり、彼等の宣伝にはなはだ有効に利用されていることです」

一九六四年、雑誌『文學界』に寄稿された文章である。文芸評論家の中村光夫は、このエッセイのなかで、五輪をめぐる深層心理に踏み込んだ。中村の見るところ、「五輪、すなわち国威発揚」という意識は、戦前から日本人の心に沈殿している。そして、戦争とオリンピックは、日本人の感覚のなかで、何か共通するものを持っているのではないか——。

「明治以来、日本の経てきた数々の戦争も、（太平洋戦争をのぞけば）国民にとってはオリンピックみたいなものではなかったかと思われます。国民の大多数は、何も得をせずに犠牲だけ払わされても、『国威発揚』のためにおとなしく我慢していたし、戦争を指導した支配者たちも、自分らの実質的利害より、それが外国人の眼にどう映っているか、日本の『国威』にどう響くかに気をとられていたのです」（文學界　一一月号、「オリンピックと戦争」）

戦争であれ、五輪であれ、「一等国・日本」を世界に誇示したい欲望に支配者は取りつかれた。

「このような国際的名誉心の過剰が、国民に結局何をもたらしたかは、日露戦争以来の『一等国』という空疎な意識が破綻して行った過程を顧みるだけで充分でしょう。それなのに、我々はまた『先進国』などと言われたがっているのです」

それは、明治より続く日本人の劣等感の裏返しではないだろうか。

「外国人にお世辞を言われ、頭を撫《な》でてもらわないと安心できない『好い子』根性が、僕等の性情に深く食い入っています」

開会式──日本人の「異様な緊張」

一〇月一〇日。オリンピック東京大会がはじまった。

五輪の記憶は、あまりにもステレオタイプなイメージに閉じ込められてきた。しかし、当時のルポや記事を見れば、日本人の反応を、正確に観察しているクールな視線にも出会う。

「聞くところでは、あの日のヤミ切符は最高十何万円もした由《よし》で、とてもダフ屋の手におえなかったのかもしれないが、とにかくあの日の競技場の内外には一種謹厳な空気があたりをはらってダフ屋ふぜいをよせつけなかったというべきである。実際、私はあんなに緊張した日本人の集団を戦後はじめて見る思いだった」と書いたのは作家の安岡章太郎（週刊朝日　一〇・三〇、「アンチ・アンチオリンピック」）。この年、週刊誌に数多くのルポを書いた。

「四年まえ、安保条約改定のときの国会デモのときでさえ、群衆はずいぶん緊張はしていたが、あんなにキマジメな雰囲気ではなかった。しいて似たような空気を探すとすれば、やっぱり戦前の天皇陛下がお出ましになる観兵式の見物席の感じであった」（同前）

どうやら観客は、スポーツイベントを楽しむというより、国家行事にありがたく参列するという感覚だったようだ。

「集団教育のもっとも見事な成果がひとつ生まれた」。フランスの有力紙『ル・フィガロ（Le Figaro）』の記者は、警察の指導に従順にしたがい、ふだんの無秩序な東京を隠し通した日本の大衆に驚きを隠さない。

五輪開催以来、ラジオやテレビでは、うるさいくらい「観客の心得」をPRしつづけていた。

「ドライバーのみなさん、不要不急の場合を除いて、私用で自動車を運転することは控えてください。奥さまやお嬢さま方、スタジアムでの見物の際には、ハイヒールをはかないでください。ほかのお客さまの迷惑になります」（ル・フィガロ　一〇・一九）

「礼儀正しくしてください。特に外国人に対しては礼儀正しいふるまいを徹底してください。いつ、どんなときでも、世界中の目がみなさんに注がれているということを決して忘れないでください！」

こうした〝指導〟が行き届いて、「オリンピック期間中、日本人は、お上の勧告に従ってふだんの習慣を改めることができることを立証した。これはまさに表彰もの、金メダルにふさわしい！」

世界は開会式をどう伝えたか

海外主要紙のジャーナリストももちろん、開会式につめかけた。日本人がいちばん気にかけていた海外からのまなざし。それがどのようなものだったのか、開会式をめぐる世界各紙の報道に如実に現れている。

海外の記者が関心を持っていたのは、東京の空に五輪のマークを描いたブルーインパルスでもなく、聖火の点灯でもなく、選手団のパレードでさえなく、二〇世紀に名を残す歴史上の人物、すなわち昭和天皇の臨席だった。アメリカの特派員が書いた記事を紹介しよう。

「いま、このスタジアムにいる『戦中派』の男女たちは、かつて一九三一年、羽のついた帽子をかむり、白馬にまたがり、直立不動で、満州に向かって行進していく日本兵を観閲していた昭和天皇の姿を覚えているはずだ。それ以降、日本の軍隊が情け容赦なくアジアを攻撃するたびに、いくたびも出征パレードが繰り返されたのだ」(ニューヨーク・タイムズ 一〇・一一)

アメリカの記者の記憶に残る昭和天皇は、象徴天皇ではない。戦前、現人神《あらひとがみ》に祭り上げられた時代の天皇のイメージは、アメリカ人にとっても強烈だった。

記者はさらに、オリンピックに託す日本の希望をこう読み解く。「日本がオリンピックを通じて望むことは、国際社会における日本の失地回復である」と。しかし、それにはまだ時間がかかるとした。

「日本の復権は、その驚異的な経済成長にもかかわらず、すみやかに進んでいるとはいえない。世界の国々、とりわけ日本の軍隊に手ひどく蹂躙《じゅうりん》されたアジア諸国は、日本が昔日のような脅威になることに強く反発している」

熱狂がはじまり、被災地は忘れられた

開会式を目撃できた観客はほんのひとにぎりに過ぎない。圧倒的多数の日本人にとってのメイ

ンスタジアムは国立競技場ではなく、茶の間に陣取った小さな箱だった。テレビという最新のメディアこそが、オリンピックへの無関心を一挙に変えた。

前年までプロレス中継に夢中になり、力道山の空手チョップに興奮していた大衆が、ふたたびテレビの前に殺到した。柔道、マラソン、体操、重量挙げ、水泳。それまでオリンピックに冷ややかだったひとたちも、掌《てのひら》を返したようにテレビにくぎづけになった。

当時のテレビは、いまのインターネット以上に、大衆の熱狂を誘発するメディアだった。突風にあおられた火事のごとく、テレビを通じて、瞬く間にその炎は全国へと広がっていく。大衆はいつの世も、熱狂を欲する生き物なのか。

「この風景には、おぼえがある。社会的なふんいきとして、一つの強制力が、動きはじめている。この熱狂は、それに同調しないもののすべてを異端者とし、全国民の関心を、まったく一つに同質化しおえるまで、熱狂的につづくのであろう」(新潟日報　一〇・八、「国民的熱狂の中での疑念」)

かつて学徒出陣を経験し、戦争に駆り出された評論家の安田武は、瞬時に沸騰する日本人の熱狂の怖さを、そう指摘した。学徒の出陣式は五輪の開会式と同じく、国立競技場で行われたのである。

ちなみに安田が寄稿した新潟日報は、このころオリンピックどころではなく、日々、被災地のニュース取材に追われていた。新潟はこの年六月に発生した、マグニチュード七・五の巨大地震の後遺症に苦しんでいた。二万の家屋が破壊され、地震が原因で戦後最大の石油コンビナート爆発が起こり、一四三の石油タンクが炎上、一二日間黒煙に包まれた。被災者は行き場を失った。

だが、その地獄のような惨状をめぐる報道は、東京で五輪のニュースが増えるにしたがい、有力紙の紙面から影を潜め、人びとの関心も急速に薄れていった。

天才アスリート・辛金丹

熱狂といえば、開会式の当日、韓国の選手団が入場したとき、韓国人の大応援団と、日本の右翼の応援団の間にトラブルがあったようだ。理由ははっきりしないが、鳴り物入りの韓国の声援が続いたせいかもしれない。

実は、韓国の情報機関KCIAは、オリンピックの場において、北朝鮮が韓国よりも目立つことを危惧し、六〇〇〇人規模の大応援団を東京に送り込んでいた。北と南。体制の優劣をめぐり、プロパガンダ合戦、スパイ合戦はおそろしく熾烈だった。

冷戦下、五輪を利用しての国家宣伝工作にもっとも力を入れていたのは、KCIAを仕切る金炯旭《キムヒョンウク》部長だった。当時は、いまとは事情が違い、南の韓国の方が「北」よりも貧しく、また軍事独裁政権のもとで、自由もないと考えられていた。在日韓国・朝鮮人も出身地と関わりなく、「北」を支持するひとのほうが多かった。

金炯旭がいちばん懸念していたのは、ある「北」の選手が英雄的な強さを発揮して金メダルを獲得することだった。「北」の優位が印象づけられ、貧しい韓国の民の心情は動揺する。北朝鮮にはそれを確実に可能にする、超人的な選手がいた。辛金丹《シンクムダン》である。

一〇月五日。開会式の五日前、二六歳の辛選手が北朝鮮から来日した。陸上中距離の女王。祖国では「千里馬（チョンリマ）」と呼ばれていた。まさに、空をゆく天馬のごとくトラックを翔《か》け抜ける。四〇〇メートルと八〇〇メートルの陸上競技で驚異的な世界記録を打ち立て、金メダルが確実視されていた。

さっそく東京大学のグラウンドを借りて、トレーニングをはじめた辛選手のニュース映像が残されている。引き締まった強靱な肉体、豹《ひょう》のような身のこなしの美しさ、練習に取り組むひたむきさ。全身からみなぎる自信、近寄りがたいカリスマ性。どこから見ても超一流の選手であることが伝わってくる。

辛選手には、金メダル以上に切実な夢があった。それは、生き別れになっていた父親と東京で再会することだ。親子は一四年前、朝鮮戦争の混乱のさなか、南北に引き裂かれていたのである。だが東京大会を前に、辛選手の希望を奪いかねない事態が起きていた。前年に行われた、ある国際競技会に参加したことが仇《あだ》となり、東京大会への参加をめぐって、IOCと北朝鮮の間に深刻な対立が生まれていたのである。

東京より早く、ジャカルタに聖火が点灯した

事の起こりは、一九六三年一一月、インドネシア・ジャカルタで開かれた「GANEFO（ガネフォ）」、すなわち「新興国スポーツ大会」。いまはほとんど忘却されているが、当時は東京大会にとってもIOCにとっても大きな問題になり、紛糾に紛糾を重ねていた。

ガネフォの映像を取り寄せてみて、椅子から転げ落ちるほど驚いた。

聖火の点灯がある。各国の入場行進がある。どこから見ても、模造品のごとくオリンピックそっくりである。

ただし、聖火はギリシャからでなく、イスラム教の聖地から運ばれた。参加国も、アジア、アフリカ、中東などから集まった、いわゆる第三世界の国々が中心である。日本からも有志で選手が参加した。

ガネフォを主催したインドネシアのスカルノ大統領は、IOCから脱退した中国の参加を求め、一方で台湾とイスラエルの参加を拒んだ。中国と対立する台湾、アラブ諸国と対立するイスラエルは、いずれもアメリカの友好国である。

スポーツに冷戦の論理をストレートに持ち込んだスカルノのやりかたに、IOC会長アベリー・ブランデージは激怒し、ガネフォに参加した選手をオリンピックから締め出すことに決めた。冷戦下のゴタゴタに選手は巻き込まれた。北朝鮮の辛選手もこの大会に参加していたため、東京五輪への参加が難しくなった。

IOC、国際陸連(現・ワールドアスレティックス)、インドネシア、北朝鮮、そして日本が間に入って、ぎりぎりまで交渉を続けたが、開会式直前になってついに決裂した。北朝鮮は「アメリカ帝国主義の謀略」を強く非難し、インドネシアとともに選手団を東京から引き揚げた。

アジアの超人・辛金丹の弾丸のような疾走を東京で目撃することは、幻に終わった。

「涙の再会」の舞台裏

オリンピックに参加できなかった辛選手。金メダルへの夢は、絶たれた。だが父親との面会は帰国の当日、ぎりぎりになって、東京・千代田区の在日本朝鮮人総聯合会中央本部で実現する。有力紙は一斉に父と娘の再会を報じた。

「『お父さん、お父さん』と金丹さん。『元気でな。元気でな』とお父さん。あとは言葉にも声にもならない。ただじっと抱き合って……」（朝日　一〇・一〇）

殺到する報道陣に囲まれ、ふたりは寄り添うばかりで、言葉にならない。

朝鮮戦争は、同じ民族が殺し合う悲惨な戦争だった。完膚《かんぷ》なきまでに破壊された故郷の山河。孤児となり、難民となり、辛酸を舐めた一四年の歳月。傷は癒えていない。

しかし、涙の会見は、わずか五分で打ち切られた。ふたりを取り囲んでいたのは報道陣だけではない。韓国と北朝鮮の政府関係者、内実は情報機関の工作員である。舞台裏で、北と南、それぞれの国家の思惑が交錯していたことは間違いない。

この会見のシナリオを描いたひとりは、東声会の町井久之だったとされる。先にふれたように、町井は児玉誉士夫の側近であり、朴正熙ともコネクションを持ち、ＫＣＩＡはじめ、韓国の要人と密接な関係を築いていた。また、町井の人脈のなかには、「北」のグループと個人的に交渉できる人材もいた（城内康伸『猛牛と呼ばれた男』）。

これは、明らかに情報戦だった。父と娘の再会によって、北と南、どちらの陣営が外交的勝利を得るのか。どちらも、ふたりを拉致して自国へ連れ去る可能性を探り、機会をうかがっていた形跡がある。まかり間違えば国際問題となり、東京大会が台なしになる。

一触即発の緊張が高まるなかで、ブラック・ソサエティが動いていた。

一〇月一〇日、開会式当日、辛金丹ら北朝鮮の選手団は、新潟港から北朝鮮へ向かうソ連船・ヤクーチャ号に乗った。その後、親子が再会することはなかった。

この再会劇は、韓国でも報じられ、大きな反響を呼んだ。首都ソウルに滞在していた映画監督の大島渚がその様子を目撃した。

「ともかく、父娘は会うことが出来た。十五分間、両方監視づきのはかない逢瀬《おうせ》ではあったが」「ニュースは夕刊で韓国に報じられたが、その夜の韓国の興奮はすさまじかった」「どこの酒場でも、すべての話題は辛金丹であった。人びとは泣かんばかりに大声で語りあい、テーブルをたたき、杯をやりとりしていた」「私はそれでも東京オリンピックの果たした最大の功績であると思った」(「韓国　国土は引き裂かれたが」『大島渚全集　第一巻』所収)

2 冷戦忘却

スペクタクルが支配する時代というのは、
歴史忘却が進行する時代でもあります。
——藤井誠二『少年をいかに罰するか』

五輪をあざわらう中国の核

オリンピックの直前、一〇月六日、東京の映画館で『博士の異常な愛情』が封切られた。巨匠スタンリー・キューブリックがブラックユーモアを交えて核戦争の恐怖を描いた傑作である。だが、その一〇日後、日本中がオリンピックに沸くなか、現実に核の恐怖が天から降ってくることになろうとは。

オリンピックに参加していなかった中国が、この日、はじめての核実験を行ったのである。

中国共産党の放送はラジオで、こう伝えた。

「第一回目の核実験を成功裏に行った。このことは中国が国防力を強化し、アメリカ帝国主義の核による恐喝と威嚇に対抗する闘争のなかで勝ち取った大きな成果である」

世界中に衝撃が走った。報道によれば、実験場は中国西端の、ウイグル族が居住する新疆《しんきょう》周辺

10月16日、新疆ウイグル自治区で行われた核実験が世界を恐怖に陥れた。中国はアジア初の核保有国となった（米国立公文書館）

であり、爆発したのは原子爆弾だった。

日本にも、核の塵《ちり》が降ってきた。当然、放射能の濃度が急激に上昇する。新聞の速報が続いた。

「放射能、平常の百倍」「平常の五百倍の放射能検出　高知大」（朝日　一〇・二〇）。九州の久留米で八〇〇倍という観測結果も出た（日経　一〇・二一）。久留米大学助教授の警告。**「降りはじめの雨に限って飲まないようにするか、じゅうぶん濾過《ろか》する必要がある」**

一九六四年、世界は冷戦のただなかにあった。アフリカ、中南米、中東、アジアのいたるところで代理戦争が火を噴き、東西両陣営が卑劣な秘密工作にしのぎをけずる。アメリカもソ連も、巨額を投じて化学兵器や核爆弾の開発に奔走していた。

いつ権力者が暴走して、核戦争がはじまってもおかしくない。世界はかつてない緊張をはらみ、破局の予感におびえていた。そこへ、さらに「中国の核」という、恐怖の源泉が加わったのである。

スタジアムで観戦を楽しんでいた当代随一の人気作家・松本清張。核実験に深い衝撃を受けた。「開会式は華やかであった。まことに世界は一つ、の感激がもり上がりそうであった。だが、数日後にそれに水をかけることが競技場の外で起った。ソ連のフルシチョフの失脚と、中国の核実験の爆発である。瞬時にオリンピックが色あせてみえた。世界は一つ、でなかったことがわかった。オリンピックがお祭りでしかなかったことも思い知らされた」

「だれの胸にも、一九三六年のベルリン・オリンピック直後のヨーロッパ情勢が不安げに浮かんだ。しかし、それはそれでいいのである。スポーツによる世界統一という理想が、オリンピックのさなかに錯覚だったと気づけば、それなりの意義がある」「オリンピック精神によって世界平和を手招きしようという考えは――残念ながら思い上がりにすぎない」「物量的な陶酔にひきずりこまれていたとしても、この東京オリンピックが終わったのちの現実へ一方の思いが流れているのである」

「スタンドは寒かった。場外に出ると、もっと寒かった」（朝日　一〇・二五、「解放と別離の陶酔」）

中国の核実験は世界に大きな波紋を広げたが、隣国・日本では、それほど大規模な抗議活動は生まれなかった。もちろん新聞やニュースの街頭インタビューは、多くの大衆が感じた核実験への憂慮や不快感を伝えている。官房長官や各政党の抗議声明もあった。

しかし批判も型どおりで、広島市民の声を除けば、怒りというより、ため息のようなものしか感じられない。六〇年安保闘争で燃え上がった抗議の炎は嘘のように静まっていた。

なぜ大きな抗議デモが起こらないのか。海外から押し寄せたジャーナリストは、日本人の反応の鈍さに拍子抜けした。アメリカ大使館のジョン・K・エマーソン公使の回想録にも安堵《あんど》が記されている。

「一般の反響は、われわれが予想したほど強烈ではなかった」（『嵐のなかの外交官』）

中国を訪れていた社会党の使節団は、核実験に抗議しつつも、「アメリカの封じ込め政策に抵抗する」という周恩来首相の発言に一定の理解を示した。そうした動きも抗議行動に水を差した。

東京で、日本人よりも激しい抗議の意志を見せたのは、代々木の選手村だった。「灰が降ってきたらどうするんだ」「東京で大規模な反対のデモをやらないのか。ボクも一緒にデモってもいいよ」と海外の選手が怒りの声をあげた（朝日　一〇・一七）。

オリンピックのお祭り騒ぎに浮かれる日本人に、冷戦下の代理戦争にもだえ苦しむ世界のうめき声はどう聞こえたのだろう。世界が引き裂かれていくような、破局の予感に慄《おのの》くことはなかったのか。「世界はひとつ」という出来合いのスローガンに白々しい思いを抱くことはなかったのか。

原発温存の原点

だが実のところ、中国の核実験は、日本政府の深奥《しんおう》を揺さぶり、深刻な影響を及ぼしていた。このときに密室で議論されたことが、半世紀を経たいまも日本を呪縛し、もつれて解けないジレンマのなかに、わたしたちを閉じ込めることになったのである。

中国による核実験の一か月後、佐藤栄作が首相に就任すると、はたしてアメリカの「核の傘」

に頼るだけで日本の防衛が可能なのか、という議論が政府のなかで起きた。内閣調査室、すなわちＣＩＡをお手本として設立された日本のインテリジェンス機関は、密かに日本の核保有の可能性について検討をはじめた。

気鋭の国際政治学者・若泉敬《わかいずみけい》が内閣調査室の依頼を受け、電光石火のごとく、「中共の核実験と日本の安全保障」という極秘レポートを書き上げた。一九六四年一二月、核実験からわずか二か月後である。

若泉敬といえば、のちに佐藤首相の密使として水面下で日米交渉を担当、沖縄返還を実現させるために沖縄への米軍の核の持ち込みを容認する、いわゆる「核密約」（一九六九）を進めた日米外交のキーパーソンである。のちに良心を痛め、自裁した。

かれは、中国の核実験をどう受け止めたのか。内閣調査室へのレポートを入手した中日新聞社によれば、若泉は「『潜在的な核保有国』を目指すとの主張だった」（中日新聞社会部編『日米同盟と原発』）。

「『わが国はあくまでも自ら核武装はしない国是を貫くべきである』とした。ただ、『何時でもやるのだという能力』の必要性を強調した上で『十分その能力はあるが、自らの信念に従ってやらないだけ』という意思を国内外に示せ、と記してあった」

そのためには、たとえば、「原子力の平和利用に大いに力を注ぐと共に、他方では日本が国産のロケットによって日本の人工衛星を打ち上げる計画を優先的に検討するよう提言したい」。

翌年一月、佐藤首相はジョンソン大統領と会見し、「中国共産党が核兵器を持つなら、日本も持つべきだ」と発言した（オリバー・ストーン、ピーター・カズニック『オリバー・ストーンが語るもうひとつのアメリカ史　2』）。

「現在、日本の世論はそれを許さないだろうが、若い世代を中心に『教育する』ことは可能だ」（同前）

高度成長期後半、原発の建設にアクセルがかかり、保守政権のもとで巨大な利権に成長する。若泉の提言どおり、ロケット開発も進んだ。

その背後には、「潜在的な核保有を担保せよ」というメッセージが隠されている。

「原子力の平和利用を信じた国民の知らないところで、政権を支えるブレーンらは原発と核兵器を結びつける議論をひそかに進めていた」（『日米同盟と原発』）

福島第一原子力発電所事故ののちも、原発ゼロへ向かう政策が進まない真の理由は、そこにある。一九六四年一〇月、オリンピックの熱狂をあざわらうように炸裂した一発の核爆弾が日本の行く末を大きく変えたことになる。

集団就職者のスポーツ、バレーボール

しかし核戦争の恐怖も、オリンピックの熱狂を消し去ることはできなかった。というよりも、核実験が喚起した恐怖と反発が、オリンピックのお祭り騒ぎのなかでかき消されたというべきか。

テレビにくぎづけとなった国民が待ちかねた、五輪観戦のクライマックスがやってきた。

一〇月二三日、一九時三六分。日本対ソ連、女子バレーボールの決勝戦である。全日本のメン

バーは、選抜ではなく、二年前に世界選手権で優勝したニチボー貝塚のチームである。テレビの視聴率は、八五パーセントにはね上がっていた。

なぜ、バレーボールにこれほどの注目が集まったのか。

そもそも、バレーボールは集団就職者のためのレクリエーションだった。朝から晩まで工場の単純作業にしばりつけられた女子工員たち。彼女らを囲い込み続けるための知恵だった。

みずから工員として職場でバレーボールに熱中した経験を持つ文芸評論家の奥野健男《たけお》は、次のように書いている。

「バレーボールは戦後の貧乏な日本のあらゆる工場やオフィスで工員たちを、BGたちを慰める、ささやかにもかなしい唯一のスポーツだった」（婦人公論　一二月号、「大松博文における男の研究」）

スポーツ評論における第一人者だった作家の虫明亜呂無《むしあけあろむ》も、同じことを指摘している。

「当時まで、バレーボールの社会的位置は、きわめて低かった。バレーボールは社会の底辺のスポーツであった」（「日本的表現としての東京オリンピック」『昭和スポーツ史　オリンピック80年』所収）

だが、ニチボー貝塚は、大松博文監督の厳しい指導によってメキメキと強くなり、世界で連戦連勝、チームは企業にとって、願ってもない広告塔に変貌した。バレーボールをめぐる世間のまなざしも変わっていく。

迫力のある記録映像が残っている。カンヌ映画祭で短編部門グランプリを受賞した『挑戦』（監督・渋谷昶子《のぶこ》、一九六三）という作品。ニチボー貝塚のトレーニングがいかに過酷なものだったかがわかる。選手を容赦なく苛む大松監督。選手は黙々と耐え、懸命に回転レシーブを繰り返す。

もっとも印象的なのは、見守る女子工員たちのおびえ切った表情だ。大松監督と選手の醸し出す一種の殺気が、彼女たちの表情を通して伝わってくる。女子バレーボールはもはや、工員たちが楽しんだ職場の気晴らしとはまったく異なる、一種の格闘技に変貌していたのである。

大松監督の著書『〝東洋の魔女〟の五年間』によれば、選手は、朝六時半に起床。午後四時半まで工員として働き、そのあと深夜まで練習を続けるという。

アメリカの有名なスポーツ雑誌『スポーツ・イラストレイテッド（Sports Illustrated）』が、大松監督を取材した。

「はてしなく続く大松監督の拷問。背筋が凍りついた。これはスポーツなのだろうか」「選手は、人間の尊厳を超えてみずからを残酷に扱う野生の眼を持った生き物だった」（スポーツ・イラストレイテッド　三・一六）

けがや病気は練習しながら治せ、というのが大松監督の信条だ。本人には告げず、医師と結託して選手の盲腸をこっそり切除したこともある。海外遠征の現場で選手が盲腸になれば、勝てる試合を落とすことになりかねない、という理由で。

大松監督は自著でこう書いている。

「何も知らない選手をごまかして申し訳ないが、私はこの方が選手にとってはいいことだと考えている」（『〝東洋の魔女〟の五年間』）

それでも選手は監督についていく。大松監督は復員軍人、選手は集団就職の女子工員。どちらも、エリートではない。復員軍人の多くは敗戦後、掌を返すように、世間から冷ややかな視線を浴びた。集団就職の女子工員は、低賃金で酷使されながら、産業の底辺を支えた。

「ぼくは日紡チームの人々を見ていると、紡績工場に代表される日本の地方出身の女子工員たちや事務員たちの姿が浮かんでくる。彼女らは大学に進学できるほど金持ちではなく、地味で辛抱強く、従順である」（『大松博文における男の研究』）

奥野健男が指摘するように、日の当たらない社会の片隅から出発した大松監督と選手は、お互いに通じ合うものがあったのかもしれない。その絆は、強く結ばれた。

わたしたちには自由がない——「東洋の魔女」の証言

ニチボー貝塚の選手たちは、「東洋の魔女」と呼ばれた。オリンピックの二年前の一九六二年。モスクワで行われた世界選手権でついにソ連を倒し、念願の世界一を達成した。チームが生まれてから九年。長く厳しい道のりだった。

優勝を果たした選手たちが描いていた夢はなんだったのだろうか。それは、過酷な練習から解放され、新たな人生を始めることだった。結婚の約束をしていた選手もいた。

そもそも、女子バレーボールはオリンピックの競技ではなかった。だが、どうしてもメダルがほしかった東京オリンピック委員会。開催国の特権として、柔道以外に女子バレーボールを東京大会の競技として採用するよう、ＩＯＣに懇願した。

日本の提案に対し、ＩＯＣは驚くほど好意的だった。本来、女子バレーボール加入はオリンピック憲章の規定を改正しなければできないはずのところ、**「東京大会に関する限り」**と特例で認めたのである（朝日　一九六二・六・七）。

当時、IOC内部では、東西の勢力争いがエスカレートしており、アメリカ寄りのブランデージは、ソ連との対立を深めていた。ヨーロッパ貴族の社交団体だったIOCの委員にはめずらしくもないが、もとより共産主義には敵対的である。しかも、同じ共産圏の東欧諸国は、衛星国に対するソ連の軍事侵攻に憤り、強烈な反ソ感情をたぎらせていた。

一九五六年（昭和三一）のメルボルンオリンピックで、ソ連対ハンガリーの水球戦が血まみれの〝格闘技〟になったのは、そのせいである。この年、ハンガリーの民主化を力ずくで抑え込むため、ソ連は戦車で侵攻、無辜《むこ》の市民数千を虐殺した。いわゆるハンガリー動乱である。ハンガリーの選手は、オリンピックの試合で、ソ連への怒りと憎悪を爆発させた。

ソ連を憎むがゆえ、東欧の衛星国は、世界選手権でソ連を見事に破った日本女子バレーボールに、惜しみない拍手を送った。そうしたIOC内部の空気が、女子バレーボールをオリンピック競技として採用するという「特別な配慮」に結実した可能性も否定できない。

話を戻すと、IOCとの交渉の間、当事者であるニチボー貝塚の選手たちにはなんの相談もなかった。選手は、ある日突然、「オリンピックへの参加が決まった」と告げられただけである。

すでに引退の意思を表明していた選手は激しく反発した。大松監督は辞意を表明し、選手たちもまたそれにしたがっていた。しかし、河西昌枝《かさいまさえ》キャプテンはじめ選手たちは、ニチボーの原吉《きち》平《へい》社長に呼び出され、慰留される。

「日紡のチームであっても、会社の意のままにならなくなった。日本国民のためにあと2年、なんとかがんばって続けてもらえんかな」（河西昌枝『お母さんの金メダル』）

河西キャプテンは食い下がる。

「私たちもいろいろ考え、話し合いました。会社にもお世話になりましたが、このまま辞めさせてください。お願いします」

「世界一」の感激は、モスクワでもう十分に味わった。

「あの〝世界一〟の感激を大事に胸に抱き、今は第一線を退いて結婚の道を選びたい、というのが本音でした」（同前）

「東洋の魔女」の引退問題。日本中で侃々諤々《かんかんがくがく》の議論がなされた。当初、世論の半数は、世界選手権を制した選手へのねぎらいの気持ちもあって、「やめる自由」を支持していた。

「タイトルを握ったいま、彼女たちに静かな時間と、バレーボールをやめる自由を贈るべきでないか。彼女たちが引退して五輪優勝を逸しても、彼女たちの責任でない。反省すべきは、強面を隠して泣きおとしにかかる五輪関係者の官僚性だ」（週刊現代　一九六二・一一・一一、「泣くな世界の覇者　日紡」）

しかし、五輪が近づくにつれ、次第に世間やメディアの空気が変わり、引退を非難する強硬な意見が強くなってくる。五輪に参加しないのは選手のわがままだというのである。

「なに、河西がやめる？　そんなバカな……」「なんとしてでも引きとめろ」（朝日　一九六二・一一・三）

「国民の期待は大きいのだからこれからも大いにがんばってもらいたい」（読売　一九六三・一・九）

当時、「東洋の魔女」の主力選手だった谷田絹子《たにだきぬこ》（現姓・井戸川《いどかわ》）さんは、八〇歳を越えたいまも、大阪でママさんバレーのチーム「谷田バレーボールクラブ（TVC）」の監督を務めている。谷田さんが吐露した五六年前の記憶は、世間の非難がいかに手前勝手で不愉快なものだったかを物語る。

「もう本当にやめたかったですよ、何いわれてもいいわ、もうやめようって思いましたけどね。だんだんひどくなってくるからね、投書がね。卑怯者だとかね。死ねとはいわないですけどね」

「なんでこんなひとたちに、こんなんいわれないかんのやろって……自分が好きでね、バレーやって世界選手権で優勝して、やめて何が悪いのって」

「そういう自由がわたしたちにはない、ということ」

大松監督のもとにも、五〇〇〇通の手紙が届いた。監督をねぎらう手紙も多かったが、四割は引退を強く非難していた。戦時中を思わせるような激烈な非難も多かった。

「[五〇〇〇通のうちの］四割は、ここまでやってきて、せっかく日の丸が上がるところまできて、このどたんばでやめるとは、おまえは非国民だ、というのです」（大松博文『なせば成る』）

一九六四年、五輪をきっかけに「非国民」という言葉が、亡霊のようによみがえっていた。いまなら、ネットで「反日」というレッテルを貼るような、無神経なものいいである。

「なにがなんでもやれ、という、単純明快な要望のもつ非情さに、わたしの心はふるえました」

選手には、「いままで十分頑張ったし、世界一になれたのだから、もう卒業したい」という気持ちが強かった。しかしその言い分は通らない。結局、選手も大松監督も、引退をあきらめるほかなかった。

北朝鮮ボイコットの衝撃

開会式直前、日本のオリンピック関係者が青ざめる事態が起きた。前述のとおり、北朝鮮とIOCがガネフォの一件をめぐって決裂したのだ。女子バレーボールへの参加を予定していた北朝鮮チームが突如帰国し、参加チームは五つになった。

オリンピック憲章によれば、競技の開催には少なくとも六か国の参加が必要とされる(「オリンピック憲章　一九六二年版」第三〇条)。もし北朝鮮に代わる国の参加がなければ、競技の開催はできない。

日本は急遽、韓国へ参加を打診した。日本の要望は、朴大統領の即断即決で実現した。

実はこの年、ベトナム戦争への体制づくりを急ぐアメリカが日韓に強力な圧力をかけ、一〇年越しの懸案である日韓条約締結への調整が大詰めを迎えていた。日韓利権にからむ地下人脈も動いている。

KCIAは、東京オリンピックへの協力が、韓国のイメージアップになると計算したに違いない。徹夜で準備を急いだ韓国チームが日航の特別機で東京へ到着したのは、競技がはじまる当日だった。東京五輪において、女子バレーボールの試合は開催されることになった。

一〇月二三日、女子バレーボール決勝戦。

実況担当アナウンサーは、何度も「金メダルポイント」という言葉を繰り返す。

「金メダルポイントです、さあどうか、日本のチャンスだ、流れた、しかしここでダメ、あっと、

日本優勝しました、一五対一三、三対〇、日本、ストレートで優勝しました、金メダルを獲得しました！」

最後は、ソ連の選手の反則（オーバーネット）によって、あっけなく幕が閉じた。

勝利の瞬間、カメラは大松監督の表情をとらえている。そこに笑顔はなかった。

大松監督は回想録のなかで、そのときの気持ちをこう振り返っている。

「今度こそ、選手たちには、真に解放されるための一時間半でした。わたしの目ににじみ出たもの――それは勝ったことのうれしさからではありませんでした。感激にからだをふるわせ、泣いている選手たちの姿がおのずから誘ったものでした。勝った喜びは、わたしにとっては涙を誘うほどのものではなかったのです」（『なせば成る』）

閉会式は〝憎悪〟の産物だった

オリンピック東京大会はテレビを通じて大衆の熱狂を喚起し、二週間の日程を無事終えた。

フィナーレとなった閉会式。開会式と打って変わって国別の行進から解放された選手が、思い思いに交歓する光景は、ことさら印象的だった。それはオリンピック東京大会を通じて、もっとも感動的な出来事ではなかったか。

各国選手それぞれが自分の意思で、さながら祭りのように、互いに手をとり、歌い、踊り、晴れやかな笑顔を見せる。世界の若者たちが友情を交わす姿は、観客を感激させた。

これぞ東京五輪。すばらしいハイライト・シーンだ――。

しかし、「世界はひとつ」という理想を絵に描いたような閉会式は、実はその理想から、もっともほど遠い憎悪が生み出したものだった。誰もそのアイロニーを直視しないまま、事実は、オリンピックをめぐる記憶から排除されてしまっている。何があったのか。

カギになる映像がある。オリンピック直前の東京の街の風景を撮影した貴重な記録映画『オリンピックの街』（監督・荻野茂二《おぎのしげじ》、一九六四）である。

この映画には、東京大会の模擬開会式・模擬閉会式の様子が記録されている。一〇月三日。東京中の高校生がボランティアで大量動員され、本番さながらのテストを行った一部始終を撮影したもので、貴重な映像資料である。

これを見ると、少なくともその時点（オリンピック開会式の七日前）では、閉会式も開会式同様、通常の整然とした国別行進による選手団入場が予定されていたことがわかる。ところが一〇月二四日、閉会式当日の朝日新聞の朝刊には、**「選手団が国、性別を問わず、一かたまりになって行進する」**とはっきりと書かれている。

以上の事実からわかるのは、ひとつに、閉会式の自由な形式はハプニングではなかった、ということである。五輪神話において語られているような「選手が自発的に行った」ものではなく、事前に周到に計画された演出だった。

次に、本来は開会式と同じく国別で行われる予定だったのが、閉会式までの短期間の間に、どの時点かはわからないが、急いで変更されたということだ。いったいなぜ、閉会式の演出は、突然変わったのだろうか。

その謎を解くヒントとなる記事を見つけた。一〇月二八日付の山陽新聞に掲載されたものである。見出しには、**「イスラエルをきらう　五輪開会式　イラク選手の不整列」**とある。

実は開会式で、式典を台なしにしかねない危うい出来事が起きていた。開会式でイラク選手団がフィールド内で予定された位置に並ばなかったというのである。東京の有力紙は報じなかったが、かろうじて地方紙がこの事件に注目した。いまでは忘れられているが、大会関係者には大きな衝撃を与えた出来事だった。

記事によれば、イラク選手団はサマラーエ団長以下、二九人が開会式に参加した。入場は四二か国目で、イラクは本来、イスラエルと隣合わせに並ぶことになっていた。ところがイラク選手団の旗手は、先頭のプラカードのあとにしたがわず、逆の側に整列した。

なぜ旗手はとっさに行列を乱したのだろう。事後の調査で、**「イラクがイスラエルと並ぶことをきらってとった行動であることが明らか」**になった（同前）。

オリンピックに政治を持ち込んだ行為というほかない。しかし、サマラーエ団長は、**「このまま いくとイスラエルと並ぶことになり、そうなると背中を向けねばならず困ったことだと思っていた。ところが旗手が逆の方向に行ってくれたので、これはよかったと思った」**と述べ、旗手のとった〝危機回避〟の行動を支持した。要するに、一触即発の緊張感が両選手団の間に走ったのである。

お互いに激しい憎悪を燃やす、両選手団。下手をすれば、乱闘に発展することもありえた。イスラエル選手団と距離を置くように選手を誘導した旗手は、その空気を察し、「平和の祭典」における〝戦争〟の勃発を未然に防いだともいえる。

アラブ諸国とイスラエルの確執のすさまじさは、当時の日本人の理解を超えたものだっただろう。しかしこの一件で、オリンピックの関係者は真っ青になった。開会式はかろうじて無事に乗り切ったが、閉会式では、不測の事態が起きないとも限らない。

事実、開会式の直後、アラブ諸国は主催国である日本に抗議し、「閉会式では行進の順番を変更してほしい、もしそれがかなわなければ、オリンピックをボイコットする」と申し入れていたのである。

閉会式の舞台裏を取材した虫明亜呂無によれば、日本側はアラブ諸国とイスラエルの両陣営を説得にかかったが、両者とも譲らず、問題は未解決のまま閉会式を迎えるにいたった。

困りはてた日本側は、苦肉の策として「**なまじ英語のアルファベット順にならんで行進をするくらいなら、列をくずして、すべての選手が同等の立場で閉会式にのぞむようにしたほうがよい**」と提案した（「日本的表現としての東京オリンピック」）。

「**それが、閉会式のふしぎな、一見世界の青年たちが国境の柵をとりはらって、自由に手をつないで交歓している風景を現出させたのである**」

結果として、閉会式そのものは観客に好意的に受け止められたが、「**時のＩＯＣ会長ブランデージは、オリンピックの秩序を乱すとして、この閉会式を批判した**」という（同前）。

オリンピック東京大会のすべての行事のなかで、もっとも観客の心を打った閉会式は、アラブとイスラエルの憎悪から生まれたのである。

つかのま、「世界はひとつ」という幻想に酔うことのできた美しい時間は、はかなく過ぎ去った。それから五六年たったいまも、両陣営の間に根を下ろした憎悪の炎は、いよいよ激しく燃えさかっている。

「世界はひとつ」ではなかった

銀座の夜を彩る不二越《ふじこし》ビル・森永地球儀ネオンには、オリンピック期間中、「世界は一つ　東京オリンピック」の文字が輝いていた。

「世界はひとつ・東京オリンピック」。東京大会のスローガンである。テレビの前に陣取り、世界中の選手の活躍に目を凝らす観客は、このことばを反芻し、平和の祭典に酔った。

だがオリンピックの内実は、冷戦下の現実に翻弄されていた。開会式を見物した作家の石川達三は、こんな感想を残している。

「〈世界は一つ…〉という標語が思い出される。しかし本当に世界は一つであろうか。南ベトナムの選手がいる。けれども北ベトナムの選手ははいって来ない。台湾の選手たちが入場して来る。しかし共産中国の選手はひとりもいない。シリアの選手もいない。南ア共和国の選手もいない」「北朝鮮は参加できなかった」「世界はまだ一つになり切ってはいないのだ」（朝日　一〇・一一、「開会式に思う」）

ＫＣＩＡと朝鮮総連が国家の威信をかけて、謀略戦を繰り広げていた。東京大会を亡命の好機と見て、大使館に駆け込んだ選手もいた。ＣＩＡとＫＧＢが亡命合戦の裏で、秘密工作を仕掛けていた。

いま、そういった事実は、日本人の国民的記憶から、跡形もなく失われている。メディアと国家、そして大衆が記憶に残したかったのは、日本の復興を世界にＰＲした成功体験だけであって、それ以外のことは、どうでもよかったのだろうか。

第七章
宴のあと

1　列島崩壊

日本文化は何かしら絶望的な、そしてはたからみれば幾分《いくぶん》なりと失望させるような要素を帯びている、と言えるでしょう。
――アンドレ・ルロワ＝グーラン『世界の根源』

虚脱状態の東京

「オリンピックの日本開催が決まってから、われわれ東京に住む者には、ずいぶん長いうるさい毎日が続いたような気がする。家が壊され、あちこちで工事がくりひろげられ、そのため東京は大きなゴミためのようになり、車は至る所で詰まり、やかましくイライラした四年間だった」

作家の遠藤周作は、オリンピックの工事がはじまってから数年間、都民のひとりとして東京の劇的な変貌に接し、折にふれエッセイを発表してきた。オリンピックが終わった直後も新聞に寄稿し、一兆円をかけた国家行事が何をもたらしたかを、静かに問いかける。

「今日、東京を歩くと、祭りのあとの空虚感が既に人々の表情や秋風のなかに感じられる。あのやかましい東京がまるで気ぬけしてボンヤリ座っているみたいだった」「しかし、それよりも、もっと深い不安を感じる人もいる。この半ヵ月の間、世界には色々大きな事件が続いて起こった。

日本の運命に直接ひびいてくる中共の原爆実験もあった。そうした問題もオリンピックのお祭りですりかえられてしまった感じがする」「東京の真中にたって、せっかく作った新道路やホテルに弱々しい秋の午後の日があたっているのを見ていると、なにか空虚なものを感じる」「東京さんよ、これから、君は何をたよりに生きていくつもりか」（朝日　一〇・二四、「祭りのあと」）

同じような空虚感は、東京都が編纂《へんさん》した歴史書のなかにも濃厚に感じられる。

「『世紀の祭典』のためと称して、東京中をほじくり返す一大建設工事は確かに行われた。しかし戦後の恒久化した住宅難はじめ都民の都市生活に必要欠くことのできない都市施設の整備や消費物資の流通機構などについては何ら改善の実績はなかった」「『巨大な運動会』は都民生活を豊かにする要素にはなり得なかった。運動会用の化粧は東京の体質改善による結果としての美ではなく、あくまで化粧にすぎなかった」（『東京百年史　第6巻』）

あの熱狂は、いったい、なんだったのか。何を東京に残したのか。過ぎ去ってみれば、さまざまな感慨や疑問が湧くだろう。

だが、祭りのあとの空虚感は時を置かず、もっと深刻な切迫した不安に取って代わられた。オリンピックの二週間、多くの国民がテレビの前にくぎづけになっていた間に、スタジアムの外では、のっぴきならない事態が進行していた。それが一斉に表に現れてきたのである。

五輪景気が去り、戦後最悪の不況が訪れた

クリスマスの夜、銀座界隈のバー、キャバレーは、ホワイトカラーの一団でにぎわい、いずこ

も満員の盛況だった。しかし同じころ、東京都庁には、「越年資金を四千円もらおう」と書かれたプラカードを掲げた労働者が押しかけていた（読売　一二・二六）。

東京・浅草、山谷の住人たちである。

山谷にはすでに不況の嵐が吹き荒れ、労働者は絶望的な苦境に追い込まれていた。オリンピック工事の最盛期には、毎朝一〇〇〇人を超える日雇い労働者が仕事にありついたが、年の暮れには四〇〇人前後に縮小していた。

不景気の突風は、まず下積みの世界を直撃した。賃金は下がる一方。日払いで一五〇〇円から一八〇〇円の相場が、一三〇〇円、一二〇〇円と急降下した。これなら血を売ったほうが金になる。事実、血液銀行に駆け込む労働者も増えた。

物価高の打撃も大きい。一泊一〇〇円の宿泊費が、軒並み一五〇円と大幅に上がった。食事代も昨年は二五円でみそ汁つきだったのが、いまはご飯だけ。敗戦直後のように、すいとんでしのぐほかない者もいる（同前）。

「高度経済成長に忍び寄る黒い影、企業の倒産。その数、三六一六件、昨年の二倍半、史上最高を記録した。オリンピックの年、一九六四年は不安の足音を響かせながら、六五年になだれ込もうとしている」（中日ニュース『倒産』）

ニュース映像の冒頭の、異様に暗いナレーションである。

建設ブームに沸いたオリンピック景気が去り、深刻な不況がはじまった。嵐のような数兆円の投資のあとに訪れたのは、オリンピックをあて込んだ過剰生産不況だった。

巨額の負債を抱えた事業者は、建物を明け渡すほかなかった。東京地裁担当者が訪れ、強制退去の公示書を貼っていく（中日映画社）

ニュース映像を散見すれば、工場閉鎖が続々。空っぽになった工場の片隅に、電話一台がぶざまに転がっている。倒産した親会社に下請け業者が殺到する。涙ながらに経営側に直訴するひと。罵声を浴びせるひと。土下座せんばかりに哀願するひと。明日からどうやって生きてゆけというのか――。震えるような怒りの声が響きわたる。

「もっともっと、われわれの、下請けの身になってですね、真剣に考えていただきたいと思うんです」「あっちこっち歩いて、ボーナスも出せない、給料も出せない、そういう状態にわれわれは追い込まれておるんです」（同前）

怒りの激しさ、切迫感が伝わってきて、いたたまれなくなる。しかし親会社は沈黙したまま、白々しく、時が過ぎていくのを待っているだけだ。むなしさ、絶望、無力感ばかりが漂う。

不況の深刻な影響がついに大企業に及び、大型倒産が相次いだ。一九六四年にサンウェーブと日本特殊鋼（現・大同特殊鋼）が、翌年には山陽特殊製鋼が負債総額五〇〇億円で倒産した。負債金額一〇〇〇万円以上の企業倒産が六〇〇〇件を超え、負債総額は五六二四億円に達した。

右肩上がりの時代とひとくくりにされているが、景気には山もあり谷もある。下請け企業にコストダウンのしわ寄せを強要して儲けていたにもかかわらず、景気が落ち込むたびに、大企業は自社の雇用を守るため、下請けを切り捨てた。

中小零細企業の雇用は、景気の〝調整弁〟として扱われた。経済を下支えする人びとに不安定な労働条件を強いて経済成長が成り立っていたことが、あらわになった。

海外メディアは、投資家向けに悲観的な観測を公表して、日本経済の先行きに警告を発した。「恐慌の風が東京の株式市場をひと吹きした。三月一一日、相場はここ四年半の最低値に落ち込んだ」「機械化の進展によって土地から追い払われた農民が、大量にどっと流れ込むという現象が長く続いたため、都会のプロレタリアートは、みじめな賃金を甘受せざるをえなくなった。戦前の巨大なトラスト『ZAIBATSU』が事実上再建されたというのに、日本人の年間平均所得は、二〇万円をやっと超えたくらいである」「景気が過熱するたびに、また新たな破滅に導かれるリスクがある」（レクスプレス　一九六五・三・二二）

「ひずみ」をめぐる怒りが大きくなっていた

一方、オリンピックの年に頂点に達した出稼ぎは、農村に深刻な後遺症を残した。若者が去り、働き手を失って、女性と高齢者が残された。後継者不足、嫁不足で、農村は疲弊していく。農家人口は、一〇年前より六二〇万人も減少した（政府統計「農家人口及び農業従事者数」）。

過疎と過密。農村と都市の所得格差。経済成長を優先し、地方の農村を切り捨てていく国策は、さまざまなひずみを生み出していた。いまも日本が抱える「地方崩壊」の危機は、このときから深刻化する。

中小企業や農村を犠牲にし、格差を広げ、生活環境の破壊を放置する「社会のひずみ」に対し、国民の批判が高まった。だが池田首相はオリンピック直前、「ひずみの是正」を求める声にこう答えていた。

「はじめから『ひずみ』は起こっちゃいかんということになると、日本は先進国にまでなかなかいきにくい。『ひずみ』を心配しながらやりおうたら成長が伸びない。そうすると、いつまでたっても先進国の仲間入りができない」（一九六四年六月、記者会見）

池田とて、「ひずみ」の深刻さを認識していないわけではなかっただろう。しかし、政策の重大な課題として着手することを先送りした。

赤字国債という〝麻薬〟

オリンピックの後に日本経済を直撃した、いわゆる「昭和四〇年不況」の深刻さは、もはや忘れられている。一年間続いた不景気は、中小企業に甚大な打撃を与えた。

不況の長期化を何よりも怖れる政府は、タブーを犯して、赤字国債という、危うい〝麻薬〟に手を出した。赤字国債は、戦時中、軍備拡張のためにむやみに発行され、国家財政の崩壊を招いた元凶である。それゆえ戦後はタブーとされ、均衡財政が維持されていた。

しかし、政府はほかに打開策がないとして、一九六五年一一月、戦後初めて赤字国債の発行に踏み切った。総額六六五六億円。ここから、景気対策のために建設国債を発行しては公共事業を行う、〝麻薬中毒〟のような繰り返しが始まる。これが安易に赤字国債に依存する体質を生み、「世界最大の借金国」への出発点になった。

ちなみに、戦後財政の歴史は、債務残高がはてしなく増えていく歴史でもある（財務省「我が国財政の変遷」）。二〇一九年現在、国の借金は国家予算のおよそ二〇倍、一〇〇〇兆円を超えている。

六五年当時、赤字国債の効果は、期待されたほど劇的ではなかった。赤字国債ばかりではない。不況対策として、大幅減税、公共事業の拡大、金融緩和や金利の引き下げが実施された。しかし、どのような手を打っても、景気は回復しなかった。設備投資と生産拡大にうつつを抜かしていたしっぺ返しは想像以上に大きい。

元首相の吉田茂は、**「私は、将来について、いつもたいへん不安を感じています。この経済的発展は、国民の誠実な努力の結晶とはいえ、いつかは、その発展に限度が来ると思うのです」**と発言した（週刊新潮　一九六五・八・一四、「私の言葉　吉田茂」）。

だが、悲観論が世の中に広がるころ、変化の兆しが現れた。

海の向こうの〝地獄〟から。

2 戦争特需

戦争で最初に犠牲になるのは、真実である。
——アイスキュロス

アジアにドルが降り注ぐ

一九六四年の出来事のなかで日本にもっとも大きな影響を与えたのは、なんだろうか。いまから振り返れば、それはオリンピックでもなく、中国の核実験でもなく、戦後最大の不況でもなく、トンキン湾事件ではなかったか。

この事件を契機として、アメリカは大国のメンツをかけて総力を戦争に注ぎ、軍事調達のために、アジア全域に天文学的な額のドルをまき散らした。

アメリカの軍事支出によって、とりわけ大量のドルが集中したのは、いわゆる「ベトナム周辺地域」、すなわち、沖縄・韓国・台湾・香港・タイ・フィリピン・南ベトナムである。アメリカが一九六二年から七二年の予算に計上した直接のベトナム戦費は、毎年二〇〇億ドルを超えた。戦場となった南ベトナム、カンボジア、ラオスへの経済援助は、総額五〇億ドル。このほかに、タイ、フィリピン、韓国への莫大な軍事援助がある。

航空機・艦船・車両などの補修、燃料補給は、アメリカの兵站基地であり出撃基地だった日本や韓国に対し発注された。こうした「史上空前のドル散布」が、アジア諸国の経済を劇的に成長させ、そして日本の運命をも大きく変えたのである。

日米関係史の碩学《せきがく》であるマイケル・シャラーは、「**ヴェトナム戦争が日本に与えた影響は、政治面よりも経済面における方が大きかった**」と指摘している（『日米関係』とは何だったのか』）。

戦争のために疲弊したアメリカ経済に取って代わり、日本の輸出が爆発的に増えたのである。日本は、経済の停滞を脱し、「**アメリカの消費市場に恒久的なはけ口を見出した**」（同前）。アメリカばかりではない。アジアの貿易市場においても、日本の輸出は、アメリカが占めていた地位をおびやかすまでに膨れ上がった。

沖縄、台湾、韓国、シンガポール、タイ、フィリピン、香港。数十億ドルというアメリカの軍事支出が、それぞれの地で空前のバブル景気を生む。たなざらしになっていた経済計画への投資をはじめ、経済成長がはじまる。これがのちのアジアNIEs（新興工業経済地域）の台頭につながっていく。

経済学者の井村喜代子によれば、「**1965年以降輸出は驚異的拡大を示し、しかもフィリピン以外はすべて日本の出超額**〔黒字額〕**が急増、貿易黒字額は64年の4・8億ドルから69年の23・2億ドルへと4・8倍強になっている**」（『現代日本経済論』）。

アジアの国々の深刻な外貨不足が嘘のように解消した。これで輸入を増やすこともできる。

「韓国、台湾、タイをはじめとする各国は、工業化のための機械や各種製品を主として日本から輸入し、自国における工業発展を推進し高率の成長を実現していった」（同前）

たとえば、日本の南ベトナムへの消費財輸出は、一九六五年の三五〇〇万ドルから、六九年には二億二三〇〇万ドルに増加した。わずか四年で、六倍になっている。ホンダのバイクがサイゴン（現・ホーチミン市）にあふれたのも、このころである。

元駐日アメリカ大使のアーミン・H・マイヤーは次のように書いた。

「あるとき、南ベトナムに駐在していたエルズワース・バンカー大使が、サイゴンを『ホンダ・シティ』と名づけたほどだった」（*Assignment: TOKYO An Ambassador's Journal*）

日本へ還流したアメリカのドル

日本製品が急激に輸出を拡大した原因のひとつは、アメリカ製品の国際競争力が目に見えて衰退したことにある。

日本の対米輸出は一九六五年には総額二三億ドルだったのが、一九六九年には二倍になり、一九七二年には四倍になって九〇億ドルを超えた。アメリカでは、ベトナム戦争のせいで軍需にばかり投資が集中し、それ以外の分野での生産力がガタ落ちしていた。「ドル散布」によってアジアで巨大な需要が喚起されたが、生産力の低下したアメリカは十分な輸出拡大ができない。

結局、このことがアジア市場における「日本の独り勝ち」を許すことになった。

日本の輸出が爆発的に伸びた背景には、もうひとつ大きな要因がある。アジアへまき散らされたドルが、めぐりめぐって日本へ還流する仕組みである。経済学者の朴根好《パククンホ》は、その著書『韓国の経済発展とベトナム戦争』のなかで、こんな具体例を挙げている。

米軍は、韓国への特需としてジャングルブーツを発注したが、靴底に貼る鉄板、布地、ゴムなどの材料はすべて日本からの輸入品だった。なかには、工業用ミシンも日本から輸入するメーカーもあった。

韓国では、**「原資材輸入に占める日本のシェアは、衣類、メリヤス、織物及び原糸、鉄鋼製品、合成樹脂が各一〇〇パーセント」**だった。

事ほどさように、**「韓国のベトナム特需は日本の原材料と日本の機械の輸入増加によって賄《まかな》われていた」**のである。要するに、韓国へのベトナム特需といっても、その実態を見れば、韓国の安い労働力をへて、日本から米軍へ輸出したのと変わらない。

事実、一九六五年以降の対韓輸出の伸びは驚異的だ。韓国銀行の統計によれば、六四年には一億一〇〇〇万ドルだったのが、七二年には一〇億三一〇〇万ドルになっている。八年でおよそ一〇倍である。

ほかのベトナム周辺地域でも、同じように日本との取引が増大していた。特需はベトナム周辺地域に落ちるが、各国の特需が増えれば増えるほど、日本からの輸出も増えるという仕組みなのである。アメリカの「ドル散布」はアジア全域に及び、購買力が上がるため、日本にとっての輸出市場も大きく拡大した。結局は、日本が儲かることになる。

こうして、東南アジアに振り注いだドルは、日本に還流した。日本は、**「東南アジア中から大**

量のUSドルをかき集め、それを国内の工場の近代化［設備投資］や東南アジアの資源への投資に充てた」のである（『日米関係」とは何だったか』）。アジア全域のマーケットへ輸出を拡大した日本は、一挙に輸出大国に躍り出る。ベトナム戦争が、日本を経済大国へ押し上げた。

まだある。日本は、ベトナム戦争の間、アジアへのアメリカの〝援助〟を肩代わりした。

前述のとおり、一九六四年、ジョンソン政権からの強力な圧力を受け、それまで犬猿の仲だった日韓両国が日韓基本条約の調印に向けて突如歩み寄る。翌年六月、韓国が対日賠償請求権を放棄する代わりに、日本が無償三億ドル、有償二億ドルの政府借款を供与することで合意した。台湾とも、同年四月に一億五〇〇〇万ドルに上る、第一次円借款協定に調印している。

これらの経済援助は、多くは日本企業との契約を条件とした、いわゆる「ひもつき援助」であって、日本企業にとっては、ウマ味のある巨大な利権となる。そこを目がけて、商社、政商、ブラック・ソサエティのドンたちが群がっていく。

日本の対アジア輸出については、ベトナム研究者の吉沢南が次のように述べている。

「機械・機器のうちでも産業用機械、重電機機械、トラックといった生産財が主に増加しているのである。その理由は、この地域に進出した日本ならびにアメリカの企業が、一方ではアジアの安価な労働力を利用し、他方では、日本からこうした生産財を輸入して事業を興したからである」（『同時代史としてのベトナム戦争』）

日本は、ベトナム戦争をきっかけに、いわばアメリカの利権を譲り受けたかたちで、かつてないスケールのアジア進出を果たしたのである。

「日本の六〇年代半ば以降の高度成長は、外的要因としては、明らかにベトナム戦争によってもたらされたものである」(同前)

重化学工業製品の対米輸出は、一九六〇〜七〇年のわずか一〇年間に、実に一二倍。鉄鋼は、一九六五〜六八年、数量ベースで年率一五・五パーセントの高い伸びを示した。一九六四年の外国貿易の黒字は三億七七〇〇万ドルだったが、七二年には九〇億ドルになる。

井村の調査によれば、「かつては〝ベトナム周辺地域〟に対する輸出額の第1位は、沖縄、香港を除くとすべてアメリカであったが、1969年には南ベトナム以外のすべてに対して、日本がアメリカを抜いて輸出額第1位となっていき、しかも日本のシェアがアメリカをはるかに上回っていった」(『現代日本経済論』)。

日本の対米貿易は戦後一貫して赤字だったが、一九六五年を境にして黒字へ転換、しかも記録的な黒字を急速に計上するようになる。同年から六九年の間に、対米貿易の黒字額は三億三四〇〇万ドルから一四億ドルに増大した。井村が指摘するように、「かかる輸出の驚異的な拡大は、アメリカによるベトナム介入→ベトナム戦争強行なしにはとうてい実現できない」のである。

高度成長の第一幕(一九五〇〜六四)は、朝鮮戦争の軍需が大きく、その第二幕(一九六六〜七二)は、ベトナム戦争が原動力になった。

日本はアメリカの戦争に追随することで、驚異的な経済成長を実現したのである。冷戦の地政学を抜きにして高度成長はありえない。とりわけ、計り知れない大量殺戮を競ったふたつの破壊的な戦争を抜きにしては。

「ベトナム戦争で稼いだ」ことは誰もが知っていた

一九六四年一一月、原子力潜水艦シードラゴンが佐世保に入港。反対運動を蹴散らした。一九六八年（昭和四三）一月には、原子力空母エンタープライズが入港、在日米軍基地は原子力潜水艦と原子力空母を擁し、アジアにおける冷戦の最前線に位置づけられた。

繰り返しになるが、五〇年代にアメリカが描いたグランドデザインどおり、日本は「反共の砦」であるとともに出撃基地であり、兵站基地だった。そして、米軍の作戦行動に関し、安保条約に記載された「事前の協議」は一度もなされず、それが空文に過ぎないことも明らかになった。

日本では、六四年以降、大衆の間で反戦の機運が生まれ、「ベトナムに平和を！　市民連合（べ平連）」など市民によるベトナム反戦運動が盛んになっていくが、経済の面では、官民一体となって、およそ無批判にベトナム戦争の推進に協力した。

シャラーによれば、「［日本の］石油化学会社は、ナパームやTNTなどの爆薬の製造に使われる化学製品の活発な商売に従事し、一九六〇年代の後半には、これらの販売は年間一億五〇〇〇万ドルから三億ドルに達した。ソニーのような電子機器製造会社は、武器は作らなかったが、軍用機、ミサイル、爆弾などに使われる誘導システムを販売した」。

通産省は、米軍に提供された物資の総額や用途についての「詳しい情報は通産省にはないと主張し、このような物資の販売の多くを軍事調達の計算から除外した」という（『「日米関係」とは何だったのか』）。

通産省は、日本経済へのベトナム戦争の影響を過小評価している、それは「戦争で儲けた」といわれたくないからだ、とシャラーは批判する。だが日本が「ベトナム戦争で儲けた」のはまぎれもない事実であり、しかも、そのことが高度成長の第二幕を加速したのである。

エマーソン駐日アメリカ公使はこういっている。

「東南アジアでエスカレートする戦乱に対する日本人の不快感が、戦争遂行のために使用する物資を米国が日本から買い付けることから生ずる経済的利益によって緩和されたことは、記録しておかねばならぬ」（『嵐のなかの外交官』）

ベトナムへの無差別の空爆と枯葉剤の使用は、戦中派の日本人に戦争の記憶をよみがえらせ、ベトナム反戦、反米反基地の心情を強めた。若者は経済成長至上主義による「社会のひずみ」に疑問を持つようになる。六〇年安保闘争の挫折以来、ふたたび政治の季節が訪れ、やがて若者の反乱がはじまる。

しかし一方で、ベトナム戦争による高度成長の劇的な復活によって、戦争を対岸の火事のように眺め、沈黙する日本人も増えた。

一九六四年、トンキン湾で発火した戦争をきっかけに、ドルのシャワーを浴びたアジアの国々が、日本を含め、戦争に便乗して経済成長を果たした事実を小さく見積もるべきではあるまい。

生活環境の破壊は続いた

ただ日本の場合、巨額の黒字がさらなる生産の拡大のために投資され、必ずしも国民の生活改善には使われなかったことを付け加えておくべきだろう。

一九七一年には、経済企画庁さえもが、「年次経済報告」において、生産拡大・輸出拡大ばかりに狂奔する国のありかたに批判的な目を向けた。「国民1人当たりの製造業の設備投資はすでにアメリカと同水準に達し」たが、「住宅や社会資本のストック水準は、いまだアメリカの4分の1にすぎない。また、社会保障の水準でもわが国はアメリカの4分の1にとどまっている」と指摘。そして、「ひたすら輸出拡大を急ぐのではなくて、国内の社会環境の充実のため成長力を大いに活用し、内外資源の適切な配分という観点から、今後の国際経済活動のあり方を新たに確立していくことが根本的に重要である」といい切っている。

しかし、劣悪な労働条件、低賃金、低福祉、環境汚染など、それこそ一九六四年の東京に深刻な苦しみをもたらしていた社会の仕組みを変えるために、莫大な貿易黒字が活用されることはなく、ひたすら巨大企業が利益を拡大するという従来の路線が強化されただけだった。

六〇年代後半、経済大国と呼ばれるようになっても、庶民は相変わらず満員電車にぎゅうぎゅう詰めにされ、ゴミがあふれ、生活環境の破壊が放置される世界で暮らしていた。土地の異常な値上がりはいよいよ絶望的になり、多額の住宅ローンの支払いのために生涯苦しむひとが激増していた。「国栄えて、民貧し」というありようは変わらなかった。

利益追求のために人命を軽視する風潮は相変わらず、それぱかりか農薬やＰＣＢ（ポリ塩化ビフェニル）など、化学物質による健康や生態系への影響が新たに深刻化した。

戦後ゼロ年、焼け跡・ヤミ市で飢えに苦しんだ作家・野坂昭如《あきゆき》は、高度成長が終焉した一九七三年、「戦後の繁栄は悪夢にて御座候《ござそうろう》」という文章を書いた（中央公論　一九七三・八月号）。

「わが国は車を造って売り、ドルを保有する、米が獲れない時は、このドルで農業国から、買いつければいいという。しかし、今のドルなど紙きれになりかねない」。しかしそれでも、「かつて、関東軍の独走をとめられなかったように、大企業は突っ走ることをやめないだろう」。

生態系や農業を平気で破壊してドルばかり貯め込み、食糧を自給できなくなった日本は、「未来の世代に対して、侵略戦争をしかけ、植民地経営を行い収奪をほしいままにしているのだ」。

繁栄の日本に廃墟の兆しを見た野坂は、日本の衰退を予言した。

「弱いものをいためつけ、不要な部分を容しゃなく切り捨て、先行きを考えず、思いやりを持たず、ただその日暮らしで、目先の栄華ばかり追い求めた民族が、どのような末路をたどったか。世界に対し、なによりの教訓となることだろう」

バブルが崩壊するのは、この二〇年後である。

エピローグ　一九六四／二〇二〇

五六年前の亡霊

いま、わたしは、渚《なぎさ》にいる。

目の前には、広大な「忘却の海」、そして、そこから引き揚げた、一九六四年の記憶の数々。あれこれ吟味しているうちに、一九六四年の東京をめぐるイメージはがらりと変わった。

すでに五六年の歳月が流れている。当時、一〇代だった団塊の世代は、いま七〇代になっている。往年の面影をとどめないほど、東京は大きく様変わりしている。

だが、それにもかかわらず、一九六四年と二〇二〇年、ふたつの年の東京を比べてみると、奇妙なくらい、共通点が多い。〝獲物〟を海辺に並べてみれば、誰でもそのことに気づく。気づくばかりか、その暗合《あんごう》がどうも気になってくる。

試みに、この本で取り上げた六四年のさまざまな出来事や現象のなかから、いまも変わらないものを拾いあげてみる。

東京一極集中、格差拡大、貧困の放置、非正規労働者の搾取、低賃金、長時間労働、女性の地

位の低さ、ブラック企業、一人当たりＧＤＰの低さ、住宅難、通勤地獄、衝動的な凶悪犯罪、自民党の一党支配、政治家の閨閥、ナショナリズム復活、自殺率の高さ、新たな宗教の隆盛、汚職、政官財の隠蔽体質、地方崩壊、五輪に便乗するメディア、旧態依然の記者クラブ、米軍基地をめぐる問題、横田空域、日米地位協定、対米依存、沖縄と東北の犠牲、巨大公共事業、公営ギャンブル、ヤクザの抗争、疫病の蔓延……。

まだまだ見つかりそうだが、このくらいにしておこう。一九六四年と二〇二〇年が、その危うさにおいて、双生児のように似ていることはたしかだ。いくつかの類似について、いま少し子細に見てゆく。

たとえば、東京五輪の工事現場。外国人労働者が、一九六四年の出稼ぎ労働者と変わらない劣悪な労働条件を強いられた。現に二〇一九年、国際機関・ＢＭＩ（国際建設林業労働組合連盟）の調査で、東京の五輪工事における非正規労働者への搾取や人権無視が明らかとなった（'The Dark Side of the Tokyo 2020 Summer Olympics'）。

「労働者の半数が正式な雇用契約を結んでいなかった」「法律に定められた最低賃金に届かない」。さらに、「危険な残業が横行していた。たとえば、オリンピック村の労働者は連続二八日勤務。新国立競技場の労働者は連続二六日の勤務を強いられていた」。

二〇一六年には、三二三人の建設労働者が死亡、死亡率は一〇〇〇人当たり四・五人。安い賃金で働く膨大な非正規雇用者を使い捨てにする社会のありかたは、五六年前とどこが違うだろう。

格差、貧困、差別は年々深刻化。社会学者の橋本健二は、いま日本が、「格差社会」からすでに「階級社会」へ移行しつつある、と警告する。

橋本の分析によれば、バブル崩壊後、格差が大きく広がり、非正規雇用で所得の低い新たな階級「アンダークラス」が出現した。二〇一二年の「就業構造基本調査」から推定すると、「アンダークラス」は、およそ九三〇万人になっているという。全就業者の一五パーセントほどを占め、階級構造の主要な構成要素といえる。ここに、非正規から抜け出せないまま中高年となった「就職氷河期世代」も含まれる。五九歳以下の「アンダークラス」の個人の平均年収は一八六万円。男性の未婚率が六六・四パーセント、女性は五六・二パーセントである（『アンダークラス』）。

高度成長期に出来上がった企業社会のシステムも、温存されている。いまにいたっても、ジェンダー・ギャップは放置されたまま。世界ランキング一五三か国中一二一位（世界経済フォーラム、二〇一九）というきわめて不名誉な地位に甘んじている。

不祥事を隠蔽して平然としている政官財の体質は、五六年たっても、なんら変わらない。六〇年代、疑獄事件のたびに末端の役人や政治家の秘書が自殺したが、森友学園問題とまったく同じ構造である。追いつめられ、死を選ぶ者がいる一方で、保身のために平然と嘘をつく官僚がおり、特権に安住する権力者がいる。「悪い奴ほどよく眠る」のも、残念ながら五六年前と変わらない。

関西電力と「原発町長」の汚職事件。そして、カジノ利権をめぐる汚職事件。五輪招致がらみの買収疑惑。いずれも、汚職天国だった六〇年代の東京を思わせる。おそらくは氷山の一角だろう。

第五章、第七章で見たとおり、高度成長は、冷戦の地政学、アメリカの覇権と深く結びついていた。しかし冷戦が終わり、アメリカの力が衰退しても、政治や外交における対米依存は変わる兆しを見せない。外交にも変化が乏しく、アメリカへの追従はむしろ露骨になっている。

米軍基地は沖縄に押しつけたまま、日米地位協定も改定する気配は一切ない。首都圏の空は一都九県にまたがる広大な「横田空域」として、いまなお米軍に管理されている。そのせいで、二〇二〇年三月からはじまった民間旅客機の新航路では、羽田への着陸がきわめて危険になるという。

対米依存は、もはや政治の選択肢というより、骨身に沁《し》みついた慣わしになった。アメリカにとってみれば、冷戦時代にＣＩＡが手練手管で日本の政治を動かしていたころよりも、日本を操縦するのは、容易になっているのではないか。

新型コロナウイルスの影響がどこまで深刻化していくのか、予測することは至難だが、いずれにせよ、社会的弱者が真っ先に犠牲になることは確実である。中小零細企業が破綻し、日本社会を支える非正規労働者の若者たちが解雇される。一九六四年の五輪のあとにはじまった戦後最悪の不況とよく似た光景が再演されることは避けられない。

一九六四年には世界ワースト四位だった自殺率は、八〇年代ごろ改善したが、バブル崩壊後、九〇年代にふたたび高くなった。二〇一九年時点で、Ｇ７中では、一九九八年以降、連続してワースト一位である。また、二〇一九年の一〇代の自殺率は過去最悪だった。

九〇年代以降の日本と六〇年代前半の日本は、犯罪・殺人・自殺率・非正規労働者の増加・格差と貧困の拡大などのグラフで、偶然とは思えぬ相似形を描くという。

これをどう受け止めればいいのだろう。なぜ、二〇二〇は一九六四と似ているのか。

なぜ似ているのか

このふたつの年は、一本の紐《ひも》の両端なのかもしれない。どちらも容易には変わらない因習的な構造を抱えている。

もっと具体的な原因を求めるなら、バブル崩壊後、グローバリズムの嵐が吹き荒れ、格差を助長する政策が採用されて大量の非正規労働者が生まれたことだろう。弱者を都合よく雇用し簡単に解雇できるようになり、企業の利益を何よりも優先する仕組みに回帰してしまった。

個々の事象の背後にある、より大きな構図に目を向けてみよう。すると、さまざまな忘却の根底に、より本質的な忘却が潜んでいることに気がつく。そしてそれは、いままで見てきた、つねに犠牲を必要とする社会のシステムである。

一九六四年、東京の繁栄を支えていたのは、社会の底辺にあって、国の福祉も、企業福祉も縁のないひとを酷使し、かれらの故郷である地方を破壊する「犠牲のシステム」だった。いまも、それは変わらない。地方農村、若年労働者、外国人労働者、女性。基地を押しつけられた沖縄、原発を押しつけられた東北。

ちなみに、原発が増えるきっかけも一九六四年である。

この年、アメリカで成立した核燃料民有移行法を機に、三井・三菱の旧財閥系企業とウェスティングハウス・エレクトリック、ジェネラル・エレクトリックが提携し、原発の先端技術の移転と機械の導入が行われた。アメリカは、原発プラントを輸出することによって、日本の対米依存を深めるとともに、アメリカ国内の原子力産業の利益拡大を図ろうとした。

こうして日本列島に原発が増殖していく。下請けの労働者の多くが被ばくし、犠牲となった。そして、東京の使う電力を福島でつくるという「犠牲のシステム」が、半世紀ののち、取り返しのつかない惨事を引き起こす。

誰かを差別し、踏み台にしないと繁栄できない——。

東京一極集中とは、要するにこうした犠牲を利用して富を生み出す仕掛けであり、ふたつの年の類似を生む根源なのである。五六年たとうが、基本的な社会構造が変わらないのだから、同じような現象が再生産されても、おかしくはない。

ヒト・モノ・カネを呑み込み、産業に動員する首都東京の成立は、明治の近代化に淵源がある。日本の首都であるゆえ、当然だという考えもあるだろう。

しかし、中枢機能の過度な集中は、おそろしいほど弊害が大きく、リスクも巨大である。首都直下型地震、テロ、サイバー攻撃、そして、新型ウイルスによるパンデミック。来るべき、そしてすでに起きているカタストロフィに思いを致《いた》すとき、東京一極集中が、国家を崩壊させるほどの危険を内蔵していることに、あらためて戦慄を覚える。

たとえば戦前の日本では、関西、特に大阪の経済力、文化的な影響力は、いまとは比較にならないほど大きく、東京に拮抗《きっこう》する力を持っていた。いわば日本社会は、首都圏と関西圏というふたつの中心を持つ〝二眼レフ構造〟だった。

一九二三年（大正一二）、関東大震災の際、東京は壊滅したが、経済首都である大阪が機能していたことで、国家全体が麻痺する事態は回避することができた。それが、東京一極集中へと変わるのは、一九六四年、東海道新幹線の開通によって、大阪と東京が四時間で結ばれてからだ。それにより、大阪の大企業は本社を東京へ移し、大阪はいわば東京の〝衛星都市〟のひとつとなった。

人口と国富を地方へ分散し、国土の均衡な発展を図るべきだという、しごく真っ当な考えがなぜないがしろにされるのか。東京自体が巨大な利権となり、そこに寄生する人びとが、東京一極集中というシステムをあたかも特権のようにみなしているからではないか。

それだけではない。対米依存のシステム、企業社会のシステム、そして犠牲のシステム。要するに、冷戦時代に日本を繁栄へ導いたシステムが、いまだにわたしたちを呪縛している。

さよなら神話

冷戦が終わって三〇年。

すでに多くの識者が指摘しているように、覇権を失いつつあるアメリカがサバイバルのために、どのような外交戦略に転ずるかはわからない。

たとえ日本がアメリカと心中する覚悟で対米依存の継続を望んでも、アメリカは、国際情勢の変化に鑑み、国益にもとづいて判断することをためらわないだろう。日本との同盟に見切りをつけることも起こりうる。対米依存のシステムには、終わりが見えている。

先に書いたとおり、東京一極集中のシステムもすでに限界に達している。国立社会保障・人口問題研究所の推計（二〇一七）によれば、今後、大幅な人口の減少が見込まれ、五〇年たたないうちに総人口は九〇〇〇万人を割り込むという。地方は衰退し、多くの自治体が消滅の危機に直面する。

その結果、これまで膨大な労働力をたえず地方から補給して生きのびてきた東京も、豊かな〝栄養源〟を失う。しかも、東京への新転入者の多くは非正規の単身者、すなわちアンダークラスであり、賃金が安く、生活は不安定。結婚して子どもを持つことは難しく、東京都の税収は激減する。地方の若者たちを、大量に吸い上げてきた〝東京ブラックホール〟にも、終わりが見えている。

団塊の世代、すなわち集団就職などで地方から上京してきた世代は、二〇二五年には一斉に七五歳に達する。社会保障費の増大で財政危機がさらに深刻となり、公的サービスの劣化は避けられない。

たとえ都心のタワーマンションの人口が増えようとも、東京全体の人口減少と高齢化はいやおうなく進行し、都心はスラムと化すおそれさえある。

東京一極集中のシステムを変えることができなければ、地方も東京も共倒れとなり、列島全体が、確実にディストピアとなっていくだろう。

かつて経済の総力戦を先導してきた大企業、そして霞が関に何が起きているかを直視するなら、企業社会のシステムが、世界の変化に対応する柔軟性を失っていることもよくわかる。絶滅した恐竜のごとく、進化の袋小路に入り込み、立ち往生している。

五輪や万博などの巨大公共事業、あるいはカジノの誘致によって、この停滞から抜け出せると楽観しているとすれば、地獄をみることになるだろう。

半世紀も前のシステムがいまも残り、深刻な弊害をもたらしていることに、わたしたちはもっと驚くべきではないだろうか。

そして、次世代を担う若者が、創造的なビジョンを携えて、新しい時代を拓くためには、かれらの行く手を妨害する過去の「成功神話」から脱却しなければならない。

なんであれ、成功神話とは、思考停止の別名であるからだ。成功神話が居座っていれば、ひとは、それを反復しようとするばかりで、新たにものを考えることがなくなってしまう。

わたしたちは、もう五六年前と同じ夢を見ることはできない。

あとがき

この本の初稿を書き終えた四月一日。新聞の片隅で、こんな一行に出会った。
「現在の日本ほど人口や社会機能を一極集中させたままでいいのか」
ジャーナリスト・青木理《おさむ》氏のエッセイである。「かつて戦争や自然災害が社会のありようをいや応なしに変えたのと同様、あらゆる面で〝ポストコロナ〟の時代をにらんだ社会構想が求められ、五輪うんぬんよりそちらのほうがはるかに重要」と説く（毎日　二〇二〇・四・一）。そのメッセージは、この本の内容とも重なり合う。

第一章でふれたが、五六年前、オリンピック直前の東京にも、コレラが蔓延する兆しがあった。幸運にも大規模な流行は免れたが、そのころの東京も異常な人口の集中のまっただなかにあり、その時点で都市としての危うさは露見していたと言える。あまりに脆弱な東京一極集中のシステム。新型コロナウイルスの脅威が広がるいまほど、その事実が心にずしりと響くことはない。

テレワークを認められず、感染におびえる非正規の労働者がいる。医療保険に加入していない外国人労働者は不安と恐怖のどん底にある。中小零細の建設業者、商店などは、十分な補償もないまま仕事を中断せざるをえない。

二〇二〇年は、五輪の年ではなく、パンデミック、疫病の年として記憶されることになった。と同時に、国のありかたそのものに、深刻な欠陥が存在することが判明した年としても記憶されるに違いない。

本書のなかで見てきた、一九六四年に象徴される日本社会のシステムは、どれも行き詰まり、あるいは疲れ果て、あるいは劣化して、自壊寸前となっている。もし、日本が直面している大きな危機を乗り越えるために知恵を耕すなら、一九六四年の東京を旅し、この社会の問題の淵源を見届けることも必ず役に立つ。あらためて、そう思う。

プロローグでもふれたとおり、この本は、NHKスペシャル『東京ブラックホールⅡ　破壊と創造の1964年』を制作するさなかに出会った、数多《あまた》の映像から汲みとった知見をもとに書き上げた。

もちろん表現のメディアが違えば、材料の吟味からやり直さなくてはならず、その作業においても発見はある。結果として、本書の半分以上は、新たに網にかかった素材と内容で構成されている。番組とは違った読み物として読んでいただければと願う。

この本の企画と内容に関しては、前著『戦後ゼロ年　東京ブラックホール』に続き、NHK出版の井上雄介氏に多くを負う。一九六四年をめぐる視野を拡大し、素材を新たに探し出し、テーマを練り直す過程で、力強いサポートを得た。

内外の公文書のリサーチでは、繁昌久美氏に助力をあおいだ。白土三平、ロバート・ホワイティング、谷田絹子、マイケル・シャラーの各氏の証言は、NHKディレクターの森内貞雄氏の取材の賜物《たまもの》である。資料映像バンクの山内隆治氏、NHKエンタープライズの池上敦子氏からは、膨大な記録映像、ＰＲ映画、ニュース映画、ドキュメンタリー番組の閲覧に関して、多大なご協力をいただいた。

記して感謝します。

最後に、コロナウイルスが猛威をふるう間、執筆を支えてくれた妻・令子に感謝を伝えたい。

ありがとう。

二〇二〇年四月

貴志謙介

主要参考文献

＊本文中で引用もしくは言及したものをまとめた（五十音順）。

青木冨貴子『731　石井四郎と細菌戦部隊の闇を暴く』新潮文庫、二〇〇八年
赤木洋一『平凡パンチ1964』平凡社新書、二〇〇四年
Armin H. Meyer, *Assignment: TOKYO An Ambassador's Journal*, Bobbs Merrill, 1974
有馬哲夫『児玉誉士夫 巨魁の昭和史』文春新書、二〇一三年
アンドレ・ルロワ＝グーラン著、蔵持不三也訳『世界の根源　先史絵画・神話・記号』ちくま学芸文庫、二〇一九年
石井正己編『1964年の東京オリンピック　「世紀の祭典」はいかに書かれ、語られたか』河出書房新社、二〇一四年
伊藤栄樹『秋霜烈日　検事総長の回想』朝日新聞社、一九八八年
猪野健治『やくざと日本人』ちくま文庫、一九九九年
井村喜代子『現代日本経済論　戦後復興、「経済大国」、90年代大不況』有斐閣、二〇〇〇年
内村祐之、吉益脩夫監修『日本の精神鑑定』みすず書房、一九七三年
エコノミスト編集部編『高度成長期への証言』上・下巻、毎日新聞出版、一九八四年
大島渚著、四方田犬彦編『大島渚著作集』全四巻、現代思潮新社、二〇〇八～二〇〇九年
大宅壮一『大宅壮一の本　2　人物鑑定法』上巻、サンケイ新聞出版局、一九六七年
オリバー・ストーン、ピーター・カズニック著、熊谷玲美ほか訳『オリバー・ストーンが語る　もうひとつのアメリカ史2　ケネディと世界存亡の危機』早川書房、二〇一三年
小和田次郎『デスク日記　マスコミと歴史』みすず叢書、一九六五年
女たちの現在を問う会編『銃後史ノート戦後篇　6　高度成長の時代 女たちは』インパクト出版会、一九九七年
河西昌枝『お母さんの金メダル』学研、一九九二年
梶山季之『梶山季之自選作品集7』集英社、一九七二年
加藤哲郎編『CIA日本人ファイル　米国国立公文書館機密解除資料　第1巻（秋山博・有末精三ほか）』現代史料出版、二〇一四年
加藤哲郎編『CIA日本人ファイル　米国国立公文書館機密解除資料　第4巻（児玉誉士夫）』現代史料出版、二〇一四年
草野比佐男『村の女は眠れない』光和堂、一九七四年
くろすとしゆき『アイビーの時代』河出書房新社、二〇〇一年
J・W・ホワイト著、宗教社会学研究会訳『ホワイト調査班の創価学会レポート』雄渾社、一九七一年
島田裕巳『戦後日本の宗教史　天皇制・祖先崇拝・新宗教』筑摩選書、二〇一五年

島田裕巳『創価学会』新潮新書、二〇〇四年
社会問題研究会編『右翼事典　民族派の全貌』双葉社、一九七〇年
ジョン・エマーソン著、宮地健次郎訳『嵐のなかの外交官　ジョン・エマーソン回想録』朝日新聞社、一九七九年
白土三平『カムイ伝』全一五巻、小学館文庫、一九九五年
白土三平『忍者武芸帳　影丸伝』全一六巻、二〇〇九年
城内康伸『猛牛（ファンソ）と呼ばれた男　「東声会」町井久之の戦後史』新潮文庫、二〇一二年
杉森康二『研究・創価学会』自由選書、一九七六年
鈴木広『都市的世界』誠信書房、一九七〇年
スティーブン・キンザー著、渡辺惣樹訳『ダレス兄弟　国務長官とCIA長官の秘密の戦争』草思社、二〇一五年
青林堂編集部編『つげ義春の世界』青林堂、一九七〇年
大松博文『〝東洋の魔女〟の五年間　日紡貝塚バレーチームの涙と誇りのものがたり』自由国民社、一九六三年
大松博文『なせば成る　続・おれについてこい』講談社、一九六四年
田中二郎、佐藤功、野村二郎編『戦後政治裁判史録　3』第一法規出版、一九八〇年
田原総一朗『創価学会』毎日新聞出版、二〇一八年
チャルマーズ・ジョンソン著、屋代通子訳『帝国アメリカと日本　武力依存の構造』集英社新書、二〇〇四年
中日新聞社会部編『日米同盟と原発　隠された核の戦後史』東京新聞出版局、二〇一三年
土本典昭、石坂健治『ドキュメンタリーの海へ　記録映画作家・土本典昭との対話』現代書館、二〇〇八年
鶴見俊輔著、松田哲夫編『鶴見俊輔全漫画論1　漫画の読者として』ちくま学芸文庫、二〇一八年
デイビッド・E・カプラン、アレック・デュブロ著、松井道男、坂井純子訳『ヤクザが消滅しない理由。』不空社、二〇〇三年
ティム・ワイナー著、藤田博司、山田侑平、佐藤信行訳『CIA秘録　その誕生から今日まで』上・下巻、文春文庫、二〇一一年
デヴィッド・グッドマン編『Concerned Theatre Japan Vol.2』晶文社、一九七一年
デーヴィッド・マークス著、奥田祐士訳『AMETORA（アメトラ）　日本がアメリカンスタイルを救った物語』DU BOOKS、二〇一七年
東京百年史編集委員会編『東京百年史　第6巻　東京の新生と発展　昭和期戦後』東京都、一九七二年
中曽根康弘著、伊藤隆、佐藤誠三郎インタビュー『天地有情　五十年の戦後政治を語る』文藝春秋、一九九六年
永山則夫『無知の涙　増補新版』河出文庫、一九九〇年
名越健郎『秘密資金の戦後政党史　米露公文書に刻まれた「依存」の系譜』新潮選書、二〇一九年
朴根好『韓国の経済発展とベトナム戦争』御茶の水書房、一九九三年
橋本治『さまざまなエンディング』主婦の友社、一九九〇年
橋本治編著『消えた言葉』アルク日本語ブックス、一九九〇年

橋本健二『アンダークラス　新たな下層階級の出現』ちくま新書、二〇一八年
橋本健二『新・日本の階級社会』講談社現代新書、二〇一八年
橋本健二『増補新版「格差」の戦後史　階級社会 日本の履歴書』河出ブックス、二〇一三年
波多野勝『東京オリンピックへの遥かな道　招致活動の軌跡 1930−1964』草思社、二〇〇四年
土屋清監修、林知己夫、寿里茂、鈴木達三著『日本のホワイトカラー　調査に現われた生活意識』ダイヤモンド社、一九六四年
ハワード・ハント著、青木栄一訳『大統領のスパイ　わがCIA20年の告白!』講談社、一九七五年
別冊1億人の昭和史編集部編『別冊1億人の昭和史　昭和スポーツ史　オリンピック80年』毎日新聞社、一九七六年
マイケル・シャラー著、市川洋一訳『「日米関係」とは何だったのか　占領期から冷戦終結後まで』草思社、二〇〇四年
毎日新聞大阪本社編集局遊軍編『偽装　［調査報道］ミドリ十字事件』晩聲社、一九八三年
毎日新聞社会部編『組織暴力の実態』毎日新聞社、一九六四年
毎日新聞社会部編『続・組織暴力の実態』毎日新聞社、一九六五年
三浦展『「家族」と「幸福」の戦後史　郊外の夢と現実』講談社現代新書、一九九九年
見田宗介『まなざしの地獄　尽きなく生きることの社会学』河出書房新社、二〇〇八年
ミドリ十字編『株式会社ミドリ十字30年史』一九八〇年
宮崎哲弥、藤井誠二『少年をいかに罰するか』講談社+α文庫、二〇〇七年
宮本憲一『公共政策のすすめ　現代的公共性とは何か』有斐閣、一九九八年
盛山和夫編著『リーディングス 戦後日本の格差と不平等 第1巻　変動する階層構造　1945−1970』日本図書センター、二〇〇八年
諸岡寛司『赤坂ナイトクラブの光と影　「ニューラテンクォーター」物語』講談社、二〇〇三年
柳田邦男編『心の貌　昭和事件史発掘』文藝春秋、二〇〇八年
山口文憲『団塊ひとりぼっち』文春新書、二〇〇六年
山本信太郎『東京アンダーナイト　〝夜の昭和史〟ニューラテンクォーター・ストーリー』廣済堂文庫、二〇一一年
吉沢南『同時代史としてのベトナム戦争』有志舎、二〇一〇年
吉増剛造『現代詩文庫41　吉増剛造詩集』思潮社、一九七一年
ロバート・ホワイティング著、玉木正之訳『ふたつのオリンピック　東京1964/2020』KADOKAWA、二〇一八年
ロバート・ホワイティング著、松井みどり訳『東京アンダーワールド』角川文庫、二〇〇二年
渡辺恒雄『派閥と多党化時代　「政治の密室」増補新版』雪華社、一九六七年

NHKスペシャル『東京ブラックホールⅡ　破壊と創造の1964年』
（2019年10月13日放送）

ドラマ出演……山田孝之、仁村紗和、前野朋哉、不破万作、余 貴美子ほか
指導……花畑ゆきこ、ジェフリー・ロウ、太田圭介
主題歌……小島麻由美
テーマ音楽……川田俊介
語り……守本奈実
声の出演……81プロデュース

美術……山下恒彦、西之原 琢
美術進行……桜井茂雄、小川あゆみ
撮影……小田中秀彰
照明……井村正美
音声……緒形慎一郎
映像技術……安田 裕、小島英雄
映像デザイン……大島貴明、本多冬人、吉田真百合
VFX……吉田秀一
CG制作……伊佐早さつき、黒岩健一郎
音響効果……三澤恵美子
編集……金田一成
リサーチャー……池上敦子、髙澤圭子
取材……加藤彩、繁昌久美
脚本・演出……貴志謙介
ディレクター……森内貞雄
制作統括……松本卓臣、寺園慎一

［本書制作］
装幀……水戸部 功
校正……福田光一
DTP……ドルフィン
編集協力……手塚貴子、繁昌久美、池上敦子

[著者紹介]
貴志謙介（きし・けんすけ）
1957年生まれ。1981年、京都大学文学部卒業後、NHK入局。ディレクターとしてドキュメンタリーを中心に多くの番組を手がけ、2017年に退職。主な番組に、NHK特集『山口組』、ハイビジョン特集『笑う沖縄・百年の物語』、NHKスペシャル『アインシュタインロマン』『新・映像の世紀』など。著書に『戦後ゼロ年 東京ブラックホール』、共著に『NHKスペシャル 新・映像の世紀 大全』（どちらもNHK出版）など。

1964 東京ブラックホール

2020年6月25日　第1刷発行

著　者　**貴志謙介**

発行者　**森永公紀**
発行所　**NHK出版**
〒150-8081　東京都渋谷区宇田川町41-1
電話　0570-002-151（編集）
0570-000-321（注文）
ホームページ　http://www.nhk-book.co.jp
振替　00110-1-49701
印　刷　**啓文堂、大熊整美堂**
製　本　**ブックアート**

Printed in Japan
ISBN 978-4-14-081823-7　C0095